跨文化视角下的
大学英语教学创新研究

王 双 熊潇潇 李 俊 ◎著

中国华侨出版社
·北京·

图书在版编目（CIP）数据

跨文化视角下的大学英语教学创新研究 / 王双，熊潇潇，李俊著. -- 北京：中国华侨出版社，2023.5
ISBN 978-7-5113-8805-6

Ⅰ. ①跨… Ⅱ. ①王… ②熊… ③李… Ⅲ. ①英语－教学研究－高等学校 Ⅳ. ①H319.3

中国版本图书馆CIP数据核字(2022)第099675号

跨文化视角下的大学英语教学创新研究

著　　者	/ 王　双　熊潇潇　李　俊
责任编辑	/ 张　玉
封面设计	/ 北京万瑞铭图文化传媒有限公司
经　　销	/ 新华书店
开　　本	/ 787毫米×1092毫米　1/16　　印张 / 12　　字数 / 250千字
印　　刷	/ 北京天正元印务有限公司
版　　次	/ 2023年5月第1版
印　　次	/ 2023年5月第1次印刷
书　　号	/ ISBN 978-7-5113-8805-6
定　　价	/ 48.00元

中国华侨出版社　北京市朝阳区西坝河东里77号楼底商5号　邮编：100028
发行部：(010)69363410　　　　传　真：(010)69363410
网　址：www.oveaschin.com　　E-mail：oveaschin@sina.com

如发现印装质量问题，影响阅读，请与印刷厂联系调换。

前　言

所谓跨文化交际，是指具有不同文化背景的人相聚在一起，通过交流和沟通，分享各自的思想、感情和信息。跨文化交际学最先在美国兴起，并形成了比较完整的学科体系，目前美国的跨文化交际学在世界上具有领先水平。美国本身是一个移民国家，来自世界不同区域的具有不同文化背景的人相聚后，文化碰撞时有发生。同时，来自世界各地的移民都竭尽全力地维护自己的文化和传统不愿意改变，从而形成了美国当代的多元文化格局或文化大熔炉的局面。在这样的情况下，对跨文化交际的策略和手段的研究，引起了各界人士的广泛关注。

语言与文化密不可分，作为文化的一部分，语言是文化的载体和容器。而思维是通过语言进行交流的，语言反映思维，并且受思维的影响和约束。语言、思维与文化三者之间相互作用、相互影响、相互制约。语言与思维存在于文化之中，思维与文化存在于语言之中，语言与文化存在于思维之中。其中，思维是文化心理特征的主要因素，一方面起着沟通文化与语言的桥梁作用，另一方面又制约着语言的风格、遣词造句和谋篇布局。在英汉语言交际中，如果当事人对两种语言中所体现的思维不能予以重视，无疑会给跨文化交际带来困难甚至引起冲突，进而直接影响到跨文化交际的质量。因此，英语学习的目的不只是培养学习者的语言技能，更重要的是从英汉语言文化差异中建构学习者的英语思维。

随着科学技术的不断发展，交通、通信手段的迅速改善，跨文化交际在广度、密度和深度上都达到了空前的地步。不同文化群体的人们能否在"地球村"这个人类拥有的唯一家园中共处共存，共同努力来解决关系人类生存的一系列问题，很大程度上取决于我们能否有效地进行交往并逐步达到相互理解。从这个意义上讲，跨文化交际的重要性无论怎么强调都不过分。

目 录

第一章 全球化时代跨文化交际背景 1
第一节 跨文化交际与跨文化交际学 1
第二节 跨文化交际意识 6
第三节 跨文化交际能力 8

第二章 大学英语教育教学的基础理论 11
第一节 大学英语教育教学理论基础 11
第二节 大学英语教育教学模式及其理论构建 18
第三节 大学英语教学的语言认识及语言教学 22

第三章 跨文化交际与大学英语教学的融合 35
第一节 跨文化交际能力与大学英语教学的融合 35
第二节 大学英语教学中跨文化教学的必要性和目标 40
第三节 大学英语教学中跨文化教学的实施途径和内容 47

第四章 跨文化交际与大学英语教学思维 55
第一节 跨文化英语教学的理论构建 55
第二节 跨文化英语教学的原则与方法 61
第三节 跨文化英语教学中的教师与学生 67
第四节 跨文化英语教学中的测试与评价 72

第五章 大学英语教学中跨文化交际能力的培养 78
第一节 跨文化交际能力培养的认知体系 78
第二节 跨文化交际能力培养的情感体系 87
第三节 跨文化交际能力培养的行为体系 95

第六章 跨文化交际与大学英语教学方法的创新 99
 第一节 跨文化交际与大学英语教学的结合原则 99
 第二节 大学英语跨文化交际传统教学法 104
 第三节 大学英语跨文化交际教学法的创新 109

第七章 大学英语网络教学模式的创新 113
 第一节 大学英语网络教学的构成要素 113
 第二节 网络环境下大学英语教师教学模式方法的创新 120
 第三节 网络环境下大学大学生英语学习模式的创新 130

第八章 跨文化视角下学生和教师的能力培养 138
 第一节 跨文化视域下英语学习能力的培养 138
 第二节 英语跨文化教学中教师素质的培养 153

第九章 跨文化背景下大学英语教学的趋势探索 164
 第一节 个性化和 ESP 教学方式 164
 第二节 慕课与微课教学模式 173

参考文献 179

第一章 全球化时代跨文化交际背景

第一节 跨文化交际与跨文化交际学

在交通工具进步与通信手段发展的时代背景下，世界不同国家、地区或种族的人们能够频繁地接触与交往，因此跨文化交际成了当今世界的重要特征。本章就跨文化交际的背景进行研究，从而为后文的展开奠定基础。

跨文化交际是一种普遍的长期存在的社会现象，跨文化交际学是在跨文化交际的基础上产生的新兴学科，有着重要的发展潜力，并逐渐成为外语教学研究的重要方向，使人们开始从跨文化交际的角度对英语教学进行深入思考。本节就从跨文化交际的相关知识入手，对跨文化交际学的内容进行总结。

一、跨文化交际的概念

（一）跨文化交际的定义

简而言之，跨文化交际是指具有不同文化背景的人们展开的交际。人类历史上的交际经历了以下五个阶段。

第一，语言的产生。

第二，文字的产生。

第三，印刷技术的发明。

第四，交通工具的进步与通信手段的发展。

第五，跨文化交际。

从上述总结可以看出时代发展对跨文化交际的重要影响和作用。具体来说，跨文化交际的包含以下几个要点。

1. 交际双方的文化背景不同

文化背景的差异性是一个十分宽泛的概念，可以包含以下两个方面的内容：①来自不同的文化圈。②来自带有文化差异的同一文化圈内部。

本书所认为的文化背景的差异性主要是从不同文化圈的角度着手的，集中反映在中西文化之间。由于文化背景的不同，交际双方在交际方式上会有很多的差异性，受其影响，很可能产生交际失误的现象。这种交际情况较中日、中韩等东方国家的交往来说，在中美、中欧等国家的交际中体现得更为明显。虽然中国与日本、韩国等国家也存在文化上的差异，但是这些国家都处在东方文化圈的范畴中，因此交际中会存在一些相通或相似的文化交际内容，相较于和西方国家的交往要容易一些。

2. 交际双方使用同一种语言进行交际

在进行跨文化交际中，交际双方需要使用同一种语言进行交际。这种语言可以是一个交际者的母语、另一个交际者的第二语言。虽然随着跨文化交际的发展，很多人具备了两种语言随时切换的能力，但是在具体交际中，使用同一种语言进行交际较为方便。

3. 交际双方进行的方式多样

跨文化交际可以通过多种表现方式展开。例如，利用非语言符号进行交际，如演出、画报、影像等；利用语言符号进行交际；进行单向交际，如广播、广告、电视、报纸等；进行双向交际；书面交际形式，如信函、公文；口头交际形式。

（二）跨文化交际的特征

1. 文化的优越感

在进行跨文化交际的过程中，交际者会产生一种本民族的认同感与归属感，从而内心生发出一种优越感。在长期的本民族文化浸润过程中，人们已经适应了本民族文化，因此跨文化交际的初期会产生不适应其他民族文化的情况。当跨文化交际中出现交流不顺畅的情况时，交际者会倾向于认为交际的另一方是错误的，同时还会在潜移默化中维护和捍卫本民族文化。

不可否认的是，每个民族都有自身的闪光点。这些闪光点的存在值得本民族文化者自豪。但是在跨文化交际过程中切不可产生文化优劣论，浅显地认为自身文化是无与伦比的，而交际对方的文化是劣等的。这种错误的文化倾向很容易产生以本民族文化为中心的心理，从而在跨文化交际中以自身的文化为一切交际的前提，进而随意地评价其他民族文化与交际行为；更有甚者，会出现凡是符合本族文化的都是正确的，不符合本族文化的就都是劣等的、错误的思想。这些狭隘的民族文化优越感会阻碍跨文化交际的进行，影响交际的顺利展开。

2. 文化的无意识性

人们在长期的本民族生活中，会逐渐形成民族认同感与优越感，因此跨文化交际带有一种无意识性。文化并不是先天的，而是需要人们进行后天的习得。这种习得需要具体的文化环境作为保证。人们在的成长过程中，当自己的行为偏离了本民族具体的文化规则时，就有可能在生活中遇到困难。同时，个体在成长过程中，会得到家庭、学校、社会种种的文化灌输，从而使人们更加了解所处社会的文化规则。其中，社会是教育人成长的大学校，对人们文化素养的形成与提高有着重要的影响作用，最终很多人的言行举止都会打上民族烙印，习惯自身文化的交际准则。

文化的无意识性提醒交际者在交际过程中要跨出自身的文化规则，客观、灵活地对待交际对方，从而更好地促进交际的顺利进行。

（三）跨文化交际的现状

现如今，在全世界范围内，跨文化交际都在频繁地进行，这种情况不仅是科学技术发展的重要结果，同时也展现出世界经济、人口等的巨大变化。下面对跨文化交际的现状进行分析与说明。

第一，现在地球居民越来越多，而与人口数量的快速增长相对，地球资源却带有有限性，一些基本的生活资料日益减少。人们通过互相沟通来交换地球上的有限资源，跨文化交际对世界资源的协调发展有着重要的媒介作用，这也是跨文化交际迅速发展的重要客观原因。

第二，地球政治文明是一个牵一发而动全身的有机整体，当世界某一地区出现争端时，总会对其他地区产生一定的影响。因此，不同的国家和地区开始使用跨文化交际的方式积极展开交流与沟通，从而处理不同的危机与争端。

第三，跨文化交际发展的条件十分便利。随着信息技术的发展，世界传播与运输方式得以向着更加及时、快捷的方向前进，提高了交际的效率。同时，世界经济的发展使国际旅游活动的数量剧增，人们有更多的机会和条件来了解其他国家和地区、其他民族的文化，促进了世界范围内人们的沟通与交流。国际贸易也是跨文化交际出现与发展的重要契机。信息化时代的到来，更使人们足不出户便可以进行国际间的沟通与交流，进一步促进了跨文化交际的发展。

第四，需要指出的是，在跨文化交际过程中，商业上的问题十分突出。由于全球化进程的加快，很多跨国企业都在积极开拓国际市场，使世界竞争更加激烈。面对这种状况，跨国企业的管理必须认同文化差异，相互尊重，取长补短，适当调整管理预期，以国际视野处理文化差异的管理障碍，维护多元文化的共生发展，才能实现利益的最大化。

第五，在教育方面，跨文化交际也有着重要的影响作用。例如，现在很多大学都积极开展国际交流合作，如果学生无法和来自其他文化背景的学生进行交流，就难以产生思维碰撞，也就难以在学习上取得更高的成就。

（四）跨文化交际的注意事项

1. 注重言语交际行为的准确性

在跨文化交际过程中，语言的选择十分重要，只有遵循一定的交际规则，在准确的语言表达下才能促进交际的顺利完成。

来自相同文化背景的人们进行沟通，由于交际双方或多方都对既定的言语交际规则有所了解，因此不管是选词造句，还是言谈举止都能在预期的交际范围内展开。但是在跨文化交际中，如果交际者还下意识地使用本民族的文化交际原则，同时以此为原则来理解交际对方的言语行为，则可能影响交际的正常进行。

2. 正确处理非言语交际文化差异

在跨文化交际实践中,既需要准确的语言作为保证,同时也需要交际者正确处理非言语交际的文化差异,甚至在一定程度上说,非言语交际对交际的顺利进行有着更加深远的影响。在实施非言语交际行为中,很可能因交际双方不了解文化差异而引起文化冲突。由于非言语交际的文化差异带有深层的隐蔽性,因此其所引起的交际冲突可能更严重,对其处理需要更加小心。

一般来说,非言语交际行为是人类情感与情绪的外在表露形式,能够从一个侧面体现出交际者的内心活动与真实想法。跨文化交际中的非言语交际行为冲突有以下三条原则:①人类的跨文化交际行为往往是言语交际和多种非言语交际行为同时配合的行动结果。②非言语行为多种多样,人类无法列举和描绘出每一种非言语行为,但是可以对跨文化交际环境中经常出现的非言语行为信息进行概括,从而提高交际的顺利程度。③对跨文化非言语行为的理解需要交际者首先了解自身的非言语交际行为,这样才能在脑海中进行非言语行为的对比和分析,从而正确理解交际信息。

二、跨文化交际学

从历史的角度看,跨文化交际学存在的历史相对短暂,这是一种在跨文化交际出现的基础上产生的研究学科。

(一)跨文化交际学的界定

跨文化交际学是集语言学、人类学、交际学、文化学等为一体的综合性学科。不同学科的理论为跨文化交际学提供了一定的研究视角与建构框架。

跨文化交际学以事实为依据来揭示跨文化交际的过程,从而在系统的高度上总结跨文化交际的相关知识。

跨文化交际学以演绎和探索的手段探索跨文化交际的影响要素、交际行为、交际方式等。

跨文化交际学重视文化对比在跨文化交际研究中的重要性。

(二)跨文化交际学的研究内容

不同的学者由于研究角度的不同,对跨文化交际学研究的内容也不尽相同。下面对学者集中关注的一些内容进行总结。

1. 关于基本概念的研究

对基本概念的研究是各学科研究的基础。具体到跨文化交际学研究中,除了上文所列的一些概念之外,还涉及以下基本概念。

(1)民族中心主义

民族中心主义在严格意义上是心理学术语,指的是在人际交往时按照自身的语言标准、行为规则来判断交际对方的言行,并认为只有符合自身文化规范的才是正确的,反之则是不正确的、不好的言行。

在跨文化交际中,民族中心主义是一把"双刃剑"。它在一定程度上能够促进民族的团结和社会的进步，但也会是跨文化交际的重要障碍，影响跨文化交际的进行。

（2）文化身份

文化身份指的是在共同的符号意义系统下，对相同的行为规范有着认同感的文化群体，并且认为自己可以得到这个文化群体的认可。

人们在成长过程中，会逐渐形成自己的文化模式、思维习惯、价值观等，最终形成自己的文化身份。从这个意义上说，文化身份既包括一种符号意义，同时也是一种文化下的行为规范。

在跨文化交际过程中，文化身份发挥着重要的作用，不仅涉及交际者对对方文化身份的理解，还包括交际对方对自身文化身份的归纳。文化身份带有形式上的多样性，例如，地区身份、国家身份、民族身份、宗教身份、性别身份、职业身份等。

需要特别指出的一点是，文化身份带有迁移性和不确定性，会随着个体生命体验的不同和阅历的增长而逐渐发生变化。在跨文化交际中，如果个体有着两种或两种以上的文化身份，那么其就有可能完成跨文化调适。

在具体的跨文化交际中，如果交际双方的文化身份悬殊，那么二者的符号系统和行为规范就会有着很大差异，交际中所存在的障碍便会很多。跨文化交际是对交际双方的文化身份进行判断、比较和协商的过程，这是体现交际者跨文化交际能力的重要方面，直接影响跨文化交际的结果。

（3）文化成见

文化成见指的是跨文化交际中所存在的刻板印象。具体表现为交际者运用自身的经验和知识，用固定的态度和刻板的印象去审视不同文化背景下的具体个体。文化成见的形成主要是因为交际者不主动对交际对方进行了解，单纯依靠固有的二手信息进行文化判断。

虽然文化成见是交际者面对陌生环境和陌生交际者的心理需要，但是由于其并没有考量到文化的多样性，因此在一定程度上是不全面的，也是不可靠的。

（4）文化调适

文化调适指的是自觉对自身文化身份进行调适，从而适应和接受新的价值观、思维方式、交际行为、文化习俗等。这种调适主要是从心理、认知、情感的角度着手，并通过学习相关知识作为保证。

通过文化调适，交际者可以丰富自身的文化体验，从而培养出对不同文化特点的了解能力以及调整自身心态的交际能力。除此之外，文化调适还可能作用于交际者对自身文化的认知，从而使交际者淡化甚至背弃自身文化，最终融入新的文化环境中。

2. 关于世界观、价值观层面的研究

文化和交际在一定程度上是人类思维的再现，因此跨文化交际学也会对世界观、价值观层面进行研究。

世界观指的是人对世界的根本看法，涉及很多哲学方面的概念，如人与自然、人和宇宙等。价值观指的是人对事件或事物的是非判断标准，对人的言行举止有着重要的引导作用。

中西方由于具体的世界观和人生观存在差异性，因此其交际和语言表达方式也不尽相同。跨文化交际学需要对比和总结双方具体的差异，从而提高交际的有效性。

3.关于言语行为的文化特征及非言语行为层面的研究

跨文化交际学还会对言语行为和非言语行为层面的相关文化信息与特征展开研究，交际中的言语行为与非言语行为对跨文化交际有着重要的影响作用。由于不同文化间差异的存在，人们对外面世界的感知与编码方式也不尽相同，因此直接影响着交际的方式与作用范围。言语行为和非言语行为研究，对跨文化交际学的学科价值和社会价值都大有裨益。

第二节 跨文化交际意识

意识引领人类的行动，在跨文化交际中，交际者拥有跨文化交际意识，才能自觉按照跨文化交际的规则去理解对方的行为，从而促进跨文化交际的顺利进行。本节对跨文化交际意识的内涵进行总结，并分析跨文化交际意识的培养。

一、跨文化交际意识的内涵

跨文化交际意识是跨文化意识的重要组成部分，下面首先对跨文化意识的相关知识进行总结，然后再分析跨文化交际意识的内涵。

（一）跨文化意识

由于文化差异以及个体差异的存在，交际中人的思维与观念也不尽相同。跨文化意识承认世界文化的多样性并尊重不同的文化形式，主张在平等的基础上进行文化间的沟通与交流。因此，了解跨文化意识并具备跨文化意识对于当代社会和人的发展而言十分重要。

在跨文化研究过程中，跨文化意识主要体现在认知方面，跨文化意识通过作用于人的思维，指导个体的行动，同时，跨文化意识带有文化属性，需要交际者主动探寻自身文化与其他文化的特征，从而提升在跨文化交际中的理解能力与交际能力。具体来说，跨文化意识包含以下三个方面的内容：①理解文化差异。②接受文化差异。③能够处理文化差异。

世界文化是平等的，并没有优劣之分，交际者需要具备一定的跨文化意识，敏锐地察觉到不同文化间的差异，从而科学有效地处理跨文化交际中出现的问题。

（二）跨文化交际意识

简而言之，跨文化交际意识指的是在跨文化交际中，自觉认识文化差异并将其体现与运用在交际中的意识。跨文化交际意识有助于认知并处理跨文化交际中的障碍，能够提升跨文化交际的顺利程度。

具体来说，跨文化交际意识就是在跨文化交际过程中对自身文化和其他文化的异同的敏感度，要求交际者在使用目的语进行交际时能够根据目的语文化来理解和产出语言。跨文化交际意识应该包括以下几个方面的内容：①敏锐的感觉程度。②科学的理解程度。③得体处理文化的能力。④自觉的文化整合性。

一些学者认为文化就像一座冰山，人们可以轻易辨识水面上出现的语言、生活方式、交际行为、举止言谈等现象，但是无法对水下的文化状态、价值观有所察觉。

需要注意的是，水下的深层文化直接影响和决定着水上文化的形态与人们的交际行为，因此交际者具备跨文化交际意识，并自觉将其运用到交际中十分重要。

在跨文化交际过程中，当交际者不具备跨文化交际意识时，就会受母语思维的影响，用自身的文化去观察和理解其他文化，最终干扰跨文化交际的进行。例如，文化优越感的存在使交际者轻视或者无视其他文化，把自己的文化标准作为一切跨文化交际的标准，最终影响交际的进行。文化模式化也是交际者缺乏跨文化交际意识的体现。这类交际者以固化的观念理解交际对方，按照先入为主的态度事先设定交际模式，使交际十分生硬、片面。

二、跨文化交际意识的培养

跨文化交际意识的培养对跨文化交际实践十分重要，下面主要对其培养目标、内容和过程进行总结。

（一）跨文化交际意识培养的目标

跨文化交际意识培养的目标主要包括以下几个方面的内容：①交际者具备获得外国文化信息的能力。②交际者具备良好的文化理解能力。③交际者能对外国文化做出客观的评价。④交际者具备进一步学习外国语言和文化的能力。⑤交际者具有较强的交际能力。

（二）跨文化交际意识培养的内容

跨文化交际意识的培养是一个循序渐进的过程，具体应该包含以下几个方面的内容：①学习文化词汇。②学习文学典故。③了解价值观念。④知道节庆假日。⑤规范社交往来。⑥重视非言语交际。

（三）跨文化交际意识培养的过程

跨文化交际意识的培养过程可以分为四个层次。下面我们对这四个层次分别进行详细的介绍。

1. 旅游者心态

在形成跨文化交际意识的初期，交际者会产生一种旅游者心态。这种心态的特点是交际者从自身文化的角度去观察其他文化，对文化事物的认识只停留在表面阶段，同时不了解不同文化事物之间的内在联系。交际者在这一层次容易产生模式化的文化认知，将个别文化现象当作普遍现象，并认为其是文化的本质。一些交际者会受到文化偏见、文化优越感、文化模式化的影响。

2. 文化休克

当跨文化交际者开始接触不同文化时，由于不了解外国文化，并且不能适应新的文化形式，便有可能在交际中产生一定的误解与冲突。一些交际者在经历了一系列的困难之后，会选择对外国文化进行逃避与对抗，从而产生一种文化休克心态。文化休克使交际者有着强烈的不安感和抗拒感。

    3. 理性分析与愿意适应

    在经历了一段时期的文化休克之后，交际者积累了跨文化知识，同时跨文化交际的频繁也使交际者熟悉和接受了新的文化环境，这时交际者就会对新的文化进行理性分析，并在主观上愿意适应新的文化形式。

    4. 主动了解和自觉适应

    跨文化交际意识的第四个阶段是交际者主动了解和自觉适应新的文化形式，并能够利用更多的时间和精力去发掘文化事物产生的原因，也就是对文化冰山水面下的思维方式、价值观念等进行主动察觉。

    这个阶段是跨文化交际意识培养的较高层次，交际者已经熟悉并能理解新的文化与交际对象，并在主观上愿意改变自己的意识，主动适应和接受新的文化。

第三节 跨文化交际能力

    由于在跨文化交际语境中，交际双方的文化差异增多，在语言观、世界观、价值观方面都或多或少存在很大的不同，因此就增加了交际的困难程度。跨文化交际能力指的是交际者在跨文化语境下进行交际的能力，该能力的强弱会影响交际的顺利程度。

一、跨文化交际能力的内涵

    跨文化交际能力（Intercultural Communicative Competence）指的是针对跨文化交际过程中出现的关键性问题，如文化差异、文化陌生感、文化内部态度、心理压力等的处理能力。在具体的跨文化交际实践中，跨文化交际能力体现在得体性和有效性方面。

    跨文化交际能力的得体性包括以下几个方面：符合目的语文化的社会规范，符合目的语文化的行为模式，符合目的语文化的价值取向。

    跨文化交际能力的有效性主要指的是能够实现交际目标。跨文化交际能力具有内在性，可以由交际者有意识地进行知识输入，并利用一定的语言技巧在跨文化交际的行为中得到体现。

二、跨文化交际能力的组成

    跨文化交际能力应该包含以下几个方面的内容。

    第一，态度（Attitude）。态度是跨文化交际能力的重要组成部分，指的是交际者对于目的语文化的看法，尤其体现在对自身文化与目的语文化不同之处的态度上。在跨文化交际中，交际者应该对交际对方采取积极的态度，同时保持自己的好奇心，利用开放的心态认识自身的民族文化。

    第二，知识（Knowledge）。跨文化交际能力中的知识既包括本人与交际对方的国家（或地区）与民族的社会文化知识，也包括在具体交际过程中，根据需要运用社会文化准则与控制交际进程的知识。

第三，技能（Skills）。技能是跨文化交际能力的重要方面，首先指理解、说明并建立两种文化间关系的技能，其次指发现新信息并在交际中使用的技能。

（一）言语交际能力

在跨文化交际能力中，言语交际能力是其基础与核心部分，主要包括以下几个方面的内容：①语法知识。②语言概念意义和文化内涵意义的了解与运用能力。③语言运用的正确性。④语言运用的得体性。

言语交际能力并不单单指交际者具备扎实的语言知识，还要求交际者能够根据具体的交际语境使用语言知识。

（二）非言语交际能力

非言语交际能力在交际行为中也有着重要的影响，不仅能够辅助言语交际的进行，对于交际问题与障碍的化解也大有裨益。具体来说，非言语交际能力指的是言语交际之外的一切交际行为与方式，包括以下几个方面：①体态语，如身体的动作、接触等。②副语言，如非语言的声音、沉默等。③客体语，如服饰、妆容肤色等。④环境语，如空间信息、领地观念、时间信息、颜色等。

由于跨文化交际的进行，非言语交际的作用越发为人们所了解，因此，目前相关学者十分重视非言语交际。

（三）跨文化适应能力

跨文化适应能力指的是交际双方对对方文化的适应能力。在跨文化交际实践中，跨文化适应能力具体表现在以下几个方面：①能够克服文化休克障碍。②能够正确认识和了解跨文化交际对象。③在交际中能够调整自身的行为方式、交际规则。④能够适应新的交际环境，并能在其中展开生活、工作与交际。⑤能够被新的文化交际环境所接受。

（四）语言规则和交际规则的转化能力

语言规则和交际规则的转化能力也是跨文化交际能力的重要体现。语言规则指的是语言的具体规则体系，如语音、词汇、语法等。交际规则，顾名思义就是指导交际进行的行为准则。任何交际行为都包括言语交际行为准则和非言语交际行为准则。

在交际中，交际者需要具备扎实的目的语语言规则，同时还需要学习母语与目的语转换的方式，从而规范自己的言语表达。针对跨文化交际中的文化问题，需要交际者对比和总结目的语文化与母语文化在思维、风俗、价值观方面的不同点，从而进行规则的转换，促进交际的顺利进行。

三、跨文化交际能力的培养

在介绍了跨文化交际能力的相关知识和其在跨文化交际中发挥的重要作用后，接下来对跨文化交际能力的培养要点进行总结。

（一）了解文化差异

人类文化虽然具有一定的共性，但其差异性却是主要的部分。了解文化差异是培养跨文化交际能力的首要步骤。

中西方在具体交际过程中，在问候方式、称呼方式、时间观、价值观、隐私观等很多方面都存在差异，这些差异的存在都直接影响着跨文化交际的进行。交际者应该在尊重不同文化的基础上，正确了解和处理这些差异，这样才能保证跨文化交际的顺利展开。

虽然文化的内涵十分丰富，但是从根本上说，文化主要包括知识文化和交际文化两个部分。知识文化具体指的是包括文学、哲学、政治、经济、历史、科技、艺术成就在内的所有知识。交际文化是指思维方式、社会习俗、行为准则和生活习惯等方面。

交际能力是知识文化与交际文化的结合，不仅要求交际者具备一定的语言能力，同时还要求交际者具有灵活的语言使用能力。因此，交际者需要在掌握自身文化与目的语文化差异的基础上，根据具体的语境进行跨文化交际行为。

（二）发展跨文化技能

了解文化差异是发展跨文化技能的保证，具体包含以下几个方面：①扫除民族中心主义和思维定式的障碍。②在具体的跨文化交际中，培养自身灵活应对交际情境的能力。③进一步加深对目的语文化的认识，了解目的语文化现象的深层原因，掌握其内在规律。

第二章 大学英语教育教学的基础理论

第一节 大学英语教育教学理论基础

一、大学英语教学的基本关系

（一）英语与汉语之间的关系

1. 语音迁移

语音迁移是语言迁移中最为明显又最为持久的现象。英语和汉语分属不同的语系，两者在语音方面存在很大的差异。第一，汉语是一种声调语言，用四声辨别不同的意义。第二，英语和汉语的音素体系差别较大，两种语言中几乎没有发音完全一样的音素。

2. 词汇迁移

初学英语的人很容易认为英汉词汇存在着一一对应的关系，每个汉语词汇都可以在英语中找到相应的单词。其实，一个词汇在另一种语言中的对应词可以有几种不同的意义，因为它们的语义场不相吻合，呈现重叠、交叉或空缺等形式。初学英语的人往往会把汉语的搭配习惯错误地移植到英语之中，于是出现了许多不合乎英语表达习惯的句子。除少量的科技术语、专有名词在两种语言中意义相当之外，其他词汇的含义在两种语言中都或多或少存在着差异，这些差异都有可能导致负迁移现象的发生。

3. 句法迁移

句法就是组词造句的规则，也就是传统所说的语法。英汉两种语言在句法方面有一些相同之处，同时也存在着很大的差异。首先，汉语是一种分析性语言，没有严格意义上的形态变化，主要通过词序和虚词的使用来表达各种句法关系。汉语重意合，其意义和逻辑关系往往通过词语和分句的意义表达。受此影响，中国学生在使用英语时常按照汉语的习惯仅将一连串的单句罗列在一起，不用或者很少使用连词。另外，英语和汉语在静态和动态方面也呈现出一定的差异。英语名词化的特点使许多中国学生感到不适应，在写作中这一点表现得最为突出。

汉语和英语的关系还涉及语言的社会功能问题。一个民族的母语是其民族的特征之一，母语教学对于培养学生的爱国主义情感具有重要意义。在新加坡，许多有识之士指出，新加坡自成立以来母语教育失败是造成社会凝聚力低的问题之所在。

在处理汉语和英语的关系方面应该注意以下两个问题：

（1）在全社会重视英语教学的同时，决不要忽视汉语的学习

经济的全球化和科学技术的国际化正在成为新的时代特征，英语作为国际交往中最为重要的交流与沟通的工具，其重要性已经为越来越多的人所认识。为了满足人们英语学习的需求，各种各样的教学方法，丰富多彩的学习用书、音像制品和软件也应运而生。不重视英语是错误的，但因为重视英语而忽视了对自己母语的学习同样是不正确的。

（2）克服负向迁移，促进正向迁移

在对待汉语和英语之间的关系方面，有两种截然相反，但都不可取的态度。一种是依靠汉语来教授英语，这显然是不可取的。对于中国的英语学习者来说，汉语是他们的母语，学生在学习英语时会自觉或不自觉地与汉语进行比较，如果在教学过程中过多地采用汉语，学生就会很难摆脱对汉语的依赖，养成一种以汉语为"中介"的不良习惯，在听说读写等语言活动中会不断把听到的、读到的以及要表达的英语先转换成汉语，这样就很难流利地使用英语，也不可能写出或讲出地道的英语。另外一种是完全摆脱汉语，全部用英语教学，这不仅难以做到，而且也是不可取的。对于两种语言中相似但又不相同的内容，学生很容易受到汉语的干扰，教师在教学过程中要多加注意。

（二）外国文化与中国文化之间的关系

语言与文化密不可分，语言具有丰富的文化内涵，英语学习中有许多跨文化交际的因素，这些因素在很大程度上影响英语的学习和使用。因此，《英语课程标准》把"文化意识"作为综合运用能力的一个组成部分，具体规定了各个级别对文化意识的具体要求。

文化是指所学语言国家的历史地理、风土人情、传统习俗、生活方式、文学艺术、行为规范、价值观念等。它不仅包括城市、组织、学校等物质的东西，而且包括思想、习惯、家庭模式、语言等非物质的东西。语言与文化具有密切的关系，这主要表现在三个方面：第一，语言是文化的重要组成部分。第二，语言是文化的载体，因此它也是反映文化的一面镜子。第三，语言与文化相互影响、相互作用。因此，理解语言必须了解文化，理解文化必须了解语言。

语言具有丰富的文化内涵，不具备文化内涵的语言基本上是不存在的。在一种语言中，从词汇到语篇都可以体现文化的内涵。首先在词汇的层面上，英汉两种语言具有很大的差异。还有些词只存在于英语中，汉语中则没有相对应的词。另外，在英汉两种语言中，某些词语看起来似乎指同一事物或概念，其实不然。对于某些词汇来说，英汉的基本意义大体相同，但是派生意义的区别可能很大。

英汉两种语言文化的差异也可以导致文化迁移现象的产生。文化迁移是指由于文化差异而引起的文化干扰，它表现在跨文化交际中或外语学习时，人们下意识地用自己的文化准则和价值观来指导自己的言语和思想，并以此为标准来判断他人的言行和思想。文化的内涵分为三个层次：第一个层次是物质文化，它是经过人的主观意志加工改造过的；第二个层次是制度文化，主要包括政治及经济制度、法律、文艺作品、人际关系、习惯行为等；第三个层次是心理层次，或称观念文化，包括人的价值观念、思维方式、审美情趣、道德情操、宗教感情和民族心理等。深层文化迁移是指第三个层次中的文化要素的迁移，由于它属于心理层次，涉及人们的观念和思想，所以在跨文化交际中不容易被注意到。

与语言迁移类似，文化迁移也有正负迁移之区别。首先，教授和发现影响信息传递的各种文化因素必须以英语学习者的母语文化即汉语文化为比较对象，只有通过两种文化差异的比较才能找到影响交际的各种因素。其次，英语教学不仅仅是培养介绍和引进国外文化、知识、技术、科学等的人才，同时也担负着中国文化输出的任务。另外，充分掌握汉语与汉语文化也是英语学习和英语交际能力不可分割的重要组成部分。

（三）语言知识与语言技能之间的关系

语言知识包括语音、词汇、语法等内容。语言知识是综合语言运用能力的有机组成部分，是发展语言技能的重要基础。使学生掌握一定的英语基础知识也是英语教学的基本目标之一。在英语中，语音和语法、构词法、拼写都有关系。很好地掌握语音，不但有利于听说技能的获得，而且有助于语法和词汇的学习。

英语中的习惯用法又称习语，具有语义的统一性和结构的固定性两个特点。习惯用法是固定的词组，在语义上是一个不可分割的统一体，其整体意义往往不能从组成该用语的各个单词的意义中推测出来，词汇是构筑语言的材料，尽管具有大的词汇量并不意味着一定会具有高的语言能力，但是要想具备较好的语言技能则必须掌握足够的词汇。

语言技能指运用语言的能力，包括听、说、读、写四个方面，其中说和写被称为产出性技能，而读和听被称为接受性技能。听是分辨和理解话语的能力，即听并理解口语语言的含义；说是应用口语表达思想、输出信息的能力；读是辨认和理解书面语言，即辨认文字符号并将文字符号转换为有意义的信息输入的能力；写是运用书面语表达思想、输出信息的能力。听、说、读、写是学习和运用语言必备的四项基本语言技能，是学生进行交际的重要形式，是他们形成综合语言运用能力，获取信息和处理信息的重要基础和手段。

（四）教师与学生之间的关系

学生是学习的主体，英语教学要以学生为中心。教师的主要职责是引导和帮助学生学习英语，因此，教师要善于根据学生的生理和心理发展特点认真研究教学方法，排除学生在学习上的心理障碍，调动学生学习的主动性和积极性。教师还要面向全体学生，因材施教，发挥不同学生的特长。

学习动机与态度是影响英语学习的重要情感因素，英语学习的成功在很大程度上依赖于强烈的动机和端正的态度。如果学习者对讲英语的人和英语教师产生反感，学习的动力也就自然消逝，学习的成功也无从谈起。根据动机产生的根源，动机可以分为内在动机和外在动机。内在动机来自个人对所做事情本身的兴趣；外在动机是外部因素作用的结果，如父母的赞同、奖赏、惩罚、考试的高分等。内在动机和外在动机之间存在着相互影响的关系，教师在培养学生内在动机的同时，也要注意对学生外在动机的培养。态度指个人对事物或人的一种评价性反应。

认知方式是指人们组织、分析和回忆新的信息和经验的方式。就认知方式讲，英语学习者可以分为两种：场依存型和场独立型。测验场依存型时，让学习者观看一个复杂的图案，并找出隐藏在图案内部的几个简单的几何图形。目的是看他们能否把看到的东西分解成若干部分，并使这些部分脱离整体。这种测验也适用于语言学习者，因为他们也要从上下文中把语言项目分离出来才能理解它们。场独立型学习者在外语结构知识方面学习起来更容易些。

二、大学英语教学的基本原则

（一）交际性原则

1. 充分认识英语课程的性质

英语课程首先是一种技能培养型的课程，要把语言作为一种交际的工具来教、来学、来使用，而不是把教会学生一套语法规则和零碎的词语用法作为语言教学的最终目标，要使学生能用所学的语言与人交流，获取信息。

2. 创设情境，开展多种形式的丰富多彩的交际活动

语言是交际的工具，而交际的发生总是处于特定的情境之中。情境包括时间、地点、参与者、交际方式、谈论的题目等要素。在某一特定的情境中，讲话者所处的时间、地点以及本人的身份都制约他说话的内容、语气等。

3. 注意培养学生语言使用的得体性

英语教学的首要目标在于培养学生进行有效交际的能力，传统的英语教学只偏重语法结构的正确性，而根据交际性原则，学生要具备良好的交际能力，要能在适当的时间、适当的地点，以适当的方式，向适当的人，讲适当的话。

4. 精讲多练

英语课堂的工作不外乎讲和练两种，前者是指讲授语言知识，后者是指进行语言训练。在课堂上，适当讲授一些语言知识是必要的，可以提升学习的效果。在语言训练的过程中要针对学生的具体问题给以"画龙点睛"式的点拨。

5. 注重教学内容与教学活动的真实性，贴近学生的生活

语言与现实生活密切相关，教学活动的设计与教学内容的选择一定要考虑这一因素。在英语教学中，要把语言和学生所关心的话题结合起来，要给学生足够的、内容丰富的、题材广泛的、贴近学生生活的信息材料。

（二）兴趣性原则

1. 充分了解学生的生理与心理特点，尊重学生的主体性

学生是学习的主体，是整个学习过程的核心承载者。英语课程必须从学生的生理和心理特点出发，遵循语言学习规律，从改变学生的学习方式入手，通过听做、说唱、玩演、读写和视听等多种活动方式，达到培养兴趣、形成语感和提高交流能力的目的。

2. 防止过于强调死记硬背、机械操练的教学倾向

英语学习需要一定的死记硬背和机械操练。然而，过多的机械操练很容易导致课堂教学的死板与乏味，容易使学生失去或者降低学习英语的兴趣。学生在获得交际能力的同时，综合素质也会得到相应的提高，学生的学习兴趣才会得到巩固与加强。

3. 挖掘教材，激情引趣

教材是英语教学的核心，教师要想最大限度地调动学生的积极性，就要在备课中认真研究教材，挖掘教材中的兴趣点，使每节课都有新鲜感，都有让学生感兴趣的内容和活动。

4. 善于发现学生的进步，多鼓励表扬，培养学生的自信心和成就感

对于学生来说，学习兴趣能否保持在很大程度上取决于学习的效果，取决于他们能否获得成就感。

5. 注意发现和收集学生感兴趣的问题，把这些问题作为设计教学活动的素材

有的教师努力把一节原本枯燥的数字课上得热闹非凡，笑声不断。还有的教师为了讲授英语字母，自己编排了英语字母操。

6. 增强教师与学生之间的交流

一个班级的学生来自不同的家庭与环境，教师要平等地对待每一个学生，对学生充满爱心，通过各种形式与学生进行交流，真诚地与学生交朋友，用自己对工作、对学生的热爱去影响学生。教师活泼、富有幽默感，则更能赢得学生的尊重与喜欢。好的情绪转移到学习中就会变为一种兴趣和动力。教师在严格要求学生的同时，还要给学生创造一种和谐的学习氛围。

7. 改变传统的英语测试方式

应试教育是学习兴趣的最大杀手。基础英语课程的评价应以形成性评价为上，采用学生平时教学活动中常见的方式进行，重视学生的态度、参与的积极性、努力的程度、交流的能力以及合作的精神等。

（三）灵活性原则

1. 教学方法的灵活性

在英语教学史上出现了许多种不同的教学方法和流派，如语法翻译教学法、视听教学法、交际教学法等，每种方法都有其自身的优势与不足，教师应该兼收并蓄、集各家所长，切忌拘泥于某一种所谓流行的教学方法。英语教学包括语言知识和语言技能两个方面，语言知识包括语音、词汇、语法等内容，不同的语音、不同的词汇、不同的语法项目都具有不同的特点。语言技能包括听、说、读、写等四个方面，其中又包括许多微技能。而学习者个体也是千差万别的。因此，在英语教学过程中要综合学生、教学内容以及教师自身的特点，创造性地开展多种多样的教学活动，充分体现教学方法的多样性和创新性，使英语课堂新鲜有趣，从而激发学生学习英语的热情，挖掘学生的潜能。教学的内容也要体现多样性的原则，不仅要教英语，还要教学习方法，要结合英语教学教如何做人。

2. 学习的灵活性

教学方法和教学内容的灵活性可以有效地带动英语学习的灵活性。要努力改变以往单纯地死记硬背的机械性学习方法，帮助学生探索合乎英语语言学习规律和学生生理、心理特点的自主性学习模式，使学生能够自我导向、自我激励、自我监控；静态、动态相结合，基本功操练与自由练习相结合；单项和综合练习相结合。

3. 语言使用的灵活性

英语学习的关键在于使用，教师要通过自身灵活地使用英语来带动和影响学生使用英语。

（四）宽严结合原则

所谓的宽与严是指如何对待学生在学习过程中所出现的语言错误，也就是如何处理准确和流利之间的关系。外语学习是一个漫长的内化过程，学生从开始只懂母语，一直到最后掌握一种新的语言系统，需要经过许多不同的阶段，从中介语的观点来看，在各个阶段，学生所使用的语言是一种过渡性语言；它既不是母语的翻译，也不是将来要学好的目标语。对于各种错误的分析，是第二语言习得研究的重要课题，因为通过对这些错误的分析，可以发现学生的学习策略，其实这些策略也正是学生产生这些错误的原因。

对待错误，有两种极端的做法是不可取的。一种是把语言错误看得非常严重，有错必纠。这些人的理由是在学习英语的时期，一定要学到正确的东西；如果对学生的语言错误听之任之，一旦养成习惯就很难改过来了。另一种是对学生的语言错误视而不见。这些人的理由是熟能生巧，只要多说就能慢慢自我克服这些错误。

宽严结合原则实际上就是要正确处理准确和流利之间的关系。"没有准确，流利就失去基础"这句话是对的，但是这种说法只是强调了准确的重要性，正确的态度应该是"既要强调准确性，又要重视流利程度"。越到高年级，越要强调流利程度。

（五）输入输出原则

所谓输入是指学生通过听和读接触英语语言材料，所谓输出是指学生通过说和写来进行表达。心理语言学研究表明，输出建立在输入的基础之上；在此意义上，输入是第一性的，输出是第二性的。教师在教学过程中应该注意以下几点：

1. 尽可能多地让学生接触英语

要通过视、听和读等手段，多给学生可理解的语言输入，如声像材料的示范和贴近学生日常生活和学习、适合学生的英语水平、具有时代特色的读物等。

2. 输入内容和输入形式的多样化

学生接触的英语既要有声的，又要有图像的，还要有文字的，而且语言的题材和体裁以及内容要广泛，来源多样化。另外，我们还要注意根据上述语言输入的分类，尽可能地为学生提供多种形式的输入。

3. 首先强调学生的理解能力

只要学生能理解的，就可以让他们听、让他们读。从教学目标来看，对语言技能应该有全面的要求，但是从教学方法来看，应该先输入，后输出。

4. 为学生提供的语言材料要符合学生的实际情况，要符合可理解性的要求

在增加可理解的语言输入的同时，在理解的基础上不断进行有效的实践活动。这些实践活动在基础英语教学中包括一定的模仿练习。学习语言的确需要模仿，问题的关键在于如何模仿和模仿什么。尤其是在结对练习、小组练习的时候，让他们根据实际情况使用所学习的语言，学生才能把声音和语言的意义结合起来。

三、大学英语教学的目标

（一）帮助学生理解英语

学生的学习过程不是一个行为过程，而是一个心理过程，教学的中心仍然是学生。在这个过程中，学生是中心，是关键的参与者，而教师只是帮助者和使能者。但是，教学的目标不是让学生学会做事，而是要扩展他的思维活动，让其获得新的知识。知识纯粹是有关语言的特点和运作的知识。但掌握语言知识也可以称为懂英语。它既表示学习英语意味着学会有关语言的知识，也表示学会说这种语言。这两种解释实际上代表了两种不同的教学模式。从第一种模式的角度讲，学习知识可以只让学生理解和记忆即可，不必让学生去进行实际的操练和实践，其重点是心理活动。从第二种模式的角度讲，学生不仅要理解和记忆所学的知识，还要学会实际的语言运用技能，学会把所学的知识运用到实际的语言交际中。

（二）帮助学生学会英语

教师是使能者，可以采用各种各样的手段来帮助学生学习英语，例如，可以使用各种各样的现代化技巧和设备来帮助学生学习。

教师首先考虑的是学生，而他们自己的角色就是指导和帮助学生。但现在我们没有考虑的是学生的任务是什么性质的，是什么样子的，只是想当然地认为学生如何学习，也就是说，对教学目标没有很好地进行限定。可以根据让学生自己学，由被动变主动来考虑学什么和达到什么目标。教学目标是使学生学会英语。

（三）传授学生语言知识

"教师把英语授给学生"的教学过程在此被视为一个物质交流过程。教师通常要教给学生他们自认为是"好的"英语，如标准英语、文学英语等。在这种交流过程中，教师处于绝对控制地位，学生则完全处于被控制的地位。教学的重点是语言，实施者是教师，学生只是受益者，接近

情境成分。教学的目标是教给学生自己认为是"好的"或者"美的"英语，使学生学会标准的、高雅的英语。教师的快乐在于学生懂得了自己在课堂上所教授的内容并且欣赏自己的教学内容和课堂表演。

（四）训练学生的英语技能

从教学方式上讲，教师主要对学生进行大量训练，开展许多活动，学生是这些活动的参与者和训练对象。这种教学模式既相似于传统教学法中教师主导一切的模式，也相似于模式训练法的教学模式，学生只是被训练的对象，自己没有主动权，所以难以发挥学生的主观能动性。这是一种结构主义和行为主义的教学模式。教师的主要目的不是使学生学习语言知识，而是让其获得语言技能。

（五）发展学生的意义潜势

教师仍然是一个使学生能够做某件事情（讲英语）的人，但他不仅仅是使学生能够做某件事情的人，而且是使学生能够讲目标语的人。这显然既包括使学生掌握有关语言的知识，也包括使学生掌握语言表达能力，学会用所学的语言说话。

通过对几种教学模式进行比较分析可以发现，教学过程主要被看作一个物质过程，是一种活动，主要参与者是学生和教师。在这个过程中，教师所起的作用是不同的。可以作为控制者和行为者，学生是目标，也就是说，学生只能被动地接受教师所传授给他的任何他认为重要的东西；教师也可以作为训练者和教练，让学生做一系列活动和动作，教师是指挥者和指导者，学生是活动的进行者和行为者。学生越来越成为教学活动的主角和中心。这是现代语言教学理论和方法发展的趋势。

（六）培养学生跨文化交际能力

培养学生的跨文化交际能力是英语教学的最高目标。一方面，它要求学生把目的语文化也就是英语文化与自身现有知识进行等值条件下的转换，另一方面，他又要求无条件且积极地理解、吸收与本国文化不同的信息。为了消除这种障碍，英语教学就必须强化文化教学，即在教学过程中，相应地进行英语语言文化教学。

第二节 大学英语教育教学模式及其理论构建

一、大学英语教学准备

（一）大学英语课程设置

1.影响大学英语课程设置的相关因素

（1）教学性质和目标课程理论

设置合理、科学的大学英语课程，必须理解课程的含义，并进行课程分析和课程规划。规划课程时应该遵循以下必要程序：①目标分析——调查社会生活、学科知识和学习者以确定教育目标；②开发研究——根据学校种类和不同学科的目标决定教育内容；③推广研究——在学校教育中实施具体化的课程；④评价研究——评价课程实施效果以检测课程的有效性并确定推广策略。这种线性的现代课程理论根植于经验主义、科技主义与实证主义的课程观，宗旨在于预测与控制课程规划。后现代主义课程论认为课程是在满足社会种种需求的过程中生成的，是不确定的。后现代主义课程论以认知主义和建构主义为基础，强调课程的适应性、变化性和不确定性。每个学校新建立的大学英语课程体系应具有"适量"不确定性，这种不能预先决定的"适量"需要在教师、学生和社会需求之间不断协调。

（2）教学资源

教学资源也是影响课程设置的重要因素。教师是教学资源的核心，是教学的具体实施者。高素质人才的培养离不开高素质的师资队伍，一支高素质的师资队伍和相应配套的软、硬件设备是课程设置的关键。大学英语课程设置应该能够充分调动教师的积极性，使每个教师都可以发挥自己的特长和专业，开设教师和学生双方都喜欢的课程，教师的潜力才能得以发挥。课程设置应在充分利用现代信息技术的同时，合理继承传统教学模式中的优秀部分，发挥传统课堂教学的优势。

（3）课程评价

课程评价是大学英语课程教学的一个重要环节，全面、客观、科学、准确的评价体系对于实现教学目标至关重要。课程评价既是教师获取教学反馈信息、改进教学管理、保证教学质量的重要依据，又是学生调整学习策略、改进学习方法、提高学习效率和取得良好学习效果的有效手段。通过建立有效的课程评价体系，有利于在大学英语教学实践中形成积极、良性的信息反馈，为英语课程的设置提供现实的理论依据，从而保证课程设置能最大限度地满足学生的学习需求，培养符合社会需求的英语人才。

2.我国大学英语课程设置的现状

随着大学英语教学改革的推进，各校已在不同程度上对大学英语课程设置进行了改革。大学英语课程是我国较早建立的公共基础课程，教学内容的设计始终贯穿着大学英语课程改进的主线。

（二）大学英语课程教材的选择

1.英语基础课程教材

大学英语基础教学阶段以培养学生语言应用能力为基本教学目标，教学内容以词汇、语法、篇章、语用为主。为避免语言文化脱离的语法教学，大学选用以功能—意念教学大纲为编写原则，以丰富的跨文化交际语料为内容的国内优秀大学英语教材。

2.文化与跨文化交际类课程教材

此课程的教学目的是通过学习英美文化知识、跨文化交际知识和原理提高学生的跨文化交际能力。在教材选用方面，出于对语言难度、语言准确性和案例真实性的考虑，既选用了国内优秀教材，也引进了国外的原版教材。同时，从人类学丛书、人类文化学丛书以及国外阅读材料中遴选了丰富的文化案例，更正了国外教材中对中国文化的错误解释，客观分析了文化差异现象；在语料选择方面，语言生动活泼、有时代感，难度略高于大学英语四级水平，有利于提高学生的英语能力。

二、大学英语教学内容

（一）大学英语课堂教学普遍存在的问题

虽然大学英语课堂教学正逐步从以教师为主的传统教学过渡到以学生为主的交际教学，但是调查发现，大学英语课堂教学的现状不容乐观，依然存在一些值得关注的问题。

1. 大学英语教师教学刻板，缺乏创新精神

当今社会的发展，对大学英语教师提出了更高层次的要求。教师在传道授业解惑的过程中必须不断创新以满足社会和教育工作的需要。然而，传统的教学模式和观念往往使大学英语教师故步自封，导致其在教学和科研方面毫无进展。

2. 填鸭式课堂模式单一枯燥

调查发现，一些大学英语课堂仍采用教师为主的教学模式，课堂教学犹如设定好的程序：讲课——记笔记，缺乏师生间的互动交流。这种课堂模式和传统的教学方法忽视了学生的能动性，更打击了学生英语学习的热情。结果便是，大学培养出许多"哑巴英语"学生，许多学生不能把所学应用到工作中，甚至需要参加培训班以增强英语运用技能，这无疑是教育资源的极大浪费。

3. 过于强调应试成绩，忽视语言技能的培养

基于目前严峻的就业形势，许多用人单位都要求毕业生有大学英语四级或六级证书，对英语专业的学生则要求有英语专业四级或八级证书。这种市场需求使得教师和学生把在等级考试中拿高分作为目标，以彰显自己的英语水平。这种急功近利的学习态度使得学校和老师在实际教学中做出倾斜，进一步忽视英语语言技能和语言素养的培养。

当然，大学英语课堂教学中存在的问题不止这些，还有许多其他需要解决的问题。诸如，学校硬件设施不完善，没有良好的英语学习环境，评价体系不合理等，这些都是英语教育教学环节中不可忽视的部分，希望今后有机会再进行更加细致深入的调查和讨论。

（二）大学英语教学内容的改革

传统的填鸭式教学以教师为课堂主体，没有遵循学生的认知规律，没有调动学生的积极性和主动性，其教学效果往往事倍功半、收效甚微。因此，传统英语教学内容的改革迫在眉睫。

1. 转变教学理念，提高教师个人素质

尽管大学英语课堂正在逐步改革，但仍有相当一部分教师尚未形成新的教育教学理念，且教师的专业水平发展不平衡，差距较大。传统的填鸭式教学使英语课堂耗时多、收效低，而教师是课堂教学的关键。因此，大学英语教师应努力提高自身的专业水平和语言能力，综合运用多种教学方法和教学手段，以便能得心应手地使用教学语言。在提高教学能力的同时，还应积极研究并吸收最新的国内外科研成果和英语教学理论，不断更新观念、充实自己，练就现代教学的基本功。只有提高自身素质，才能搞好语言教学。

2. 创造以学生为主体的课堂，提高学生积极性

目前，多数学生的英语读写能力较强，但听说能力较弱，究其原因，主要是没有一个好的英语语言学习环境。在英语学习中，课堂所占比重较大，因此，课堂中听说环境的营造至关重要。这就要求大学英语教师以学生为中心进行教学设计，合理安排教学各个环节，积极进行英语听说训练，提高学生的英语综合能力。

例如，在课堂导入阶段，教师可以用与课文相关的几张图片、一段视频、一个话题或几个问题引起学生的兴趣，进而鼓励他们对图片、视频、话题或问题进行讨论。讨论前要给学生准备时间，让他们整理思路、组织语言，对于基础较差的学生，可以允许他们双语并用。这样既能提高学生的口语表达能力，又能锻炼学生的思维能力。

口语训练还可以通过双人对话、小组讨论、辩论等方式进行，听力训练可以通过边听边写的方式进行。不管采用何种方法，其主导思想是鼓励学生参与课堂，教师的作用是对学生进行启发式教学，对其表现进行及时反馈，在提高其能力的同时，使其更有信心，更热衷于运用英语、参与课堂。

3. 充分利用多媒体等教学资源

随着信息时代的发展，各种技术和设备层出不穷，这给英语教学带来新的资源和挑战。各种各样的教学资源随处可见且内容丰富，这就要求教师认识和掌握各种新技术，并找到合适的教学资源加以利用。例如，教师可以利用视频形式的多媒体教学资源，或 Power Point、Flash 动画等形式的交互式教学资源。

三、大学英语教学评估

（一）大学英语教育评估体系的确立

社会的发展和国际交往范围及内容的不断拓展和深化，对我国英语人才的培养提出了更高的要求。大学英语教育的迅猛发展，大学英语教学和四、六级考试改革的大力推进，对英语人才的培养提出了严峻的挑战。我国英语专业招生规模逐年扩大，而学生数量与教学质量之间的矛盾也使英语教学改革成为热点问题。

大学英语本科教育评估体系的确立是为了规范和检查全国高等学校英语专业的英语教学，特别是英语教学大纲的执行情况。通过外语专业本科教学评估加强对全国高等院校外语教学工作的宏观管理与监控，促进大学自觉地加强外语专业学科建设、改善办学条件、强化教学管理、深化教学改革、全面提高外语专业教学质量。

（二）大学英语教育评估体系和英语教学大纲对课程的基本要求

大学英语教育评估体系是对高等学校英语专业英语教学大纲执行情况的监督，因此它的要求基本上与教学大纲是一致的。它所做的各项规定，对全国各类高等学校的英语专业均有指导作用，也是组织教学、编写教材和检查与评估教学质量的依据。

高等学校外语专业本科教学评估指标等级标准规定，学科定位符合学校整体发展规划和现有

条件以及外语学科的基本规律，有明确的专业方向，专业建设规划遵循教学规律、符合学校实际情况、适应对外开放、社会发展和经济建设的需要，有明显的专业建设强项，优势突出。课程设置要符合本专业教学大纲的要求，部分主干课被评为校级以上重点课程。课程设置要符合本专业教学大纲的要求，专业必修课和主要的专业选修课均能开全，基本无因人设课的现象。学生外语基本功要符合全国本专业教学大纲中规定的听说读写译等各项技能的要求，学生的外语专业知识能力较强。

（三）对英语课程的评估

对于形成性评估的实施现状，课题组主要借助英语精读课的总评成绩评定情况而定。问卷和访谈结果表明大部分接受调研的学校在精读课教学评估中以终结性评估为主、形成性评估为辅，多数大学英语基础课期末考试的单项成绩占总评成绩的60%左右。教学评估方案往往由教研室或教研小组决定。教师访谈结果表明，期中考试和期末考试大多是统一出卷，主要检测学生对课文知识点的掌握情况，仍然以传统的题型为主，难以较好地体现学生的英语应用能力。调研结果表明，终结性评估和形成性评估结合的方式已经受到所有调研院校的认可，但是各校的终结性评估方式受到所在院校的团队建设和测试理念影响，学生和教师对形成性评估接受程度的差异说明了教学评估改革的关键在于教学团队和教师，英语专业教师和非英语专业教师对课程评估的不同话语权体现了教师个人信念对评估的影响。

（四）大学英语教学评价展望

教学评价主要包括对教师的评价和对学生的评价。对于教师来讲，教学是一门艺术，是教师遵循教学规律，针对教学对象，灵活运用教学方法，善于启发诱导，激励学生热情，创造性地组织教学活动，实现教学任务，从而取得最佳教学效果的一整套教学技巧的总和。从学生的学习态度看教师的教学，学生参与教学的积极性如何，教师能否调动学生学习的主动性，学生上课有无提问以及学生能否完成作业，学生课下自学情况如何，教师是否安排预习，有没有明确目标、任务，学生能否跟上教师进度，教师是否重视培养学生的一般学习技能和技巧，教师是否善于组织学生独立钻研等。对教学方法的评价，教学方法是否促进学生的创新精神，教学方法有无相关性等。

第三节 大学英语教学的语言认识及语言教学

一、大学英语教学的语言认识

（一）对语言的认识

语言的定义

首先，语言是一种系统。语言不是杂乱无章的，不是语言材料的任意堆砌，否则不可能进行有效的交际，要有效地进行交际，就必须用有一定内在联系的一系列规则支配语言，这种有一定内在联系的一系列规则就是一种系统。凡是系统都包括一系列既相对独立又以一定的方式互相联系的子项。系统由子项组成，又以一定的方式统摄、规约子项。在大的系统中，子项也是系统，作为系统的子项叫作子系统。无论是系统还是子系统，其内部各组成成分之间都有一定的内在联系，并受一定规则的支配，而语言就是一个大的系统，它包括语音系统、词汇系统、语法系统、语用系统和文字系统等子系统。

其次，语言是一种音义结合体，语言在本质上是口头的。书面语言的产生远远落后于口头语言，它最初只是以文字形式对口头语言的记录。书面语言产生以后虽然也有自身的发展，逐渐形成了自己的特点，并且反过来反映口头语言，但是书面语言毕竟不能脱离口头语言。

语言表达要达到交际目的，就不但要讲究语言的正确性，而且要讲究语言的得体性。所谓语言的正确性，就是语言中的语音、语法结构等都符合语言规则；所谓语言的得体性，就是表达的内容和对语音形式、词汇、语法结构、应对方式等的选择都符合交际对象、交际目的和交际场合的特点。语言的正确性是由语言规则决定的，语言的得体性是由语用规则决定的。

（二）语言的特征

1. 语言的交际性

人类的交际工具不只是语言，旗语、电报代码、手势、体态等都可以在某种范围内作为人们的交际工具。语言服务的领域要广阔得多，如生产领域、经济关系领域、政治领域、文化领域以及人们的社会生活、日常起居等，无所不包。在交际过程中它不仅能交流思想，还可以传达彼此的情感，虽然人们的手势、体态等各种伴随动作也能传达情感，甚至还可以脱离语言独立地完成某些交际任务，但它们毕竟是非言语的交际工具，所表达的意义非常有限。至于聋哑人的手指语，那是为了帮助失去说话、听读能力的聋哑人进行交际，人们按照正常人的语言设计的一套特殊的语言。

认识语言的交际性对英语教学具有重要的启示。首先英语教学的目的是培养学生的英语交际能力。语言是重要的交际工具，英语作为语言是重要的国际交际工具。在教材的编写、教学内容的安排上，也要考虑英语作为交际工具的总出发点。选择那些日常生活中常用的话题和话语有利于进行言语交际活动。

2. 语言的思维性

语言是思维活动的媒介和工具。思维活动是在语言基础上进行的，思维离不开语言。因此，英语教学也要培养使用英语进行思维和交流的能力。否则就难以掌握地道的英语和英语的精神实质。在用英语表达思想时，可以在头脑中用母语把思想描绘好，然后再译成英语。在听英语时，可以先在头脑中把英语译成母语，以方便理解。

3. 语言的有声性

有声性是语言外壳的有声实质。有声性是语言最本质的自然属性，音义结合是语言的起点和终点，音形义结合是语言的完美组合。人们之所以能感受和运用语言，是在于有了由口腔发出的语音作为物质外壳，是语言成为物质的，现实的，听得到、说得出、看得见、写得出的语言。

口语具有及时性、暂留性和临场性三个特点。及时性指讲话必须一句接一句，中间不允许有较长时间的停顿。暂留性指一句话讲出来，留在记忆里的时间很短，一般人所听到的连续的语流，精确地留在记忆里的时间大概不超过七八秒。临场性指演讲者通常会做出及时的反应，或欢声笑语，表示赞同；或摇头皱眉，表示反对；或兴趣盎然，情绪热烈；或表情冷漠，心不在焉等。另外，口语结构简单，常用省略式、简短式的语言。

4. 语言的任意性

第一，音义的结合具有任意性，即什么样的语音形式表达什么样的意义内容，什么样的意义内容用什么样的语音形式表现是任意的。世界上之所以有多达5500种语言，就是因为人类创造语言时在选择语音形式表达意义内容方面不一致，因而形成了不同的语言：由于语言具有社会属性，不是自然的，语音形式和意义内容之间没有必然的、本质的联系，完全是偶然的、不可解释的。第二，不同语言有不同的音义联系。第三，不同语言音义联系不对等，同样的语音形式，在不同的语言中可以代表不同的意义；而同样的意义，在不同的语言中可以用不同的语音形式表达。第四，同一语言的音义联系也具有任意性，如汉语有众多的方言，同样的事物在各个方言中也有不同的读音。不同方言区之间，语言的音义联系也不是完全一致的：同一语言中不同方言的语音差别，也说明了音义联系具有任意性，不然，就不存在方言差别了。

5. 语言的情感性

语言有表情达意的作用，有最完备的表情达意的功能。人们在发出分音节的有声语言时，常伴随着手势、眼神、脸部表情和身体动作等以加强情感的表达。语言交际活动处于表情、动作等非语言工具的范围之中：所有这些表情和动作的目的是加强有声语言的表达效果和加深表达情感的印象。

非言语交际方式可分为三种类型：无声的动态、无声的静态和有声而无固定语义的伴随语言。无声的动态可以是用点头表示同意、肯定或加重的语气，也可以和表示满意的情感。无声的静态也可以表达语义和情感。人站着一动不动，表达呆若木鸡的语义和惊奇、悲哀、害怕、漠然等不同情感。伴随语言是有声的，但是非言语的，诸如各种笑声、哼哼声等。单就笑声而言，就有哈哈大笑、傻笑、咯咯笑、捂着嘴笑、皮笑肉不笑、苦笑、甜蜜的笑、微笑、讥笑、冷笑、假笑、阴险的狞笑、谄媚的笑，等等。

（三）语言研究理论

1. 语言的内部研究

语言学是对语言的科学研究，其发展到今天，分支相当多，这也说明语言学作为一个学科的成熟。语法学研究连词成句等制约语言行为的规则。一种语言的语法是该语言的语法规则的总和，而语法研究的对象是制约语言行为的规则。但是各研究者的出发点可以各不相同，大体上有下列各类：

从研究方法看，有实证主义的语法和唯理主义的语法；从研究对象的时限看，有贯穿不同时期的历时语法和属于同一时段的共时语法；从研究者的社会目的看，有规定性的语法和描写性的语法；从研究者的教育目的看，有供语言学研究的语法和教学用的语法；从所研究的语言范围看，有普遍语法和语别语法。

语用学研究语言符号和语境信息互动产生语用意是语言学不可分割的组成部分。人们对语用学产生兴趣。首先，结构主义语言学，特别是它的描写学派，力求把研究的范围仅仅局限在语言单位间的形式关系方面，有意地尽量不涉及意义，"把意义排除在外"。起初是一般地涉及，后来语义分析日趋详尽，这样，不仅在词汇领域，而且在句法领域，语义研究均跃居领先的地位。在转换生成语法的语义学理论中，语句是跟虚拟的、抽象的语言使用者发生联系的；而现实中运用语言的人及其感情、相互关系、意图和目的等则被排斥在分析之外。从20世纪70年代初开始，"语用学"这一术语以及相关的概念便日益频繁地出现在不同学派语言学家的论著中。语用学的任务是揭示在特定场合下，说话者的言语条件是什么，说话的目的何在。

2. 语言的外部研究

心理语言学是研究语言活动中的心理过程的学科，它涉及人类个体如何掌握和运用语言系统，如何在实际交往中使语言系统发挥作用，以及为了掌握和运用这个系统应具有什么知识和能力。从信息加工的观点来看，心理语言学是研究个体言语交往中的编码和译码过程。由于研究对象的特点，它与许多学科有密切关系，除心理学和语言学外，还有信息论、人类学等。在方法上，它主要采用实验心理学的方法。

社会语言学是20世纪60年代在美国首先兴起的一门边缘性学科。它主要是指运用语言学和社会学等学科的理论和方法，从不同的社会科学的角度去研究语言的社会本质和差异的一门学科。对于这个定义，有一些不同的理解。布莱特（W.Bright,1966）认为社会语言学是研究语言变异。研究内容涉及七个方面：说话者的社会身份、听话者的身份、会话场景、社会方言的历时与共时研究、平民语言学、语言变异程度、社会语言学的应用。他的视角涉及语境、语言的历时与共时。他的重点放在"语言变异"上，社会语言学本身也是以变异为立足点。

社会语言学现在已取得了一些明显的进展。随着20世纪60年代以后语言学家对语言异质性认识的加深，社会语言学又发展出交际民族志学、跨文化交际、交际语言学、语言社会化和语言习得、会话分析、语言变异研究等学派。

（四）语言学习理论

1. 习得语言和学习语言

近年来，对于人们如何成为语言运用者的研究主要集中在习得和学习的区别上，它们在语言的获得与知识的储存等方面存在着很大的差别，具体表现为：习得是在自然运用语言的过程中发生的，是一种潜意识的、直觉的过程；学习是在有意识地学习语言形式特征时发生的，是一种有意识的过程。习得的知识储存在大脑左半球的语言区，它用于语言的自动加工；学习的知识本质上是一种元语言的知识，它也储存在大脑左半球，但不一定在语言区，它只能用于有意识的语言加工。习得的知识是语言理解和产生的基础；学习的知识只能起到监控的作用，即它只具有判断语言输出是否正确的监控价值。

2.任务型学习

（1）任务型学习的重要性

许多教学方法研究者对语言输入的性质并不十分注重，而是强调学生参与的学习任务，他们一致认为学习语言不能脱离语境而获得，更不能专学一些语法知识，而只有通过更进一步的语言体验才能习得。也就是说没有必要正规地学习语法，而只要求学生自觉地运用目的语进行交流活动，学生之间交流得越多，就越善于运用语言。

任务型学习是双边或多边的交互式活动。在活动中所学语言是交际的工具，学生能够感到知识和技能在交际活动中的相互作用及其价值，因而会加强学生的自觉性和主动性。

（2）任务型教学的原则

①语境真实性原则

教学任务的设计要依据学生的心理需求，内容要尽量贴近学生的日常生活，这样，学生对自己所熟悉的东西就会有话可谈，就会乐于开口，并在这种真实自然的情境中体会语言。因此，教师在课前要精心设计教学任务。

②可操作性原则

教师在设计教学任务时，所选内容应适合在课堂中操作。另外，还应考虑本校的实际教学环境，即是否具备实施教学任务的教学设备。

③互动合作性原则

任务型教学是一种交际教学方法，强调师生之间、学生之间的相互交流。师生之间的互动是知识的双向交流，而不是知识的单向传授，教师不是"主演"。学生之间通过个人、小组、集体多种形式相结合，完成共同的任务，进行有明确分工的互动性学习。

（3）任务型教学的教学步骤

①前任务（Pre-task）

教师在组织学生进行课堂任务之前先呈现任务，即介绍任务的要求和实施任务的具体步骤，也可借助多媒体，使任务呈现得更加明了，更加生动形象，也更能激发学生的兴趣，使之更加投入地参与活动。

②语言点（Language Focus）

任务完成后，教师要围绕新知识点启发学生进行讨论，使其掌握新的语言点，并指导学生进行有意义的交际操练，进而达到学习语言并运用语言的目的，真正做到"活学活用"。

（4）任务型教学模式在英语教学中的运用

①阅读准备阶段

通过活动，激活学生头脑中已有的知识，为下面的阅读做好准备。这一步骤类似于我们经常说的导入，不同的是教师由过去的背景知识的介绍者，变为活动的组织者、任务的提出者，以及激活学生头脑中已有知识的帮助者和引导者。

②阅读理解阶段

这一步骤是由学生自主完成的,是一种个体完成的任务。教师的作用是对学生的阅读过程进行控制,以及对任务的完成情况进行评价。学生的阅读活动一般分两个步骤进行——速读和精读:教师通过阅读问题来引导学生有目的地完成速读和精读,并通过学生的回答来检测学生的阅读效果。

③语篇分析阶段

这里所指的语篇分析并非语法以及词汇的讲解,而是在教师的引导下,结合阅读材料的语篇内容和语篇结构,指导学生整体把握、深入理解语篇,并建立相应图式。这一环节的活动多为小组活动,通过学生合作画出课文的结构图来帮助学生建立清晰的关于课文的图式。

④课文巩固深入阶段

这一环节容易与我们过去所说的操练相混淆,不同的是,操练强调的是语言的形式,无现实意义;而在任务型课堂中为了巩固所学知识所进行的活动侧重语言的意义,且具有现实场景。

⑤课文学习的延伸阶段

学生阅读的目的是获取信息,也是为更广阔的交流提供保障。而在课堂上为学生提供一个更广阔的交流机会和环境,可以使学生产生进一步阅读相关内容的兴趣。最后,可以在全班范围内交流,大家共同分享成果。

(五)人本主义语言学习理论

1. 对传统英语教学法的挑战

第一,以教师为中心的英语教学法违背了英语学习的基本规律,很难达到培养学生听、说、读、写、译各项技能的目的。英语是一种语言,语言是人们进行沟通的工具。它跟人类的其他沟通方式一样是一种技能。因此,外语学习的首要任务是"学",而不是"教";学生的首要任务是"练",而不是"背"。

第二,以教师为中心的英语教学法抹杀了学生英语学习的主观能动性,进而压抑了学生学习英语的兴趣。以教师为中心的英语教学法属于落后的填鸭式教育。在这样的教学模式中,学生的任务就是"背书",使得学习——这一人生第一乐趣变得十分枯燥无味。

第三,以教师为中心的英语教学法往往无法让学生掌握英语的真谛。传统教学法只是把英语当作一门知识来传授,学生所得的语言真谛通常就是依英语语法将一个个单词组成句子,再由这样的句子组成语言,讲出来就是一席报告,写出来就成一篇文章。这种语法加词汇的英语教学方式培养出的学生,讲出来的话,写出来的文章往往不是原本的英语,而是语法式的英语。虽然语法上都没错,但有时以英语为母语的人都要费点力气才能明白其意思。

2. "以学生为中心"英语教学法的指导思想

"以学生为中心"的英语教学法的指导思想是:英语教学活动要以学生为中心,以满足学生在知识上、感情上、智力上、能力上提高的需求为目标,充分调动学生在英语学习全过程中的积极性和主观能动性，在不断的语言实践中提高学生掌握和应用英语这一沟通工具的能力和熟练程度。在以学生为中心的英语教学环节中学生处于首要位置，教师处于次要位置。实施"以学生为中心"的英语教学法之重点是如何最大限度地发挥学生在学习过程中的主动性。在"以学生为中心"的英语教学法中，教师仍应充分发挥其在教与学环节中的主导作用。教师在整个教学过程中应充分调动学生的积极性，有效地组织起以学生为中心的生动活泼的课堂教学活动，及时发现他们的困难，为学生排忧解难，成为他们学习的引路人。

3."以学生为中心"英语教学法的具体实施

（1）英语口语课教学的实施

以学生为中心的口语课堂，应该成为学生用英语来表演的舞台，成为学生用英语"谈天""辩论"的场所，这就需要教师充分利用教材中的各项教学内容，引导学生开口。英语教材中所设计的训练题材丰富、内容广泛，而我们的学生虽然大多处于兴奋想开口的心理状态，但又不知如何开口，拙于开口。这时需要教师采用轻松、多样的教学组织方式来营造轻松、愉快、和谐的课堂气氛，使学生融入谈天说地的舞台中。

（2）英语精读课教学的实施

在英语学习的过程中，应该是学生学习语言，而不应该仅仅是教师讲授语法。因此，教师在引导学生进行精读时，仍然要坚持"以学生为中心"的基本原则，保证让学生成为积极主动的知识吸收者，而不是被动消极的语言录音机。传统的课文阅读活动是靠教师的讲授来完成的。现在，教师可以引导学生带着发现问题的任务在一定时间内读完课文，并自行讲解所发现的语法点、语言点。在阅读理解课上，要给学生提供充分的运用语言技能的场所和机会，这样才能使学生更好地完成围绕主题文章所设计的课后练习，使他们体验到积极参与语言阅读活动的乐趣。

二、大学英语教育教学中的语言教学

（一）英语阅读教学综述

语言教学始于中世纪末的英国，但是外语教学的真正开始应该从18世纪算起，所采用的方法是语法翻译教学法。因此，阅读教学一直伴随着外语教学。语法翻译教学法以书面语为教学材料，主要通过词汇的学习、语法的掌握、句子结构的分析以及翻译活动来培养学生的阅读能力，这对后来的英语教学产生了深远的影响。在20世纪60年代中期以前，指导外语阅读教学的理论主要来源于传统的语文教学。这种理论认为，通常外语阅读在弄懂词汇的基础上就自然达到了理解的目的。这种理论片面强调了词汇在阅读理解中的作用，忽视了阅读过程中其他因素的作用，从而使读者拘泥于词句的理解，被动地参与阅读教学。

将认知理论系统地应用于阅读理论的研究之中，为读者提供一种获得某种含义的途径。读者最终能否理解，首先取决于读者的认知结构。改善读者的背景知识就能改善读者的理解能力，背景知识同语言知识同等重要，二者相辅相成，是阅读过程中密切相关、不可分割的两个方面。自此之后，阅读理论的研究不断深入，并开始重视阅读的心理机制以及受这种心理机制影响的信息传递和信息处理过程，并通过对阅读行为的分析展示阅读能力的构成成分。研究结果显示，阅读过程并不是简单的信息传递和读者被动接受信息的过程，而是读者不停地对视觉信息进行解码、加工和处理的过程，涉及读者的预测机制、认知能力和语篇分析能力。理论研究者提出了各种阅读模式，用来解释阅读过程，如自下而上模式、自上而下模式、交互模式等，这些阅读模式为阅读策略研究以及阅读教学提供了坚实的理论基础。

（二）阅读教学的理论基础

1. 语篇分析

（1）衔接

衔接是语篇特征的重要内容，它指通过语法和词汇手段把语篇中的句子或较大语段的意义紧密联系的现象。

①参照

有些语言单位本身不能做出语义解释，需要参照另外的一些单位才能明确它们的意义，这些单位之间就构成参照的关系。从所使用的语言手段来看，参照包括人称、指示和比较三种方式。

②替代和省略

一个单位代替另一个单位，就构成替代关系。有些单位被省略，就出现省略关系。替代和省略除了加强语言的结构联系外，还可以使语言富有变化，不枯燥，简洁活泼。

③连接

连接成分的衔接作用是间接的，它们本身不能直接影响上一句或者下一句的结构，但是它的具体意义表明必须有其他句子的存在。连接成分表达的是语义上的关系，而不是语法关系。

④词汇照应

词汇照应是指通过词汇的选择而产生的照应关系。词汇照应手段主要有重申和搭配两种。重申有重复、同义词或近义词、上下义词、概括词等四种形式。

（2）连贯

连贯指的是语篇中的语义关联，连贯存在于语篇的底层，通过逻辑推理来达到语义的连接，是一个把语篇联系起来的无形网络。一个语篇往往有一个主题，其中的所有内容都是围绕这一主题展开的，从而通过语义的关联构成一个连贯的语篇。

（3）语篇的结构

由于语篇的交际功能、语篇的主题和内容、文章的体裁、作者的风格等方面的差异，语篇的结构也多种多样，但是，同一类型的语篇也会呈现出基本相同的结构。较大的语篇通常都有开头、中间、结尾等部分。在一个语篇的内部，所有的句子都是以线性的方式依次排列起来的，但是句子之间都通过不同的关系结构连接起来。这些关系结构主要包括顺序、层次、连环和平衡。

2. 语篇理解的模式

（1）自下而上模式

自下而上模式是一种传统的阅读理解理论，它起源于19世纪中期，采用信息加工的理论来阐述阅读的过程，是一种文本驱动型模式。根据这个模式，理解一个语篇，读者必须首先具备一些低级或简单的语言知识。受自下而上阅读模式的影响，传统的阅读教学主要按照词、句子，然后再到语篇的次序，按照由低到高、由简到繁的线性信息处理过程进行。教师的主要任务就是帮助学生解决语言知识问题。

（2）自上而下模式

自上而下模式是20世纪60年代后期在认知心理学的影响下发展起来的阅读理论。首先，读者预测语篇中的语法结构，运用他们的语言知识和语义概念，从语篇结构中获取意义，因此，语篇必须含有意义且用功能健全的语言表达。随后，读者从书面符号中抽样以证实他们试探性的预测。读者在阅读时不断地从三种可利用的信息中抽样——字形读音、语法和语义。字形读音信息取自书面符号，语法语义信息则依靠读者的语言能力。在抽样的过程中，读者不必看清每一个字母与单词。

自上而下模式有很多不同的变化，总体而言，它们的特点可以归纳为以下几点：认为阅读是一种主动在读物中寻找意义的思考过程；强调读者已掌握的知识与技能在理解中的作用；认为阅读是有目的性与选择性的，读者只专注于实现他们目的而必不可少的方面；认为阅读有预见性，已掌握的知识与对理解的期望以及阅读目的之间相互作用，使读者能预见读物的内容。

（3）交互模式

图式理论认为阅读图式可以分为语言图式、内容图式和形式图式三种。语言图式是读者掌握的语言知识以及运用语言的能力，指读者已有的语言知识，即语音、词汇和语法等方面的知识。内容图式指读者所掌握的与文章内容相关的背景知识。一般说来，读者的背景知识越丰富，就能将越多的注意力集中在高级阶段的信息处理和提出假设上，从而更好地理解文章。充足的背景知识甚至可以对较低的语言水平产生一种补偿效应，也就是说，背景知识可以在一定程度上弥补语言水平的不足，以保证顺利阅读文章。形式图式指读者对语篇结构的熟悉程度，即我们通常所说的语篇知识。

图式的类型多种多样，每个人的大脑中都储存着许许多多的图式。面对具体问题的时候，图式将发挥作用以解决问题。当文章所提供的信息与读者的心理图式不吻合时，自下而上的材料驱动将发挥作用，帮助读者利用已有的知识，选择合理的解释。同时，这两种运作的相互补充作用对读者的阅读理解有非常重要的意义。在阅读教学中应引导学生充分运用已有的图式知识去吸收掌握新的内容，充实、丰富其图式结构，这有助于提高学生的理解能力和阅读速度。

3. 阅读速度与理解的准确率

阅读教学的目的首先在于培养学生的阅读能力，而衡量阅读能力的基本标准包括阅读速度和理解的准确率。以英语作为本族语的读者通常根据阅读目的、阅读材料的难度以及自己所熟悉的背景知识，以三种速度进行阅读：第一种速度为学习速度，这是用来阅读教科书和法律文件等材料的慢速阅读。第二种速度为中等速度，这是受过教育的本族语读者用来阅读报纸、杂志、小说及故事等日常材料所用的速度。第三种速度为略读速度，这是本族语读者快速浏览所读材料，对理解不作要求时所用的最快速度。

（三）大学英语听力教学

1.英语听力教学综述

人们对于听力教学态度的转变在很大程度上是因为输入输出假说。该假说认为第二语言习得有赖于大量的语言输入，即可理解的输入。也就是说，没有足够的语言输入，学习者是不可能有语言输出的。在自下而上的处理模式中，听是一个线性的数据处理过程，理解的程度取决于听者是否成功地对所听到的口语材料进行解码。与此同时，会话分析以及语篇分析的研究成果也对听力教学产生了一定的影响，通过这些研究，人们对口语语篇的结构有了一定的了解，意识到单靠把字面语篇朗读出来不能给学生提供合适的听力材料，听力教学中必须向学习者提供符合他们需求和水平的真实的口语材料，真实性因此成为选择听力材料的一个重要标准。

2.英语听力教学的理论基础

（1）听的心理过程

在听、说、读、写四项技能中，听被称为"接受性技能"，但这并不意味着听就是一个被动接受的过程，实际上听是一个非常主动的、积极的信息处理过程。心理语言学的研究表明，听的过程与人的记忆具有密切的关系。外部信息经过感觉器官时，按输入的原样，保持一个极短的时间，这就是感知记忆。短时记忆又称工作记忆，是指信息一次呈现后，保持时间在一秒钟之内的记忆。短时记忆与感知记忆不同，感知记忆中的信息不被意识，而且是未被加工的，而短时记忆是操作性的、正在工作的、活动着的记忆。短时记忆中的信息既有来自感知记忆的，也有来自长时记忆的。因为当人们需要某些知识、规则时，便从长时记忆中提取，提取出的信息只有回溯到短时记忆，才能被意识到和备用。

听的心理过程具有三个主要特点：①听是一个积极的过程。在听的过程中，听者并不是被动地接收信息，而是通过积极参与调动大脑中已有的语言知识和背景知识进行积极主动的识别、分析和综合，以理解说话者所传达的信息和意图。②听是一个创造性的过程。意义并不是现成地存在于语言材料之中的，不同的听话者对于同一个单词或句子可能会有不同的理解。③听是一个互动的过程。作为语言交际的一个重要方面，听力理解涉及说话者和听话者双方。从某种意义上讲，听力理解是交际双方在相互作用中磋商意义的过程。特别是在面对面的语言交际中，说话者可以通过听话者的面部表情和身势语来判断听话者是否理解自己的意思，并以此来调整自己的语言。

（2）影响听力的因素

①语言本身的因素

扎实的语音知识是听力理解的基础。在英语中，有些语音对于中国学生来说是比较陌生且难以区分的，尤其是某些元音。在某些辅音簇中的某个辅音也往往被省略或同化掉。当然，口语的理解并不完全依赖于对相似语音的区分，在许多情况下，上下文的意义可以提供足够的信息帮助听者辨别语音。

掌握足够数量的可感知的词汇是听力的基础。对于外语学习者来说，遇到生词往往会导致他们突然停下来考虑生词的意义，从而导致听者错过其他的内容。词汇量的不足有时还表现在学习者词义的掌握过于狭窄，对一词多义不太清楚，这种情况很容易导致听者的误解。

②语言背景知识

语言背景知识对于听者正确地获取信息也是极为重要的。根据图式理论，听的过程就是听者利用大脑中储存的文化背景知识对新的信息进行加工整理的过程。听者需要对所获得的信息进行分析、选择、整理，从而获取新的知识。在听的过程中，听者会根据这一图式以及所听到的内容对先前的预测进行验证并补充其中的部分细节。新的信息越多，处理的负担越重。也就是说，听者已知的信息越多，听起来的难度就越小。

③分析综合能力

听是一种接受性的语言技能，在听力训练的过程中，听者无法控制所听到的材料的难度、速度、语调和节奏。这些客观因素有可能会对听者造成一定的心理压力。而且，在听力课上，学生的心理活动容易处于一种抑制的状态，思维变得迟钝，不容易发挥学生的主动性和积极性，课堂气氛也比较沉闷。

（3）会话含义

会话含义就是我们通常所说的"言外之意"。在交际中，只有正确捕捉这些言外之意才能真正理解说话者的意图。因此，理解会话含义是听力教学的重要组成部分。

3.英语听力课堂教学

（1）听力策略的培养

听力策略是加强听力理解和回忆所听内容的技巧或者活动。听力策略可根据处理信息输入的不同方法来分类，主要包括自上而下和自下而上两种方法。自上而下的方法以听者为出发点，听者应了解话题所涉及的背景、上下文内容、文章的类型和语言。教师需要确定在特定的语言环境中使用哪种听力策略最为有效，需要检查学生的听力理解是否准确，所选择的技巧是否有效，并且通过是否达到了听力理解的目标，是否在听的过程中选择了有效的听力技巧来评估学生的听力行为。

（2）英语听力教学的阶段

英语听力教学可以分为三个不同的阶段：听前阶段、听中阶段和听后阶段。在听前阶段，教师需要确定以下几个问题：所听材料的大体内容和听的目的；是否需要补充一些背景知识或语言知识；采用何种方法进行听力训练，是自上而下的方法还是自下而上的方法。这些活动目的在于帮助学生激活相关的背景知识、预测将要听到的内容、解决可能碰到的语言问题以及背景知识问题等，以便使学生尽快进入听的状态。

听后阶段是指学生在完成听的过程之后围绕听力材料进行各种活动的一段时间。有些听后活动是听前与听中活动的延伸，与前面的活动密切相关，还有一部分活动与前面活动的关系则比较松散。

（3）听力考试应对策略

英语听力能力的提高不是一朝一夕的事，而是一个循序渐进的过程，是一个艰难而漫长的过程，不能一蹴而就。要多听多练，拓宽渠道，扩大知识面，加强基本功训练。在学习中注意听力技巧的培养和运用，只有掌握了听力技巧，并将其付诸实践，听的能力才会有质的飞跃。

（四）大学英语写作教学

1. 英语写作教学的理论基础

（1）写作的特殊性

写和说都属于产出型技能，但是两者之间也不能对等。首先，会用英语说不一定就会写，因为写作并非简单地将我们说的话落在纸上，学生写作能力的提高不能通过其他语言能力的提高而自然而然地获得。其次，从语言神经生理基础来看，写作也有别于其他的语言技能。写作教学因而要求有自己独特的活动形式。最后，从写作的过程来看，写作具有自身的特点。在语言的四项技能之中，说和写属于产出型技能，而听和读则属于接受型技能。写作只能借助文字和符号来表达思想，没有面部表情、手势、身体动作以及语音方面的辅助，也没有即时的反馈。

（2）写作的过程

表达主义者把写作视为"与写作结果同样重要的发现真正自我的创造性活动"，因此写作教学应该个性化，教学活动要帮助学生发现自我，真正地表达自己的内心情感与思想。根据认知主义的思想，过程教学法重在开发学生内在的心理过程，尤其是写作过程中的认知与元认知策略，其教学包括写前准备、撰写草稿、修改、合作写作、反馈、反馈后的修改和定稿等阶段。

写作是一个作者与读者之间的交际过程，其中涉及信息的产生、处理和传递，是一个复杂的感知过程。要在写作过程中完成上述交际过程有两个关键因素：一方面要给学生充足的时间进行构思，另一方面要从读者那里获得信息反馈，以便进行修改，使内容和形式臻于完善。

（3）母语与二语或者外语写作

母语思维是二语习得过程中的常见现象，母语思维在二语或者外语写作中的作用也引起了研究者的注意。用外语写作文，特别在外语学习的初级阶段，似乎无法避免以母语为中介，许多人认为用母语思维会干扰外语学习的进步。国内的有关研究者也对此进行了一定的研究，研究结果表明，汉语思维对于英语写作具有很大的影响。

2.英语写作教学方法

（1）结果教学法

早期的英语写作教学理论主要来自经典的修辞学研究。直到20世纪60年代，英语写作教学的注意力一直集中在文学作品的理解与分析上，其目的在于通过这些分析使学生掌握各种文体的特征和写作方法，从而能够模仿并写出自己的作品。这种写作教学方法被称为结果教学法。结果教学法的一般过程为，教师首先就某一修辞手段进行解释，然后要求学生阅读作品，接着教师会根据前面解释的修辞手段和阅读的作品给学生指定写作作业。结果教学法被用于第二语言或者外语写作的教学之中，其重点也在写作成品上，强调语言的正确性、作文的结构和质量。

（2）过程教学法

写作的过程教学法开始于20世纪60年代美国的第一语言教学，它是在发生认识论、信息论、控制论以及各种语言理论和教学法的影响之下所形成的一种写作教学方法。在理论上，过程教学法强调思维在写作活动中的重要意义，强调作者的主体意识和能动作用。而在实践上，它改变了以往的写作教学片面强调语法结构、修辞手法和机械模仿的倾向，把实际交际能力和智能的培养放到首位，因而它强调的是写作过程，提倡学习者的合作。

在认知理论的影响下，过程教学法把写作看成是一个发现、适应、同化的认知过程，因而强调学生要独立思考、收集材料、组织材料，对材料加以内化，并从中发现规律、掌握原理。只有这样，学生才能够创造性地运用语言知识，写出好的文章。

第三章 跨文化交际与大学英语教学的融合

第一节 跨文化交际能力与大学英语教学的融合

一、跨文化交际能力与大学英语教学融合的背景

大学生跨文化交际能力的培养已成为国内外英语教育界广泛关注的课题：《外语类专业本科教学质量国家标准》明确了跨文化交际能力在大学英语教学和英语专业教学中的重要地位和发展路径，为全国大学下一步教学改革指明了方向。语言作为文化的载体，大学英语教学的过程在某种程度上，也是跨文化交际能力的培养过程。但在教学操作层面，语言技能与跨文化交际能力的结合仍然碎片化，缺乏系统性。目前，我国大学英语课程体系内，有单独开设的跨文化交际课程，但对语言学习的关注不够；也有涉猎跨文化交际内容的英语技能课，但将英语技能与跨文化交际技能有机融合的课堂教学实践却不多。联合国教科文组织颁布的《跨文化教育指南》明确指出跨文化教育不是一门独立的、新增加的学校课程，它的理念应该融入学校的教育体制和各门课程的教学之中，尤其是英语教学在其中发挥着非常重要的作用。有鉴于此，大学英语课堂作为培养跨文化交际能力的重要场所，践行跨文化交际能力培养目标的一条切实有效途径就是将跨文化交际有机融入大学英语教学之中，通过设计、实施、检验有针对性的教学目标和任务，实现学生语言能力和跨文化交际能力的同步发展。

二、跨文化交际能力与大学英语教学融合的原则

跨文化交际能力与大学英语教学融合应当遵循以下的原则：相关性原则，跨文化交际的目的是提升学生的英语能力，尤其是提升其英语交际能力，因此相关的培养工作都应当将教材内容和日常交际衔接在一起，激发学生学习语言和文化的兴趣，在实景教学中提高学生的文化内涵；适度性原则，大学英语教学任务的开展应当重视学生的学习能力，保持跨文化交际的适度性，增强英语交际的针对性，避免由于教学难度过高引起学生的抵触情绪；综合性原则，跨文化交际能力

涉及多学科的内容，这就需要学生完成学科间的穿插学习，把所学的知识和英语结合在一起，完成各类知识的归纳总结；实践性原则，在英语教学跨文化交际过程中，教师要引导学生把英语应用到实践中，在实践中提升学生的英语应用能力，跨文化交际不能仅仅从书本中学习知识，更应当融入真实场景中，在动态真实的背景下获得体验和训练；系统性原则，跨文化交际的融合要保持连续的动态过程，有层次有系统地开展教学工作，减少教学随意性，提高跨文化交际的针对性。

三、跨文化交际教学中教师身份的重构与跨文化意识的提高

（一）身份的要义

身份首要解决"我是谁"这个问题，只有清楚了自己是谁，才能采取相应的交际策略与他者互动，因此了解自身和对方的身份是互动的起点，更是跨文化互动的起点。大学英语教师也与其他任何互动的双方一样，需要自审"我是谁"，而且因其特殊的职业角色，其身份构成更为复杂。

总的来说，身份（identity）是社会学术语中的主要词语之一，常出现在社会学互动理论中。社会学的互动论视角更注重社会的微观方面，主要考察人们在日常生活中如何交往，又如何使这种交往产生实质性意义。社会学互动理论认为，在某种意义上，社会结构最终是由行为体的行为和互动所构成和保持的，因而互动论致力于发现人际互动的基本过程。显然，身份作为交际者的属性并非静止的，它在确立后也会随着互动的发展而不断调整、变化。这说明，身份是动态的，可以在互动中建构，是随着互动进程的发展而发展变化的，更确切地讲，互动结构中形成的共有观念使双方的身份得到进化。共有观念是温特建构主义的核心词汇，在建构中起到至关重要的作用，而共有观念即文化。由此可见，互动中的文化与互动者身份之间存在建构关系。

此外，一个行为体的身份是多重的、有机结合的复合物。行为体的多样身份并不孤立存在，而是以情境（situation）为基础结合起来。情境不同，行为体的身份也会不同。为简化起见，特纳将身份分为三类，即作为人的身份（human identity）、社会身份（social identity）及个性身份（personal identity）。其中行为体的社会身份表明其社会团体的归属，如种族、民族、职业、年龄、家乡等。显然，社会性与文化是不可分割的，社会属性为行为体身份打下深深的文化烙印。在跨文化交际中，社会身份自然是重点研究的对象。

如上所述，情境不同，行为体的身份也不同。一个行为体的身份是多重的、复杂的，根据不同的情境，行为体会自然选择不同的身份与他者互动。例如，在教室这一情境中，某人可能是教师，但同一个人在家庭中，其身份可能是母亲、妻子等。

总之，一个行为体的身份是在互动的过程中形成的，它是多重的，而且不是一成不变的，会随着互动的发展而发展变化，是一个不断建构的概念。其建构的来源是互动结构中不断形成的新的共有观念，即文化。情境对互动者在交际过程中选择何种身份起决定性作用。

（二）教师的身份建构

首先，需要说明的是，为了避免过于复杂而影响重点，可将大学英语教师当作一个文化主体进行分析，也就是说需要探讨大学英语教师作为一个文化群体的身份特点。当然，需要注意的是，

第三章　跨文化交际与大学英语教学的融合

不同的个性特点对大学英语教师的身份建构也具有重要影响。

身份是交际者在互动过程中形成的，互动中形成的共有知识又与交际者形成建构关系，促使其身份不断变化、发展。教学活动也是一种交际过程，在这一过程中教师明显与学生形成互动关系。但是，在英语教师的教学活动中还存在一个交际对象，对教师的身份建构起到重要作用。这个交际对象就是教学材料，与文本的交流是一种特殊的交流形式，是单向式交流过程。读者不断与文本互动，从文本中获得新的观念、知识。身份就是指一个人经过反思形成的自我概念（self-conception）或自我形象（self-image）。而在与文本的交流中，读者从文本获取的新的观念、知识反过来作用在读者身上，使其不断自省、反思，形成读者的身份，使其原有的身份得以发展。大学英语教师在与文本的互动过程中，其身份也如其他读者一样，存在重新建构的可能性，此外，由于其所交流的文本的特殊性，大学英语教师面临特殊的身份建构过程。大学英语教师一般母语为汉语，但其交流的文本却是英语，这使得教师与文本的交流过程变为跨文化交际的过程，教师身份面临跨文化的发展建构。

一般而言，当个体处于新的文化环境中，会在情感、认知、行为等层面发生复杂的身份变化。简单地说，个体与新文化接触一般会经历蜜月期、文化休克期、调整期及文化适应期等几个阶段。理想的状态是，个体在对新文化的知识积累中，在交际动机的激励下，依次经过不同阶段，直至文化适应阶段。在这个阶段，个体不仅内化了新的文化知识，如新的价值观、标准等，而且发展了新的文化身份。经历了跨文化适应阶段，获得新的文化身份的个体，能够运用多重维度的思考方式、更为丰富的情感智慧及多样的角度去解决问题。实际上，这种积极的身份建构过程也是跨文化意识的提高过程。因此，在跨文化活动中，个体身份的建构与跨文化意识的提高有直接关系。

但是，大学英语教师面对的教学资料（如文本）是否可以构成文化环境呢？众所周知，语言是文化的重要组成部分，是文化的重要载体和表现形式。而用于大学英语教学的文本由于其本身的特色，使得这些文字本身构成由文字形成的文化、社会环境。大学英语教师的教学对象是非英语国家的学生。大学英语教材在帮助学生学习语言知识的同时，也试图给学生呈现纷繁复杂的现实社会，以使学生了解语言是如何在真实的社会文化环境中使用的。

此外，以话题为主线进行单元设置，使学生有机会了解英美社会的方方面面，而且在内容难度设置上符合大学生的认知特点，利用文字对社会、文化深入挖掘，触及文化体系及价值观。虽然各个领域的研究者们对文化做出了纷繁复杂的表述，但我们发现文化大致可由表象到本质，由具体到抽象分为三个层次。最表层的是物质文化，如上述某些概念中提到的艺术、技艺、绘画、建筑、礼仪、器物文化等；更内层的是制度文化，包括政治制度、经济制度、社会制度和法律制度等；最深层的是思想、信仰和道德等，其核心便是文化价值观。尽管文化的表象是多样的，但其核心是价值观。价值观是文化的深层内涵，是一种文化的沉淀，对某一类文化群体起着长久的、潜移默化的影响，并最终导致特定行为和手段的产生。显然，大学英语教材的文本构成了由文字组成的人文社会，提供了文化环境。个体在与文本的交流中，不仅可以较全面地感知新文化环境，

/37/

更能够便捷地进入新文化的价值观层面去认识、了解新文化的核心。当然,其他教学资料,如影视、图像等以更直观的方式呈现了另一种文化的方方面面,其模拟现实的表现方式可帮助个体更感性地了解新文化环境。

(三)教师的身份重建与跨文化意识的提高

英语教师在教学过程中身份的重建与跨文化意识的提高有必然联系。面对新文化环境时,个体一般会经历若干阶段。不同的文化学者绘制不同的阶段,但在他们的描述中,基本都有一个共同的阶段,即文化休克期。在这一阶段,个体在新文化环境里不仅感到沮丧,而且严重的会产生器质性疾病。个体一旦成功跨越这一阶段,不仅会内化新的文化知识,如新的价值观、标准等,而且会发展新文化身份,因此跨越的过程也是跨文化意识提高的过程。对于大学英语教师而言,虽然其并未生活在真实的新文化环境中,但在与新文化文本、音视频材料接触的过程中,也会面临无法理解、欣赏新文化知识等问题,这些问题产生的根源与文化休克产生的原因极为相似。

跨文化接触不会自动带来相互的理解。我们的头脑(心智软件)蕴含基本的价值观。这些价值观在早年生活中习得,故变得如此自然,以无意识状态存在于我们的大脑中。在与新文化的接触中,这些价值观会成为我们评判新文化的依据。因此,受自身文化的影响,我们会在一个与原来文化不同的环境中感到压力、无助。显然,个体负面情绪产生的原因是无法理解新文化并对新文化表示认同。英语教师处于由文本等新文化知识构成的情境中,也会不自觉地以自己的传统价值观评判新文化,因而出现对新文化无法理解、不能认同等问题。其后果反映在教学活动中便是对新文化知识潦草处理或干脆省略、不做处理,使学生失去了深入了解新文化的机会。因此,理解传统文化和新文化间的不同之处,客观理解新文化,不仅能够帮助教师内化新的文化知识,丰富、重建自身的文化身份,而且这个过程也是自身跨文化意识的提高过程。最终,通过教师有意识的引导,这种提高会反馈在学生英语学习中。

对于英语教师而言,如何才能尽量减少自身传统价值观的影响,客观理解新文化呢?简单而言,我们可以在心理上养成时刻留意的习惯,在心智上积极扩充关于新文化的知识并在行动上运用相关的技巧。

心理上养成时刻留意的习惯是应对的基础和起点。心理上的时刻留意也意味着时刻警觉,其实质是要求英语教师保持对文化的心理敏感度。教师也如其他生活在本族文化情境下的个体一样,深刻地受到本族文化的影响,自然形成某种文化价值观。但这种价值观基本是隐性存在于个体头脑中,对人们的认知、评判及行动产生潜移默化的影响。因此,个体需要时刻提醒自己,感知本族文化情境并深入挖掘本族文化嵌入个体头脑中的那些以无意识状态存在的知识。与普通个体相比,作为传授新文化语言和文化知识的教师更应保持警觉,时刻注意内省,体验本族文化给自己带来的影响,并深入挖掘潜藏在心智深处的文化知识,努力将潜意识的本族文化知识上升到意识层面来分析,时刻留意的态度也意味着对新文化不同之处的留意。但这种留意是不带任何感情色彩的,即对新文化的不同之处努力采取客观的态度,而不急于做快速的评判,避免文化中心主义对我们的影响。文化中心主义是个体与新文化接触后自然发生的一种情感。个体对新文化很难保持客观的态度，人类面对与己不同的文化会产生一种优越感，这是人类的自然趋向性。在此基础上形成的文化中心主义认为自己的文化是所有文化的中心，自己的文化高人一等。文化中心主义就像一扇窗，本族文化者就以自己的角度从这扇窗往外看，以此感受、了解并评判其他所有文化，导致对其他文化的主观评价。显然，文化中心主义会使我们对新文化的认识产生偏见，阻碍我们对新文化的理解和交流，有碍跨文化意识的提高，但因其是人类自然的天性，避免起来有相当难度。因此，英语教师更要时刻保持留意、警觉的态度，观察自己面对新文化文本及语境时，是否受到文化中心主义的干扰，在教学中情不自禁地表现出对自己文化的扬和对新文化的抑，要努力客观地将新文化知识传授给学生，减少主观评论带来的对新文化的曲解和误解。教师对自我有意识的监控和调整过程，实际上也是自我文化身份进行调整和重建的过程，也是跨文化意识提高的过程。

在时刻保持留意、警觉态度的基础上，个体还应不断掌握、积累关于新文化的知识。有时因为知识储备不足，教师很可能忽略或放弃对教材中某些有文化内涵的语言现象做深入挖掘，也使学生丢失了学习的机会。如果教师能够在课堂上将这些语言现象中的文化内涵传递给学生，可极大地帮助他们以此为线索，独立、广泛地探索新文化。显然，教师在处理教学材料时，应时刻留意字里行间哪些地方是能够进行文化挖掘的，时刻保持对文字的敏感度。而这种敏感度的形成是以教师深厚的文化知识为保障的。在获得知识的过程中，通过对知识的理解、内化，教师的文化身份得以延展，其跨文化意识也相应得到提高。

在心理留意和知识积累基础上，在真实生活环境中，个体还可以通过有意识的实践来更好地理解新文化，如学习理解新文化中的各种符号、象征，认识新文化中的英雄及实践新文化仪式等。但对于英语教学而言，除了在教学中有意识地介绍、解读并理解新文化中的象征、符号、英雄及文化仪式等，我们更要将具体的实践形式转变为运用某些学习技能提高对新文化的理解力。

比较和对比（comparison and contrast）是行之有效的方法。将本族文化和新文化进行比较和对比，找出相同点和不同点并进行分析，能够清晰、明确地了解文化差异，有助于对新文化的理解。当然，对于英语教师而言，找出相同点和不同点只是第一步，重要的是能够透过现象看到文化的本质。通过相同点，我们可以了解文化的共同性，而通过不同点，我们更需要直击文化内核，能够从价值观层面来解释，以便更深入地理解和把握新文化，比如涉及中西方文化中的不同的现象时，我们一般可从集体主义和个体主义的文化维度进行解释。这个维度是跨文化交际学中最基本的文化维度之一，反映了中西不同文化的价值观。在具体的教学活动中，英语教师可通过教材提供的文本案例，先帮助学生归纳出中西文化中的相同点和不同点，而后进行进一步分析，找出不同之处的根源所在，引导学生从集体主义和个体主义价值观的高度讨论现象的不同。这样的教学要求教师提高自身的素质，建构自己的文化理论高度，并重新以新的视野审视教学素材。其结果不言而喻，教师在这一过程中获得的理论知识为其提供了进行比较分析的新角度、新内涵，有力地促进了教师身份的建构，并使教师的跨文化意识得到提高。

　　写反思日志也是很好的方法，反思日志能够提高教师的教学反思能力。美国学者波斯纳认为，反思可以帮助教师成长。众所周知，他提出了教师成长公式，即教师的成长＝经验＋反思。没有反思的经验是狭隘的经验，至多只能形成肤浅的知识；只有经过反思，教师的经验才能上升到一定的高度，并对后继行为产生影响。可见，只有经过反思，教师才能使原有的经验不断地得到提升，每天都在教学中成长进步。通过教学反思，教师每天都会有新的发现、获得新的启发，这有助于他们走出封闭，超越自我。当然，对于英语教师而言，通过思考和学习，其对英语语言和文化的洞察和理解以语言的形式反馈下来，成为自己跨文化方面新的体验和经历。这种自觉的、有意识的做法，有效地促进了英语教师跨文化意识的提高，同时也实现了其身份的重建。

　　总之，从事英语教学的教师与教学材料的接触过程也是一种跨文化交际过程，在这一过程中教师的身份会随着对教学材料的认识、理解而得到建构。在建构过程中，英语教师同样会面临与在新文化环境中生活的跨文化者相似的跨文化体验阶段，其中最为重要的阶段是文化休克阶段。虽然语言教师面临文化休克的表现形式与在真实环境中生活的人们有所不同，但其形成原因极为相像，都是源于交际者自身的文化价值观。这种价值观基本是隐性存在于个体头脑中，对人们的认知、评判及行动产生潜移默化的影响。在教学活动中，教师如果能够采用积极有效的策略应对自身价值观的影响，不仅能够成功地克服文化休克，提高自身的跨文化意识，以新视野、新角度重新定位自身，而且还能够有意识地、有针对性地对学生的英语学习予以高效指导，帮助学生顺利地进行语言、文化的学习。

第二节　大学英语教学中跨文化教学的必要性和目标

　　语言成为人类交际的工具，成为文化的载体，正是社会成员按照自己民族文化的模式对语言加以运用的成果。语言不仅是在一定范围内社会约定俗成的语音符号和书写符号，还反映该语言区的地域特征、经济发展、风土人情和社会风俗。可以说语言反映社会文化，又同时受到社会文化的制约。只有具备了一定的跨文化交际能力，说话者才能有效地避免由于不同文化背景而造成的交际障碍和交际摩擦，顺利地实现交往的目的。美国社会学家海姆斯对"交际能力"提出了著名的四个参数：合语法性、适合性、得体性和实际操作性。适合性和得体性实际上就是语言使用者的社会文化能力。因此，把大学英语教学与文化教学相结合，将有关跨文化交际的知识内容有目的、有计划地融入我们当前的大学英语教学课程中，有助于学生开阔眼界，扩大知识面，加深对世界的了解，借鉴和吸收外国文化精华，提高文化素养，最终促进其语言应用能力的大幅度提高。

一、大学英语教学中跨文化教学的必要性

（一）跨文化教学是大学英语发展的需要

人类语言的表达形式，必然要受到其所置身的社会文化形式的制约。中国人在进入跨文化交际的语境中时，因为文化碰撞而产生的误会或矛盾时有发生。在跨文化交际研究中，大家都明白一个事实，那就是因文化而产生的误会要比因语言语法错误而产生的误会严重得多。语言语法错误产生的结果，最多就是词不达意，思想中想要表达的东西无法顺畅地通过语言表达出来。若想在跨文化交际中有效地避免诸如此类的文化矛盾或冲突，减少跨文化交际过程中来自不同文化背景的人之间的误会或摩擦，最为有效的方法就是交际者具备一定的跨文化交际能力，具有较为丰厚的文化修养与素质，对交际对象的民族文化与传统具有较为深入的理解与认识，只有这样，才能够实现有效交际、达到跨文化交际的目的。这样一来，我们的大学英语教学就不能只局限于语言知识和技能的教学，在教学过程中有效地融入有关英语民族文化知识。将外语教学同外国文化教学成功地结合起来，可以开阔学生的文化视野，从多个层面扩大学生的知识面，进而多角度地增强大学生对世界的理解与认识。在对异域民族文化的学习与借鉴过程中培养、提升自我的文化素养，已经是当前大学英语跨文化教学不容置疑的事实，已经成为当前外语教学界的共识。

（二）大学英语跨文化交际教学是当前中国社会经济发展的客观需求

毫无疑问，进入21世纪以来，随着我国社会各个层面的改革继续深化，经济飞速发展，国际性事务交流越来越频繁，我国的社会发展需要一支庞大的、具备跨文化交际能力的队伍参与国际贸易交流，并处理越来越多的国际性事务，以此来更好地增强国际间的交流与合作，使我们的跨文化交际得以顺畅进行。

当然，我们所需要的这种跨文化交际人才，不仅需要具备相当的语言沟通能力和优化知识结构的能力，同时，还必须具备国际性的文化理念与思维，对异域民族文化与传统、日常礼仪与交际原则等都有一定的了解，也就是具备相当的跨文化交际能力。跨文化交际能力是一种双向的沟通交流能力，不仅要对目标交际对象的民族文化有着较为深入的理解与认识，同时，对于本民族的文化知识与传统，也必须有一定程度的理解和掌握，这样才能在跨文化交际过程中更好地实现双向的交流与互动。在跨文化交际过程中，要想得体顺畅地同外国人进行交流，仅仅具备流利的语言表达能力与较为丰富的交际对象的语言词汇，是根本不够的。若想保证跨文化交际的顺畅进行，必须还要对目标交际对象、历史文化习俗和价值观念等有深入的理解与认识，这样才能很好地避免在交际过程中因为文化的差异性而产生的误会或冲突。因此，要努力培养出优秀的跨文化交际人才，使其在跨文化交际中具备强大的国际竞争力，以此来更好地跟上时代发展和前进的步伐，更好地满足我国飞速发展的社会政治、经济、科技以及文化对跨文化交际人才的需求。基于此，在我们的大学英语教学过程中有效地融入跨文化交际的教学内容，将跨文化交际教学提升到大学英语教学课程内容的一定高度，逐渐将大学英语教学中传统教学方法的听、说、读、写能力训练转移到对跨文化交际人才的全面培养上来，培养出适应时代发展需求、具备跨文化交际综合

素质与能力的国际性人才，是我们大学英语教学改革应该关注的重点内容。在大学英语跨文化教学过程中，除了对目的语民族的文化给予相当的重视外，还必须对不同民族之间存在的文化差异给予足够的关注，在文化教学的过程中同时关注民族文化的差异性，从多个角度、多个层面增强学生对不同民族文化的理解与认识，从而更好地拓展学生现有的知识结构，帮助学生在英语学习的过程中更为有效地培养起跨文化交际的能力与素养，为我国的国际化人才培养打下坚实的基础。

（三）大学英语跨文化教学是促进大学生社会性发展的需求

任何一个人，都是社会的人，具备一定的社会属性，同社会的发展紧密相关，在社会中扮演着一定的角色，并且相应地承担其应有的社会责任。因此，作为个体的人与作为集体的社会之间就形成了一种相互联系、相互依赖且共同发展的关系。每个人都生活在一定的社会中，既然在社会中生存并且想谋得个人的发展，那么就得不断学习。而学习，则根本无法脱离社会各个方面。基于此，教师有责任也有义务在教学过程中引导学生通过学习来不断地认识社会各个层面的真实情况，对于那些与学生日常生活紧密相关的社会现象，应该适当地引导学生进行必要的理解与认识，这是丰富学生人生经验与阅历的一种极为有效的途径，对于发展学生的自我认识能力，丰富他们的情感、知识以增强其自我分析能力及对他人、社会的认知能力，都有着极大的促进作用。在此基础下，教师才能更好地引导学生构建良好的行为习惯体系，从而培养良好的社会道德观、人生观与价值观。对于大学生来说，大学教育是提升其社会性发展能力的有效助推力之一。对于当前的大学生来说，他们面对的社会关系及现象更为纷繁复杂，多元化的社会交往，决定了交往方式的多样化与复杂化。因此，通过跨文化交际教学培养学生面对社会不同人群与不同语言群体时应有的交际能力，培养学生在人际交往与合作中的正确态度与意识，从学校与社会各个层面帮助大学生提升跨文化交际能力与素养，对于他们更好地认识这个世界、跟上社会与时代发展的步伐以及提升自我素质，都有很好的作用。由此可见，我们倡导的大学英语跨文化教学与当前青少年培养的社会化目标是同步的，最终的目的是帮助青少年学生树立正确的理想与信念，培养其追求平等、尊重差异、相互合作的思想观念与意识。我们大学英语跨文化教学的目的，也是为了培养当代大学生的文化知识素养和综合能力，将每一个学生潜在的能力与聪明才智最大限度地挖掘并发挥出来。无数的教学实例表明，在大学英语教学中实行跨文化交际教学，不是一个空泛的概念或仅限于理论层面的空谈。社会与时代的发展，也为具有跨文化交际素养的人提供了越来越多的机会与平台，比如，国际性的交流与合作，越来越频繁。因此，要在大学英语教学中给予跨文化交际教学更多的关注与重视，不断从更深的层面增强、培养学生对不同民族文化的认同感、包容性，树立其面对异域民族文化时应有的包容意识与精神，使其懂得拥有不同文化背景的人与民族之间应该相互尊重、平等交流合作。这是大学生面向未来发展应具备的一项基本社会生存能力，是推动不同国家和地区、不同语言民族之间交流与合作的一项基本能力和素质，是更好地适应时代与社会发展的要求。

(四)大学英语跨文化教学是实现民族自强自立的需要

多年来,中国经济发展在国际上处于弱势地位,要想更为成功地实现中华民族在世界之林中的伟大复兴,重塑昔日的辉煌,构建民族自立自强精魂,大学英语教学是一条必经之路,因为英语作为当前世界通用语,任何国际性的交往,都需要通过这一有效的沟通工具搭建桥梁。中华民族的发展在融入世界整体发展态势中也需要英语这一世界通用语做纽带。但是,面对西方的文化霸权,我们在学习英语的过程中不仅要有能力博古通今、融汇中西,还要做到对西方文化的辩证吸收、选择性内化,这样才能真正建立起自我强大的文化意识。我们在学习英语的过程中,必须对西方文化及语言对中国文化形成的巨大冲击有一个较为清楚的认识,对其形成的垄断性地位,有明晰的判断与鉴别。这一文化冲击,对中国来说,就如同一把双刃剑,对中国的经济、科技发展以及外贸等具有较大的促进作用。可是,对于我们的意识形态领域来说,则又将其带入了一个巨大的挑战漩涡当中。

伴随着我国不断深化的改革开放的步伐,我国的综合国力不断飞速提升,国际间的交往也越来越频繁。因此,我们对具有跨文化交际能力的人才的需求也就愈加强烈。我们需要能够面向世界、对异域民族有较为深入理解的人才参与到我们的国际交流中。因此,我们的大学英语教学就提出了新的教学目标——培养跨文化交际人才,将跨文化交际的教学内容,提升到一定的高度,使学生在学习实践中培养面对多元文化的包容性。鉴于此,在我国当前的大学英语教学中实施跨文化教学,是一件极具深远意义的事情。

(五)大学英语跨文化教学是顺应高等教学国际化发展趋势的需要

面对全球一体化发展的趋势,提升高等教学国际化的主流意识,是当前世界性的高等院校得以进一步深化发展的新理念基础,由此可见,在高等院校大学英语教学中实施跨文化教学,已经成为一个国际性高等院校发展的必然方向。跨文化教学在高等院校的有效实施,对办学理念具备世界性的眼光、融入世界办学教学的洪流中具有积极的推动作用,通过跨文化教学的实施,我们可以不断吸纳西方先进教学理念与办学模式,站在理性的角度对我国的高等教学以及传统文化等进行分析认识,并且能够以世界性的战略眼光看待分析全球性以及民族性综合问题,从而在理论与实践相结合的同时,找到中国本土办学教学同世界各国办学教学成功经验的融汇点,以此来更好地把握世界性的主流意识发展,更好地在办学教学中进行创新,并且在创新发展过程中办出自我的个性特色,为推动我国当前的大学教学做出努力。特别是伴随着全球一体化的发展态势,办学也呈现出新的发展趋势,很多高等院校都在寻找同国外学校合作办学的新机会,中外合作办学正在不断地进行中。在此过程中,无论是办学的主体,还是参与办学作为教学接收者的客体,都面临着多元化的局势,办学背景存在着多元化的局面,办学对象也出现了多元化的情势,乃至信息来源、思维方式、社会习俗等。在中外合作办学的过程中无不呈现出多元化的特点,因此,在这样的办学理念以及办学氛围中培养出来的人才,必然受到多元文化思维影响而具备多元化的意识,有利于学生形成开放、包容的文化思想。由此可以看出,对中外合作办学这一新的办学模式中的跨文化教学进行深入的关注与研究，对于我们的大学英语跨文化教学而言，是一件十分有意义的事情。

这是因为：第一，伴随全球一体化发展的大趋势，我国高等院校面对的不仅仅是国内市场带来的巨大挑战，在全球化发展过程中，国内市场已经被全球一体化潮流裹挟着融入了世界性的市场潮流中。具有跨文化交际能力的国际性人才，已经成为全球范围内的一种需求，而不再仅是某一个民族或者某一个时间段的需求。毫无疑问，这必然对全球各个国家与民族的高等教学提出了改革与发展的迫切要求——以全球性高度为立足点进行改革与发展。第二，中外合作办学的教学模式，是以双向互利、文化平等、交流融合、共同发展为基础与目标的新的办学教学模式。现在，跨文化教学，已经被经济开放型国家首肯为进入国际性交流、融入国际发展态势中必要的战略性工具与手段。

伴随全球一体化发展的大潮流与趋势，以及各个国家商品、信息、服务乃至人员的跨国流动，培养大学生的跨文化交际能力成为全球一体化发展过程中增强国与国之间交流、理解与合作的极为有效的方法。甚至可以说，现在的大学教学，已经前所未有地成为一个国家提升综合国力的代表性标志。在当前这种多元化办学模式的作用下，各所大学都在通过多种方式方法，将派出与引入结合起来并融入自己的办学教学模式中，以更好地增强学校在世界性发展态势中的竞争软实力。越来越多的高等院校已经开始意识到，未来的大学人才，应该是具有全球意识与国际交往能力及跨文化交际能力的人才，这一人才培养目标必然促进大学英语跨文化教学的发展，提高文化教学在大学教学中的作用。英语作为具有"世界普通话"之称的全球通用语言，可以说是全球先进科技文化发展的代表性成果。

此外，无论是谁，若想自己的研究成果得到更多的认可，就必须进行国际性的学术交流。科学工作者如此，教育工作者也不例外。否则，就无法融入国际学术视野，得到国际同行的认可。这不仅仅是一种外在的交际形式，更是一种思想、一种学术思维的融汇与交流。而英语作为国际交流的主要工具和手段，顺应这一大的国际性交流需求，在学习英语时，适度的文化学习也是非常必要的。英语只是一种交流的语言工具，文化作为思想的载体，才是交流的内核。因此，在大学英语教学过程中，需要对文化教学进行强化与突出。从而使作为文化载体的英语，能够在国际交流与合作中真正发挥其传播媒介的作用，使不同地域、不同民族的文化在语言交流中得以沟通、认识、传播，真正发挥出语言的交际功能，以推动我国文化、科技领域的国际交流与合作。而且，根据跨文化交际实践的经验总结，在我国的大学英语教学过程中，应该注重多采用比较研究的方法进行教学，以此更好地开阔学科视野，增强其交叉学科的融入性，在对学生进行大学英语语言知识教学的同时，有效地加入有关人文学科的知识内容，使我国的各所大学能够增强其彼此之间、学科专业之间的相互沟通与交流合作，彼此之间相互增补。在我们的大学英语教学过程中，将外语的语言教学同文化教学更为有效地融合成一个有机的整体，使我们高等教学培养出来的人才朝着复合型方向发展，使大学英语的跨文化教学能够真正地在国际交流与人才培养方面发挥其应有的作用，为促进我国社会经济的飞速发展作出应有的贡献。

　　基于此，无论是我国的高等教学部门，还是各大高等院校，对于跨文化教学，都应予以足够的重视，使我们高等院校培养出来的人才，既能够充分地掌握跨文化交流中交际对象的民族文化，在交际中减少因文化差异而产生的矛盾冲突，同时，还具备相当的本民族文化传统的深厚底蕴，并且能够用目的语对本民族文化在世界范围内进行传播，使更多的国家（或地区）与民族、使来自全国各地的不同语言群体都能对我们本民族的优秀文化传统有较为深入的理解与认识。这才是我们进行跨文化交际的真正目的。在此基础上，我国的各大高等院校还有另一项使命，那就是在进行跨文化交际教学的过程中，正确地引导学生掌握不同国家或地区、不同民族之间存在的文化差异性，在认识、尊重、接受文化差异性的同时，能够冲破差异性的障碍，认识到差异性存在的背后，其实是语言共性的作用。只有更好地认识并且掌握了这种差异性背后的语言与文化的共同本质和规律，我们才能够真正地掌握一种语言及其背后所蕴含的文化。这样的人才，才是我们在激烈的世界综合性人才竞争中所需要的、具有创新意识与创新能力的人才，也只有这样的人才，才能够在世界新的文化格局中发挥出跨文化人才应有的作用。

　　随着一体化发展的世界新格局的形成，跨文化人才的培养，是我们各高等院校极为迫切的教学任务。但有一个不得不承认的事实，即在外语跨文化教学中，首先必须承认不同语言群体之间存在巨大的文化差异性。而且，在现实的世界范围内的跨文化交际中，因为文化差异性而导致的交际矛盾与冲突，仍时有发生。而避免跨文化交际中矛盾与冲突的最为有效的方法，就是大学英语的跨文化教学。通过多种行之有效的跨文化教学方式，使学生能够对不同民族文化之间存在的差异性有一定的认识与理解，并且在跨文化教学过程中，引导学生尊重异域民族文化传统，形成包容、开放的跨文化意识，从而在跨文化实践中能够更好地为增进国际间的认识与理解。对于这一切，每一个国家的高等院校都肩负着不可推卸的责任，这是时代赋予高等院校的使命。因此，我们的高等院校教学，应该责无旁贷地承担起为增进不同国家或地区，不同民族之间的交流与沟通而培养跨文化交际人才的责任，这是各大高等院校面向未来教学迎来的教学国际化发展新态势。所以，在我们的高等院校教学中，有效地融入大学英语的跨文化教学，并且对此给予应有的关注与重视，转变传统的教学模式与教学理念，积极采取行之有效的措施，为培养跨文化交际人才作出高等院校应有的贡献。

二、大学英语教学中跨文化教学的目标

（一）跨文化教学的理想目标

教学，是对人类社会实践性最好的培养方法与手段。跨文化教学，则是对不同语言群体的人的社会实践性进行培养。面对国际化教学发展的新趋势，跨文化教学对人才培养的理想目标就是通过跨文化教学，引导学习者突破因为语言民族文化的差异性而产生的误会、矛盾和冲突，扫除不同文化群体之间的壁垒，尊重文化差异性的存在；通过跨文化教学，引导学习者对不同种族之间存在的因成长的文化背景不同而导致的生命个体的差异表示尊重，并以此更好地实现人权观念；通过跨文化教学，使学习者能够更为深入地认识到并理解不同的群体都拥有平等的利益分配权，每一个生命个体都有选择自己所喜欢的生活方式的权利，对此，我们应该给以应有的尊重。对于上述目标的实施，可以从两个方面进行具体阐释。首先，通过跨文化教学，培养学生开放的心灵与思想意识，使接受跨文化教学的每一位学生都具有一种开放、包容的跨文化思想与观念，能够敞开自己的心扉去倾听来自不同文化背景的人的不同思想与观点，能够用开阔的心胸去包容不同的观点与立场，能够用宽广的胸怀去接纳不同文化价值体系的思维与价值观念。其次，培养学生对自我的宽容与包容，使其能够对自身的潜力进行深入的挖掘，努力开发自身潜在的创造力，并且积极培养自我的跨文化交际能力。

（二）跨文化教学的基本培养目标

使学生具备一定的文化意识，也是我们大学英语跨文化教学的培养目标，即通过跨文化教学，使学习者对异域民族文化有更好地认识与理解，进而从多个方面和较为深入的层面培养学生的文化理解能力，让学生们在对不同文化进行对比的过程中提升自我的文化分析和鉴别能力，以此为学生提高跨文化交际能力、解决跨文化交际实践中的问题做好思想理论准备，大学英语教学在重视培养学生语言能力的同时也要重视培养学生的语用能力、跨文化交际能力和社会文化能力。对于跨文化教学的强调与重视，无论是在大学的专业性学习中，还是在大学英语的公共课教程中，都有相关的规定。因此，在大学英语教学过程中突出强调对学生跨文化交际能力的培养以及对其文化素养的有效提升，是时代发展与社会进步对教学者提出的客观要求，我国的各大专科院校有效地整合英语教学大纲规定的教学目标，并结合大学英语教学实践，从理论和实践方面为提升大学英语跨文化交际能力的现实效果做出自己应有的努力。

大学生跨文化交际能力的提升，需要我们的各大专科院校在大学英语教学过程中，必须将文化教学融入语言教学中，使语言与文化教学成为一个有机的整体，在此过程中，教师需要结合语言教学内容实际采用比较研究的教学方法，适时地引导学生对目的语民族文化同本民族的母语文化进行比较分析，认识目的语民族同母语民族之间在文化价值取向、思维方式、风俗习惯乃至集体性格等方面的差异，进而提升学生的文化素养，培养学生在跨文化交际中所应具备的与不同民族、不同文化背景的人进行交流沟通时避免文化矛盾与冲突的能力。可以说，跨文化交际能力的培养，已经成为大学英语跨文化教学的一项重要目标。其具体目标如下：①大学英语跨文化教学

的培养目标之一，就是对大学生面向社会更进一步深入学习英语以及英语民族文化能力的培养。任何一种语言的学习，都是一个循序渐进、不断深入的过程，无论是对英语的学习，还是英语民族文化的学习，都需要学生在不断的学习过程中逐步地感受领悟，其中包括自学，这是一个没有终点、持久学习的过程。学生只有自己积极主动地进行不断的学习，才能跟上时代、社会发展的步伐，从而有效地提升自己对时代与社会的适应能力。②大学英语跨文化教学的培养目标之一，还包括对学生文化理解能力与文化背景知识能力的培养，在学习英语的过程中，必然会遇到一些深蕴着英语民族社会文化背景知识且含量丰富的词语及典故，对这些词语要进行充分的利用，引导学生透过词语去理解认识深蕴在语言背后的文化意义，是我们大学英语跨文化教学的基本培养目标之一。③对学生跨文化交际能力的培养，也是大学英语跨文化教学的培养目标之一。我们都知道，这是一个全球化激烈竞争的时代，我们的大学生，即将面对的是世界性的竞争。特别是伴随着我国综合国力的提升，以及不同国家与民族之间交际的频繁发生，跨文化交际能力已经成为一个人面对时代发展大势所应具备的竞争能力之一。面对着庞大的社会潮流与时代前进的步伐，较强的交际能力就显得尤为重要。④培养学生面对外来文化所应持有的客观、公正、包容的态度，也是我们进行大学英语跨文化教学的目标之一。在大学英语跨文化交际教学的过程中，尽量为学生创建跨文化交际的实践性情境，引导学生在较为真实的跨文化情境中感受异域民族的文化，认识与理解目的语的民族文化，并且能够较为充分地掌握语言与文化的运用，在此基础上做出自己的判断，进行分析鉴别，区别其中的精华与糟粕，取对方之长，补己之短。这对于大学生面对跨文化交际发展的国际态势，具有十分重要的现实性意义。⑤对获取异域民族文化信息能力的培养，也是我们大学英语跨文化教学的培养目标。随着互联网等各种高新技术的发展，获取各种信息的渠道极为宽泛。除了传统的报纸、杂志、书籍等纸质媒介之外，各种影视、录像、电脑网络等有声有色的工具，也为学生学习英语以及了解英语民族文化提供了极大的便利，是极为便利的方法与途径。同时，这对大学生获取信息的能力提出了要求，即大学生要具备一定的自我判断能力、文化鉴别能力以及获取途径方法的操作能力。

第三节 大学英语教学中跨文化教学的实施途径和内容

一、大学英语教学中跨文化教学的实施途径

英语语言不是学习的目的和对象，而是学习者获取知识、进行专业学习的手段，学习者通过使用英语，不仅学习相关知识、开展各种学术活动，同时巩固和提高他们的英语基础知识和技能，使其语言能力得到进一步发展和完善，从而使语言学习和专业学习得到完美的结合。这种学习方式即双语教学模式。具体地说，大学英语教学应该在中小学英语教学的基础上，以专业英语学习为中心任务，采用双语教学的形式，培养大学生应用英语进行专业学习和研究的能力。目前广泛使用的文化教学方法有以下几种：

（一）文化讲座（lectures）

将不同文化主题构成一系列的文化知识以讲座的形式传给学习者，有利于学习者进行系统的文化知识学习，但不足在于讲座多以灌输形式展开，学习者缺乏体验感，而且大量冗长的讲座往往会使学习者感到无趣。

（二）关键事件（critical incidents）

选用不同文化背景的交际双方之间所产生的，具有典型、代表意义的失败案例进行描述，然后分析误解产生的原因，帮助学习者了解两种不同文化在某个方面的不同期望和表现，这能在很大程度上刺激学习者在分析案例和原因时进行思考，有利于跨文化敏感性的培养。

（三）文化包（culture capsules）

教师向学习者讲述本族文化与目的语文化之间的某个本质差异。教师主要是通过各种教学手法向学生呈现差异的具体表现，然后提出若干问题，并由此展开讨论。

（四）文化群（culture clusters）

由围绕同一文化主题的若干文化包组成。例如，可以将美国节日这一文化主题细分成圣诞节、感恩节、万圣节、复活节、情人节等若干子主题，每个子主题可以设计成一个或多个文化包，供学生在课堂上讨论学习。这种方法非常有利于学生全面系统地学习英语文化。

（五）模拟游戏（simulation games）

学习者通过模拟游戏感受一些自己尚未经历过的情境，从中体验和认识目的语文化。如大学校园里举办的万圣节活动，圣诞节晚会上对耶稣降临的表演，感恩节对亲朋好友的致谢等活动，旨在通过亲身体验，扩大学生的视野，促进其对跨文化交际的敏感性。

以上各种方法以培养跨文化能力为主要目的，但只要经过变通和再设计，可以与大学英语教学有机结合起来，成为跨文化大学英语教学的方法。建构主义认为世界虽然是客观存在的，但人们对于世界的理解和赋予意义是主观的；知识不可能由外部传授而获得，人们应以自己的经验背景为基础来建构现实和理解现实，从而形成知识；学习是学习者主动地建构内部心理表征的过程，这种建构不仅涉及结构性的知识，而且涉及大量非结构性的知识。我们的学生在获得了有关文化的客观知识后，在面临具体的跨文化交际情境时，那些概括化、刻板化了的文化特征、行为规范等往往并不能保证其交际的成功，因为真实的跨文化情境要比这些刻板知识复杂微妙得多。

1. 跨文化教学的显性路径

显性路径是独立或相对于语言学习的，较为直接的、较为系统的文化学习。最具显著性的跨文化交际教学是在语言课程之外开设专门的文化课程，如英美概况、跨文化交际学等。这些专门开设的文化导入课具有直接性、外显性、客观性，是与"语言点"相对的"文化点"。这类课程有自己特定的内容纲要、教学目标和测试手段。在英语语言课程中进行跨文化教学和文化导入等教学活动也属于显性文化学习，因为这种文化导入是有较明确意图和外显内容的文化学习。从内容看，注重有形的文化知识——既有的文化事实、与文化有关的语言现象以及某些跨文化交际的规约；从方法看，一般采用系统讲授的方法或结合阅读课文学习"文化点"。

显性文化教学可以为学生提供系统的、确定的文化知识，但是它的局限性在于它可能忽略那些无形的、藏匿于生活各个方面、与个人际遇关系密切的文化因素和文化特质，忽略学习者实际面临这些因素和特质时的主观认识、思维过程和行为能力，忽略学习者自己进行文化探究的能力与学习策略，而这些正是对个体交际者在复杂变幻的跨文化境遇中很有助益的东西。

2. 跨文化教学的隐性路径

与显性文化学习的直接、客观、系统等特征相反，隐性路径是一种具有间接，主观，分散等特征的隐性文化学习模式。隐性路径的文化学习是伴随语言学习过程，与语言学习紧密联系和相互渗透的。这里所说的与语言学习紧密联系，不是指我们常见的在理解课文意义时对某某文化知识点进行分析讲解以帮助学生理解课文，或使学生了解某个语言现象背后的文化典故以扩充文化知识，而主要是指在学习语言材料时对其中所表达的思想主题及其现实文化意义的理解与把握——特别是经学生自己感悟思考后的理解与把握。当一个中国学生阅读一篇英语原文时，他就在经历一次跨文化交际，尽管这是互不见面的读者和作者之间的交际。如果教师能引导学生不但理解文本的表层信息——课文讲了什么，而且还思考文本的隐含信息——课文为什么而写、为谁写和是谁写的、课文内容与自己所处的文化环境有何相关和实际意义、从不同文化背景理解课文的困难是什么等等，那么这位学生就是在进行一种文化学习，这种学习不是简单的知识传递，而是在教师引导下学生对"非结构的""捉摸不定"的事物的主动建构与主观理解。这样的语言学习过程同时也是文化学习的过程，是思维方式和文化洞见力的学习与训练。由此可见，隐性文化教学的成功实施对语言教师的现代教学素质和社会文化敏感性与洞见力有格外高的要求。大学英语教师一定要有较强的文化意识和深厚的专业素养，要结合所授内容，有目的地对学生进行文化输入。

隐性路径教学的优点在于它有利于发展学生无形的文化领悟力和思考力，是一种学习能力，更是一种能应付现实的、真实的跨文化交际情境的能力。然而，它的缺点在于随课文内容零散和随机地学习目的语文化可能导致某些知识项目的缺失，而且已受到传统课堂的冲击。比如在授课时，容易走向重词汇、句法等语言形式，轻深层内涵文化的老路，从而使文化学习边缘化。有鉴于此，在我国特定的大学英语教学环境中，隐性文化教学与显性文化教学相结合、相补充是十分必要的。

本书认为无论就哪种英语文化教学方法，或就显性教学还是隐性教学的课堂教学路径而言，都应改变单纯灌输的方式。此外，教师是实现大学英语跨文化教学的关键，故应不断提高自身文化素质和对跨文化交际教学的认识与能力。

二、大学英语教学中跨文化教学的内容

大学英语词汇中的跨文化教学

外语词汇学习的重要性在于不同语言之间，不是目的语里每一个词、每一个概念在本族语里都有一个对应的表达，这是因为词汇包含着不同语言里的文化思维特征。词汇是语言的基本要素，其含义和用法体现民族与文化间的差别。尤其是英语习语，其作为英语语言的瑰宝，是英语文化的一面镜子，短小精悍，便于学生记忆。这些词汇反映该民族人们的价值取向、思维模式、社会习俗、所处地理环境、饮食文化和历史发展。从跨文化交际学的角度来看，英汉两种语言之间存在大址的语义和文化不对等情况，因此词汇教学不能只局限于语音、语法特征，而是必须与词汇文化相结合，注重文化负载词的教学，从文化差异入手准确理解词汇的文化内涵。

掌握一个词是指熟悉该词所有的潜在意义，明白使用这个词的适当场合和它的搭配语域，了解在同一词义范围内该词与其他词之间的关系。词的意义可归纳为七种类型：理性意义、内涵意义、社会意义、情感意义、反映意义、搭配意义、主题意义。其中内涵意义、社会意义、情感意义、反映意义、搭配意义、主题意义又统称为联想意义。词的理性意义及词的认知意义或指示意义，是语言交际中所表达出来的词语的最基本意义，是对客观事物本质特征的反映或概括。然而，这种反映或概括在不同的文化中不尽相同，从而在语言上出现差异。而词的联想意义则多半与文化因素有关，具有民族特点。有关词语可概括为四类：①指示意义相同，联想意义不同或截然相反的词汇；②指示意义相同，联想意义部分相同的词汇；③指示意义相同，在一种语言中有丰富的联想意义，在另一种语言中却没有的词汇；④各自文化中特有的词汇，即文化中的词汇缺项。

①指示意义相同，联想意义不同或截然相反的词汇

英语和汉语之间有许多"貌合神离"的成对词语，它们可谓是"面和心不和"，例如individualism 和个人主义。对英语单词 individualism 的理解要追溯至古希腊的民主制度。古代希腊的民主制度，主要是以雅典为代表建立和发展起来的。原来是贵族当政，经过多次的民主改革，民主政治才逐步完善起来。每一个人都能发挥政治才能、享有政治权利，在政治上每一个人都是平等的。而这也是希腊民主的基本精神，由此可见，在西方，从古希腊民主制开始，就十分强调个人权利。虽然社会和国家是经由契约形式建立起来的，个人要让渡一定的权利和承担一定的义务，但是个人的独立人格、尊严和自由的精神思想却是不容放弃的，因为每一个人都是自己的主人，都是独立的个体。到了 18 世纪的启蒙运动，individualism 指的是解放个性，每个人都拥有追求自由、平等和幸福的权利。这是针对中世纪以神权和封建皇权压迫人权的统治而提出来的。它强调人的价值、尊重人的独立人格、坚持人的平等、追求人的自我完善和发展。而汉语的个人主义在许多语境里不是一个光彩的词汇，意指自私自利、损人利己、损公肥私，是为社会所极力反对的。这样的个人主义在西方伦理学中叫作利己主义或自我主义，用的词汇是 egoism。因此，我们需要明确我们所说的个人主义与英语单词 individualism 是完全不同的概念。

这些文化内涵不同的词汇在翻译等跨文化交际活动中常常引起误解，导致交际失败。因此交

际者必须十分注意这些具有民族文化背景色彩的词汇,通过它们逐步熟悉民族文化的全部内涵。只有这样,才能真正掌握语言,充分发挥语言交际工具的作用。

②指示意义相同,联想意义部分相同的词汇

在两种不同的文化中,这类词在某些方面会引起不同民族的共同联想,在其他方面却会引起不同的联想。即某种事物或概念在一种语言中用一个词语来表达而在另一种语言中用多个词语来表达。

在英汉词汇中,亲属词和颜色词最为明显。众所周知,汉民族是一个特别讲究长幼有序、尊卑有别的民族。长期的封建统治在汉民族心灵上打下了重血缘、讲亲疏等烙印,使得舅父、姨父、姑父、伯父、叔父之间泾渭分明,不可混用。

③指示意义相同,在一种语言中有丰富的联想意义,在另一种语言中却没有的词汇

受民族文化的影响,一个普通的词在一种语言中常有极其丰富的联想意义,而在另一种语言中就可能仅是一个语言符号。这类词往往会导致理解上的障碍,造成不必要的误解。

汉语里有一些词汇有着丰富的文化内涵,在英语里却没有。例如,松树在中国文化中象征"长寿"与"骨气",与竹、梅并称"岁寒三友",而英语中的 pine 则没有这方面的联想意义,竹与梅也是如此。英语里当然也有一些词汇具有丰富的联想意义而在汉语里是没有的。

④各自文化中特有的词汇,即文化中的词汇缺项

语言的词汇系统总是依附于其社会文化,历史长河中一个国家曾有过的文化个性都会在语言文字上留下不可磨灭的印记。由于汉英文化在宗教信仰、自然环境、政治体系、经济发展水平、历史传统、价值取向等诸方面的差异,各个民族的文化中都有大量为该民族文化所特有,而为另一文化所无的特殊现象,这样就难免在另一文化中形成"真空地带",即文化"零对应性",即包含汉英文化中的词汇缺项现象。曾在中国北方农村常见的"炕"对多数英语国家的人来说,如不亲眼观看,亲自尝试,是完全难以想象的,如将其翻译成英文,则必须给予适当的解释和说明,类似的还有"冰糖葫芦"。又如汉语中的"阴阳"很难确切地译为英文,在英文里没有合适的对应词,这是因为中国的哲学思想或价值观念与西方的不同。"阴阳"本源于中国古代诸家学说,他们认为世界万物都有阴阳两面,相克相生,互相转化。

总之,一个词语总会具有文化内涵或文化意蕴,它揭示出它赖以生存的文化内涵。文化是一个有着丰富内涵的综合体,它从物质到观念、从制度到个体、从习俗到心理,构成整个民族、社会,也包括语言赖以生存的庞大文化的生态环境,这个环境中的任何一个分子,都可能在词语上体现出来,可见对跨文化交际及跨文化交际研究来讲,认识和掌握词语的文化意蕴是何等重要。

三、大学英语语法教学中的跨文化教学

语法是语言表达方式的小节,它揭示了连字成词、组词成句、句合成篇的基本规律。每一种语言都有其独特的语法体系,不同的语言使用不同的语法系统和规则指导和评价该语言群体的语言使用。在语言内部的诸多差异中,语法最能体现语言的民族特点,因为语法是语言的组织规律,

是本民族成员或语言社团成员共同遵守的语言习惯或约定俗成的规则。形合（hypotaxis）和意合（panitaxis）是语言的两种基本组织手段。形合就是依仗形式（包括词的变化形式，词汇衔接等）将语言符号由"散"（个体的词）到"集"（词组乃至语篇的语言组织手段；而意合则是依仗意义，即内在的逻辑关系组织语言的手段。形合和意合是两种不同的句式安排。一般来说，前者注重形式上的衔接（cohesion），后者注重行文上的连优（coherence）。形合的特点是形现意明、句连严谨、语序规范、意脉清晰；意合的特点是形隐意在、句连洒脱、语序顺适、意脉暗承。

1. 形合及语法型英语句子结构

英语是一种高度形式化和逻辑化的语言，英语之所以重形合，是因为英语具有丰富的形式组合手段，譬如词缀、词形变化、指代词以及表达各种关系的连接词等。它的形式化和逻辑化在句法中主要表现在形态变化、句法结构、标点符号等方面。

英语高度形式化、逻辑化；句法结构严谨完备，并以动词为核心，重分析轻意合。重分析轻意合的英语句子排列顺序是主谓宾（SVO）或主谓（SV）。英语句子以主谓结构为纲，前后勾连，复杂而不流散。除了很少出现的省略等特殊情况外，在句子中，主语不可缺，不管起不起作用总得有一个，而且全面关切全句，起到统领全句的作用，一些无主语的汉语句子如"下雪了""事情发生了"翻译成英语句子时必须加上一个逻辑主语，这显然是一种形合法。英语形合还表现在形式或形态对其语言有一定的显现力和约束力，要求句子的人称、数量、时态、语态、情态形式保持主谓前后一致。英语句子对标点符号要求也十分严格。句际、句内各因素也要用形式逻辑关系词连接，再加上丰富的形态变化，英语就成了一种表达意义十分精确，高度形式化的语言。即是说一个完整正确的英语句子必须同时包括语义和结构的完整性，即语义上能够独立表达一个完整意思的词组组合，又必须包括主语和谓语两个组成部分，主谓之间要保持人称和数等方面的形态一致，最后还要有标示着结构上完整与否的标点符号。

2. 意合及语义型汉语句子结构

汉语语法是一种注重语义的语法，汉语句子类型的划分只能从功能语义而不可以从形式出发，句子之所以成为句子，是因其具有表达功能而不是由于某种结构。汉语之所以重意合，主要在于其本身是表意的，自古以来就有重"神""意"的传统。汉语依仗意义即内在的逻辑关系组织语言，句子承接主题，顺势而下，句界模糊，行文倾向意合，结构松散，注重话题的承转。汉语句子结构，在很多情况下以主谓（宾）顺序排列。但它不像英语那样，整个句子以谓语动词为中心且必须包含主语，而是以词序或语义为中心，不管句子是否完备，标点符号很大程度上是停顿的意思；它也不像英语那样，需要诸如连接词等衔接词，只要能表达意义就可以了。汉语重意合还表现在汉语句子的主语概念比较宽泛，它不像英语句子的主语那样起到统领全句的作用，必须由名词或名词性质的成分来担任，它有时只是一个"话题"而已，因此可以由任何语言成分充当，如计算机买了，打印机也买了。

四、大学英语翻译和写作教学中的跨文化教学

1. 大学英语翻译教学中的跨文化教学

被看作是两种语言转换过程的翻译活动绝不仅仅是从一种语言到另一种语言的传递，也不可能是字、词、句之间的机械转换，它是两种文化间的跨文化交流活动。因此，不了解文化间的差异无疑会在翻译过程中产生很大障碍。学生在翻译中常出现的最严重的错误往往不是由表达不当造成的，而是源于文化差异造成的障碍。因此，主张在大学英语翻译教学中，加强中西方文化背景知识的传授。

（1）地域和历史方面的文化差异对翻译的影响

所谓地域文化就是指由所处地域、自然条件和地理环境所形成的文化现象，其表现就是不同民族对同一种现象或事物表达形式采用不同的言语。中国在地理环境上属于半封闭的大河大陆型，自古以来，人们生活和生产主要依附土地。因此，汉语词汇和习语有许多都与"土"有关，如"土生土长、土洋并举、土特产"等。但在英译时它们都失去了"土地"一词的字面意思。倘若将"土"字都全盘译出，就会让西方人感到莫名其妙。相反，英国是个岛国，四面环海，英语中与海洋渔业有关的表达俯拾皆是，但翻译成汉语时却采用另外的表达法。

（2）思维方式和价值观的差异对翻译的影响

不同的思维方式决定了各个民族按照各自不同的方式创造不同的文化，而这种不同必然要通过文化的载体——语言表达。英语民族的思维是个体的、独特的，而中国人注重整体、综合、概括思维。表现在语言上，英语偏好用词具体细腻，而汉语用词概括模糊。例如"说"一词，英语有"say、speak、tell"等，这些词可以表达不同情况下"说"的意思。这样使语言简洁准确，又富于变化，形象生动。而汉语往往趋向于泛指，在"说"前加副词修饰语，如，语无伦次地说，低声地说，嘟嘟囔囔地说。

价值观指人的意识形态、伦理道德、宗教信仰，以及风俗人情等为人处世的观念。一般认为特定文化和生活方式的核心，表现在两种语言中，会对语言理解和翻译造成很多障碍，足以引起翻译工作者的重视。中国人认为个人是"沧海一粟"，微不足道，推崇社团和集体价值，强调社会群体的统一和认同，有一种社团价值至上的价值取向。而西方文化则是个人价值至上，它推崇个人主义，强调个人的存在价值，崇拜个人奋斗。如果将上文提到过的"individualism"与汉语中的"个人主义"相提并论，价值观的差异尤为明显。在西方，该词指的是"独立自主"的个人品质，人们把自己看成是单独的个体，凡事都从个人利益出发，以个人为中心，体现个人价值，他们相信天道酬勤，主张独立自强，喜欢个人竞争，强调平等和权利。而汉文化里的"个人主义"是与"集体主义"相对的贬义词，它是指一切从个人出发，把个人利益放在集体利益之上，只顾自己，不顾他人的错误思想。

2. 大学英语写作教学中的跨文化教学

西方文化注重线性的因果式思维，英语句子组织严密，层次井然有序，其句法功能一望便知。

而中国文化偏重直觉和整体式思维，较少地使用连接手段，句子看上去显得松散，句子间的逻辑联系从外表不易看出。汉语思维模式呈螺旋形，其思维习惯在书面语言上的表现形式是迂回曲折，不直接切入主题，而是在主题外围"兜圈子"或"旁敲侧击"，最后进入主题。"文若看山不喜平"是典型的汉语修辞模式，也是衡量文采的标准。英语篇章的组织和发展是"直线式"，通常先开门见山直抒己见，以主题句开始，直截了当地陈述主题，然后用事实说明，即先有主题句，后接自然衔接的例证句。

第四章 跨文化交际与大学英语教学思维

第一节 跨文化英语教学的理论构建

语言变化与社会发展同步进行，外语教学作为一门应用型学科必须以社会发展的需要和学习者个人进步的需要为出发点，以帮助学习者适应社会的政治、经济及文化发展为己任。跨文化交际成为当今世界的时代特征，跨文化交际能力成为学习者适应这一时代发展需要的必备能力，跨文化外语教学在这种背景下应运而生。

一、大学英语跨文化教学理论基础

（一）语言与文化：语言教学与文化教学的关系

语言与文化密不可分的关系已得到广泛认可。传统外语教学的基础学科——语言学，也从单纯的语言形式研究的禁锢中解放出来，衍生出了社会语言学、语用学、心理语言学等分支学科，进行了大量跨学科研究，使语言与思维、社会、文化和交际之间千丝万缕的联系逐渐被认识。任何一种语言的产生和发展都依赖于该语言群体及其赖以生存的社会文化。语言不仅具有表情达意的交际功能，它还是感知和思维的表现系统，前者是语言的外显功能，以语言输入和输出为形式；后者是语言的潜在功能，属于认知心理活动。两方面相辅相成，构成语言使用的全过程。

任何人际交往都是从个体对外界环境进行选择性的感知开始，此感知活动受个体的语言、文化和经历的影响。通过各种人体感官（眼、耳、鼻、舌、身等）感知的结果然后经过大脑活动转换成概念或思想，这两个过程构成语言表达的第一阶段，即输入、内化阶段。要让对方知道自己的思想，还必须借助语言系统外化自己的感知结果和思想，这就是语言使用的外化、输出阶段。这一过程首先是将已经形成的概念或思想转换成能外化的一个新的符号系统。这不是真正意义上的语言学习，在这种情况下，学习者学到的只是一套脱离了原来赖以生存的文化内容的符号系统，学习者只能用它来表达自己本族文化的一些思想内容，却无法将其作为与目的语语言群体进行交流的工具，因为离开了该语言所反映的社会文化现实，这一新的符号系统就像一个没有了血肉的、僵化的躯干，失去了其原有的活力和价值。Bennett将这种熟练掌握了一门外语的语言体系，但是不懂该语言所蕴含的社会文化内容的人戏称为"流利的傻瓜"。他指出，这些"流利的傻瓜"尽管懂得交际对象的语言，但是由于不理解他们的价值观念，所以会陷入各种麻烦之中，不是去冒犯别人，就是感到被别人冒犯，久而久之就可能对交际对象形成负面、消极的看法。

外语学习的目的多种多样，但就正规学校外语教学而言，提高学习者外语交际能力是一个共同的目标。外语交际能力的提高必然要求学习者了解目的语所反映的文化意义系统，通过将目的文化与本族文化进行对比，调整和修改自己的认知图式和参考框架。只关注语言符号和语言形式，忽视语言使用中的文化内涵的教学显然是毫无意义的，外语教学应与文化教学有机结合。

跨文化交际能力这一概念将跨文化交际学和外语教学两门学科联系起来，使两个原本独立的学科开始相互渗透、相互借鉴：外语交际能力作为跨文化交际能力的重要组成部分，逐渐受到跨文化培训人员的重视；文化与语言血肉相连，文化知识的学习和跨文化交际能力的培养理应成为外语教学家族中的成员。

（二）跨文化外语教学是外语教学发展的需要

外语教学是一门极其复杂的应用型学科，涉及学习者的认知心理、教师的教育观念、社会的政治经济环境等诸多方面，因此外语教学理论的建立需要借鉴很多不同学科的研究成果。而且，由于外语教学的宗旨是为社会和学习者个人发展服务，培养社会发展所需要的人才，所以随着社会的飞速发展，外语教学工作者也应及时更新观念，调整教学大纲和教学方法，以跟上时代发展的步伐，这就是第三次社会化过程的基本含义，也是外语教学为提高学习者综合素质所做出的贡献。

跨文化外语教学无论从语言与文化的关系和外语教学的需要来看，还是从社会发展的外部环境来看，都是十分必要的。一方面，文化作为外语教学的有机组成部分，为语言学习提供真实而又丰富多彩的语境，使语言学习与真实的人和事物联系起来，从而刺激了学习者外语学习的积极性，增强他们的学习动机，因此有利于促进外语语言教学，提高教学效果。另一方面，将语言教学与文化教学结合起来符合跨文化交际能力培养的需要，因为不学习目的语，不通过交际实践，只通过媒体等渠道了解目的文化，只能是一种间接的文化学习，学习者不可能获取跨文化交际的亲身体验，因此很难在情感和行为层面达到跨文化交际能力的要求。在外语教学中进行跨文化培训可谓一箭双雕，既能满足语言学习的需要，又可促进跨文化交际能力的提高，从而充分发挥外语教学的潜力。

到现在为止，我们的讨论还只停留在对跨文化外语教学的必要性和先进性的探讨上。理论说明固然重要，但跨文化外语教学如何实施的问题则具有更实际的意义，如何在大纲和课堂教学中体现跨文化外语教学的思想是教师和学生更加关心的问题。

二、跨文化外语教学：目标和内容

确定目标和标准是教学计划和教学实践的第一步。跨文化外语教学近二十年来在美国和欧洲等国家发展很快，跨文化外语教学这一术语的使用目前并不统一。这里所指的跨文化外语教学在吸收这些理论思想的基础上，将跨文化外语教学思想又向前推进了一步，形成了具有中国特色的跨文化外语教学框架，确定教学目标，界定教学内容是这一框架的两个重要环节。

（一）跨文化外语教学的目标

跨文化外语教学的总体目标是：提高学习者的外语交际能力（语言文学目标，初级目标）；培养学习者的跨文化交际能力（社会人文目标，高级目标）。跨文化外语教学是交际法外语教学的延伸和发展，如果说提高外语交际能力是交际法外语教学的最终目的，那么它只是跨文化外语教学的一部分，是促进跨文化交际能力培养的一个重要手段。这并不意味着外语交际能力培养应该附属于跨文化交际能力的培养，是一个次要的教学目标。实际上，在跨文化外语教学中，两个目标的实现同等重要。外语交际能力以目的语和文化的学习为核心，以语言交际能力和阅读能力的提高为重点，是外语教学实用的语言文学目标。跨文化交际能力的培养作为外语教学的高级目标，是通过进行文化对比，增强跨文化意识，学习普遍文化知识，培养多视角的、灵活的、立体的思维能力和与不同文化群体进行交际的技能，来发挥外语教学对于学习者个人素质和综合能力培养所具备的潜力，这是外语教学的社会人文目标。虽然在一定程度上，外语交际能力是跨文化交际能力的前提和基础，但是，跨文化交际能力的培养过程，同样可以促进外语交际能力的提高，因为它们之间是一种相辅相成、相互渗透、共同发展的关系。

对外语交际能力的研究经历了一个发展完善的过程，基本上已经形成一套相对稳定、成熟的理论体系，这些理论在外语教学实践中得到了检验和充实。同样，跨文化交际能力作为跨文化交际研究的主要课题之一，也受到许多研究者的重视。由此可见，跨文化交际能力在外语教学和跨文化交际两个学科领域之间所起的桥梁作用。尽管外语交际能力和跨文化交际能力都已在各自的领域得到了极其充分的研究，但是跨文化外语教学的目标和内容并非两者的简单相加。由于语言与文化教学的有机结合是跨文化外语教学的本质特征，因此一个相互渗透、融为一体的语言和文化教学框架才是我们追求的目标，语言与文化的有机结合应该从确定教学目标开始，贯穿外语教学的其他环节和整个过程。我们首先从教学目标着手。

英语中用 goals，aims 和 objectives 等三个词来表达不同层次的教学目的。前面我们已经提到了外语教学的两个目标，即 goals，这是对教学目的的一个总体、抽象的描述。只有对抽象的目标进行具体分析，才能将其转化成可供外语教学工作者教学设计的依据和参考，这些细化了的目标就是教学目的（aims）。与这些目的相伴而生的是衡量达到这些目的的标准（standards）。目的和标准的确定非常重要，因为一方面它是对总体目标的细分，是总体目标实现的衡量标准；另一方面它是对教学具体实施的指导，是确定课堂教学目的（objectives）和教学活动的基础，同时也是教学评估和测试的基础，这种承上启下的作用决定跨文化外语教学要得到外语教学界的普遍认可。成为一个健全、合理和实用的外语教学法，必须有明确的教学目的和标准。

教学目的和标准的确定基本上属于一种政府行为，一般是由政府教育机构发起，委托数名专家组成项目组进行调查研究，提交报告，最后再由教育部门审定、颁布，并监督实施。教学目的和标准的确定受社会文化和政治经济等客观环境的影响，虽然跨文化外语教学的本质特点适用于任何国家和地区，但是其教学目的和标准以及教学方法在美国和欧洲可能有所不同。同样，在中国的国情下，跨文化外语教学也应该具有自己的特色，不能一味模仿，全盘照搬西方国家的做法。

1. 知识层面

语言意识即知道语言的基本特点和功能，理解语言和语言使用与社会文化之间的关系；文化意识是知道文化的基本概念和特点，理解文化与语言之间的相互作用；目的文化知识包括了解目的文化的交际风格，了解目的文化的非语言交际特点，了解目的文化的社会习俗，了解目的文化的社会结构，理解目的文化的价值观念，了解目的文化的历史、地理和环境，了解目的文化的文学和艺术。

2. 能力层面

外语交际能力包括语言能力、非语言交际能力、社会文化能力、交际策略；跨文化交际能力指的是能够分析和观察文化现象，能够将目的文化和其他文化与本族文化进行比较，能够反思并更好地理解自己的民族文化和个人文化参考框架，能够接受文化差异，将文化差异与不同的价值、意义系统联系起来，能够根据交际场合和交际对象调整自己的言行，能够以跨文化的人的身份参与跨文化交际，做一个文化协调员能够采用灵活的、多角度的立体思维方式，意识到不同文化没有好坏优劣之分，只有异同的存在。

以上跨文化外语教学的目标框架以培养学习者外语交际能力和跨文化交际能力的总体目标为宗旨，从认知、行为和情感三个层面对教学目标和目的进行了描述，为教学内容的选择、教材的编写、教学方法的设计、教学测试和评估以及教师培训等环节提供了参考和依据。

（二）跨文化外语教学的内容

跨文化外语教学的目的包括认知、行为和情感三个层面，因此教学内容也应该全面考虑学习者这三方面的需要。下面我们来对所列出的教学内容进行分解。首先，跨文化外语教学内容由4个模块构成：目的语、目的文化、其他文化和跨文化交际能力。目的语和目的文化这两块的内容与我们现行外语教学的内容基本吻合，通过这两方面内容的学习，学习者能够掌握目的语知识，并能使用该语言与目的语群体进行有效交际，这就是外语交际能力。值得一提的是，在这两个模块中分别增加了"语言意识"和"文化意识"两项内容。将语言意识列为教学内容是希望学习者通过学习目的语，反思自己的母语，了解语言的普遍规律，尤其是了解语言与社会和文化之间的关系。同样，培养学习者的文化意识是为了让他们了解文化的构成、文化的作用、文化的发展规律等文化相关知识，文化意识是跨文化意识和跨文化交际能力培养的基础。此外，文化交流作为目的文化教学内容的组成部分，指的是学习者本族文化和目的文化之间的交流，即学习者在学习目的文化知识的同时，不断寻求机会，或由教师创造机会，去体验目的文化，并反思本族文化，将目的文化与本族文化进行比较，以增强对文化差异的敏感性，培养对目的文化的移情态度。值得注意的是，文化交流与语言使用应该属于同一个内容范畴，因为它们通常是相伴而行，同时进行的，文化是交流的内容，语言是交流的手段。

外语教学内容的第三个模块是其他文化的教学。这是跨文化外语教学不同于其他以文化为基础的外语教学的特点。如果说外语交际能力是以目的语和目的文化的掌握及应用为目的的，那么跨文化交际能力则是一种以学习者母语和本族文化以及目的语和目的文化的学习、交流、反思和体验为途径，同时兼顾学习和了解其他语言和文化的特点，进而超越各种具体文化束缚的一种灵活的交际能力，是以与来自世界各种不同文化的人们进行有效交际为目的的能力。如果外语教学完全排除其他文化的内容，势必会造成学习者徘徊于本族文化和目的文化之间，而忽略了其他文化的存在，这不利于培养学习者的跨文化意识，也不利于跨文化的人的培养目标的实现。虽然外语教学由于时间和精力的限制，不可能让学习者同时全面学习和体验多种不同的文化系统，但是在一定程度上了解除本族文化和目的文化之外的其他文化的特点是可行的，可以通过教学材料的选择和教学方法的设计来完成。

跨文化外语教学内容的另外一个模块是跨文化交际能力的培养，它包含的教学内容很多。其中跨文化意识指的是对文化差异敏感性和态度的培养，跨文化交际能力是一个宽泛的概念，是一个包含知识、能力和态度各个层面的综合素质，而跨文化交际实践，作为教学内容之一，主要是由教材和教师提供或创造跨文化交际的机会或情景，让学习者去体会跨文化交际过程中可能出现的问题，如文化冲突等，在教师的帮助下，他们从中学会自我调节，掌握解决问题的方法。在这个教学内容模块中还包括了跨文化研究方法的教学。跨文化交际能力的培养是一个终身学习的过程，学习者不可能在学校教育期间学习世界所有不同的文化，外语教学也不可能预计学习者将会遇到的各种跨文化交际情景，因此掌握跨文化研究的方法是最现实、最有效的途径。

三、跨文化外语教学大纲的特点

跨文化外语教学的本质特点是以跨文化交际能力为组织原则、以文化为中心进行外语教学，这显然与提高外语阅读能力或外语交际能力为目的的外语教学不同。除上述的目标和内容上的区别外，教学大纲的组织结构也有很多不同之处。

（一）三种外语教学大纲比较

早期传统外语教学的大纲受语言学影响，具有很强的科学性，外语教学内容被线性分割，语音、语法、词汇等作为教学的主要内容，与它们得以存在和使用的、真实的社会文化语境几乎完全脱节，学习者的主观思想和个人体验更是被置于九霄云外。这种客观科学的教学大纲的典型代表是直接法和听说法。后来的交际法外语教学和其他一些以语言能力为目的的外语教学法采取的是一种介于科学性教学大纲和人文性教学大纲之间过渡性和连接性的课程大纲，其特点是强调学习者使用所学语言知识，来表达自己的思想和情感的重要性，在这个教学大纲中，意义的理解和表达重于语言结构和形式的学习，学习者的个人需要和主观作用得到了一定程度的认可。人文性的教学大纲考虑外语教学的社会、经济和政治环境，以及学习者自己的知识和体验对于外语教学的作用，沉默法、暗示法和社团学习法都属于这种人文性的外语教学模式。

交际法和人文性大纲都包括了文化内容，只是前者的文化教学较为肤浅，只涉及与语言和语言使用相关的文化内容，忽视了社会文化环境和学习者个人文化背景在外语教学中的作用；后者的文化内容虽然较之要丰富、自然得多，但是，其目的仍然是促进语言教学，因此文化在外语教学中仍处于辅助、次要的地位，文化教学自身的价值和独立性没有得到重视。只有跨文化外语教学才真正认识到文化教学不仅对语言学习必不可少，而且也是跨文化交际能力培养和学习者个人综合素质发展的必经之路。将文化教学提高到与语言教学同等重要的地位是跨文化外语教学的创举，跨文化外语教学大纲即充分体现这一特点。

（二）跨文化外语教学大纲的特点

跨文化外语教学大纲的特点可以归纳为以下几点。

1. 文化与语言互为目的和手段，共同构成外语教学的基础内容

文化是语言存在和使用的环境，通过学习语言形式和语言使用中所蕴含的文化内容，语言学习能更加全面深入，真实生动。语言教学材料因为文化内容的全面渗透而被置于一个真实的、丰富多彩的文化环境之中，拉近学习者与学习对象之间的距离，使学习个人化、自主化，有利于刺激学习者外语学习的积极性，促进外语交际能力的提高。从这个意义上来说，文化学习的目的是更好地学习语言，文化学习是语言学习的手段。这种观点得到了很多外语研究者和教师的认可，并在外语教学中广泛实施。然而，在跨文化外语教学中，这只是一个方面。

语言是对文化的反映，语言学习必然是文化学习。语言学习的目的是习得目的语，掌握一个新的交际工具，它同时也是为了开阔眼界，学习者通过学习和使用目的语，学习和体验目的文化，并在此基础上接受跨文化培训，培养跨文化意识，获取跨文化交际能力。所以说，语言学习是文化学习的手段，而文化学习是语言学习的最终目的。

值得一提的是，母语和本族文化在这一教学过程中起着重要的作用。它们虽然不是教学的主要内容和目的，但是在培养语言意识和文化意识，进行文化对比时，母语和本族文化的作用不可轻视。而且，根据跨文化外语教学的标准，反思并更好地理解自己的民族文化和个人的文化参考框架也是教学目的之一，因此制订大纲时应该考虑这一点。

2. 文化教学与语言教学有机结合

这是对前一点的继续说明。处于同等重要地位的语言与文化内容的有机结合贯穿外语学习各个阶段（初级、中级和高级）、各个环节（教学计划、课堂教学和教学评估与测试等）和各门课程（听、说、读、写等）。虽然根据学习者的语言、文化和认知水平，在不同阶段语言和文化的学习会各有侧重，但是，就外语教学整体来说，两者处于同等重要的地位。正因为两者天生不可分割的关系，它们在实际教学中也应该是你中有我，我中有你。当然，语言与文化在外语教学中

的有机结合并非易事。教学内容的膨胀和不熟悉的教学要求往往会使缺乏经验的教学设计者难以兼顾，顾此失彼。这就要求大纲制订者、教材编写者和教师培训者等各路专家广泛合作，充分研究语言与文化在教学中结合的途径，将研究结果转换为实用的、操作性强的、系统化的大纲、教材和培训项目，给教师以足够的准备和实实在在的帮助。

跨文化外语教学的目标是通过小学、中学、大学，甚至持续到大学毕业后的外语教学和社会实践来实现的，这是一个连续的、一贯制的学习过程，在这个过程中有很多因素会对教学成果产生影响，其中各阶段教学目标的确定、课程设置、教学活动、教学方法、教学原则、教材、测试和教师等因素起着决定性的作用。

第二节 跨文化英语教学的原则与方法

一、跨文化英语教学的原则

一般来说，教师是教学的主要执行者，是教学的主体，韩愈所说的"传道、授业、解惑"就是对教师的主体作用的精辟描述。但是在跨文化英语教学中，教师的主体作用得到了不同阐释，学习者的中心地位凸显出来，英语教学也因此呈现出不同的特点。这些特点集中表现于以下四条教学原则。

（一）以学习者为中心，以引导学习者进行自主学习为主要教学模式

学习者是教学过程的真正主体，教师的教学、教材的编写和教学方法的设计和选择都必须围绕学生的实际需要进行。在跨文化英语教学中，不仅学习者的英语语言学习需要受到应有的重视，在整个教学过程中，他们对母语和本族文化的体验和理解、对目的文化和其他文化的态度、个人综合素质的提高，包括立体思维方式的形成和跨文化交际能力的培养，甚至对整个人生的态度等很多与学习者的过去、现在和未来密切相关的主题都是教学设计和教学活动的考虑因素。就教师而言，引导学习者进行自主学习是其主要任务，虽然知识的传授和规则的讲解仍必不可少，但教学的中心应转向学习者自主学习能力的培养。这一点对于跨文化英语教学来说非常重要，原因之一是当今世界信息爆炸，知识不断更新，培养终身学习的思想，掌握独立学习的方法成为教育界普遍关注的一个趋势。另一个原因是跨文化英语教学的目标和内容相对于传统的外语教学而言扩大了无数倍，而教学时间基本不变，不可能有大幅度的增加，因此学习者在校期间有很多教学内容无法接触和学习，教师只有通过"授之以渔"的方法，才能确保教学目标的最终实现。这也是为什么将学校后的英语和文化学习也纳入整个教学体系的原因。以学习者为中心、以学习为中心的思想在后面几条原则中也都有体现。

（二）语言教学与文化教学有机结合

语言和文化在跨文化教学中互为目的和手段。英语发展成为国际通用语的动因之一是跨文化交际日益频繁，来自世界各地、各民族、各文化群体的人们需要这一通用语作为沟通和交流的媒

介，因此英语学习的目的之一就是进行有效的跨文化交际。而且，由于英语语言学习本身涉及文化的学习，所以我们完全有理由说，英语语言的学习是文化学习的手段，文化学习和跨文化交际是英语学习的目的。反过来，文化学习为英语语言学习提供丰富多彩、真实鲜活的素材和环境，大量文化材料引入英语教材和课堂，不仅使英语学习生趣盎然，且是英语交际能力培养的重要保证。总之，跨文化英语教学包含语言教学和文化教学两个相辅相成、不可分割的方面。

所以，在教学设计和课堂教学中语言教学和文化教学必须有机结合。这种结合体现在外语教学的各个阶段、各个环节和各门课程。虽然，根据学习者的认知水平和学习需要，在不同阶段和不同课程中，语言和文化各有侧重，但是在跨文化英语教学中没有单纯的语言课或文化课，只要具有这种意识，总能找到两者的结合点。

（三）从实用主题过渡到间接、抽象的意识形态领域

不同年龄层次的学习者在认知水平、情感发展和经历、经验上都有很大的差别，这必然会导致教学内容和教学方法的不同。一般情况下，对于年龄较小的学习者来说，与他们的生活和学习息息相关的、具有可比性的、具体的、直观的教学材料较为合适。随着学习者认知水平的发展、心理承受能力的增强和人生体验的增加，语言和文化教学内容的深度和广度也就逐渐扩大到一些间接的、复杂的、需要进行抽象思维的意识形态领域。就文化教学而言，这种相关性和适合性的原则更至关重要。跨文化交际能力的培养是一个漫长而复杂的过程，在这个过程中，由于学习者对母语和本族文化理解和体验是学习过程中不可缺少的一部分，学习者在学习外国文化的同时，还处于一种自我认识、自我反省、自我批评、自我完善的状态之中，任何与他们的经历和认知能力相距甚远的教学内容和过程都将背离以"自我"与"他人"比较对照的文化学习原则。

（四）平衡教学内容和教学过程的挑战性

任何教学活动都涉及教学内容和教学过程两方面。为了取得最大的教学效果，内容的安排和过程（即教学活动）的设计必须考虑对学习者的挑战和支持程度。理想的教学应是挑战和支持得到很好的协调，如果内容复杂、难度较高，那么教学活动或过程就应相应降低难度，给学习者较多的支持；相反，如果内容简单、难度较低，教学活动就应具有较高的挑战性。只此，才可保证学习者能从教学中得到最大的收益。否则，复杂的教学内容若被置于挑战性很强的教学活动中，学习者就会有很强的恐惧心理和挫折感，不利于调动他们的学习积极性；相反，若内容简单，教学活动又缺乏挑战性，那么学习者的学习潜力不能得以发挥，他们也会觉得乏味，学不到东西。

处理好教学内容与过程，挑战与支持之间的辩证关系是跨文化培训的一个重要理论和原则，它对于跨文化英语教学来说同样适用。

二、跨文化英语教学的常用方法

近年来，随着跨文化培训和英语教学的蓬勃发展，文化教学方法和语言与文化结合教学的方法层出不穷，首先介绍几种常用的文化教学方法，然后对如何在实际教学中将文化教学与语言教学有机结合进行探讨。

（一）文化教学的常用方法

文化教学方法大都是由跨文化培训专家通过实践，结合社会学、文化学、教育学和心理学的相关理论研究开发出来的。目前，广泛使用的方法归纳起来有以下几种。

1. 文化讲座

讲座作为传授知识的一种有效手段，对文化教学来说是必不可少的。跨文化交际能力的培养需要学习者了解和掌握相关文化知识，如文化的本质特点和功能，文化包含的内容和范畴，不同文化的价值观念和习俗规范等，都可通过讲座形式传授给学习者，不同文化主题构成一系列的文化知识讲座，有利于学习者进行系统文化知识的学习。但文化讲座提供给学习者的大都是间接经验，且大量冗长的讲座往往会使学习者感到厌倦，故在设计讲座时，应力求简明扼要、生动有趣，还要辅以其他方法强化讲授内容。

2. 关键事件

通过分析跨文化交际中实际发生的、具有典型意义的失败案例，说明跨文化交际中误解产生的原因，帮助学习者了解不同文化在某方面的不同期望和表现。具体做法是，首先对来自不同文化背景的交际双方产生的误解情境进行描述，然后给出4个解释误解产生原因的选择，让学习者据自己的理解进行选项，如果选错，就请他们再选，直至选对为止。由于这些案例通常来自真实的交际，对学习者来说应非常有趣，且这些案例具有代表性和启发意义，能刺激学习者在阅读案例和选择答案时进行思考，有利于跨文化敏感性的培养。

3. 模拟游戏

这是一种亲身体验式活动，旨在挑战假想，扩大视野，促进自身能力的提高，学习者通过模拟游戏可感受一些自己尚未经历过的情境，从中获取经验和认识，这对文化学习者至关重要。

以上各种方法虽然以跨文化能力培养为主要目的，但是经过变通和再设计也可以与外语教学有机结合，成为跨文化外语教学的方法。

（二）文化教学与语言教学有机结合的方法

除以上文化教学的各方法外，还可在促进教师和学习者改变教学观念的基础上，通过对传统外语教学方法和手段进行改革，开发出一些将文化教学与英语语言教学有机结合的方法。

1.通过文学作品分析来进行文化教学

文学作品分析是语言教学的一个常用手段，中国很多英语教学活动都是通过分析和欣赏文学作品进行的。文学作品蕴含丰富的文化内容，语言形式和文化内容在此得到完美结合，因此在文学作品分析的过程中同时进行语言教学和文化教学不仅是可能的，且是必要的。实际上，传统的语言教学在分析文学作品时并未避而不谈文化内容，只是教师没将文化教学列入教学目标，文化内容的讲解服务于语言教学的需要，处于一个从属、次要的地位。要改变这一现状，我们必须在确定教学目的和目标时，考虑文化教学的需要，使文化教学内容和语言教学内容并列成为教学关注的对象，利用文学作品是语言和文化完美结合进行跨文化外语教学的优势。

2. 词汇教学与文化教学的结合

任何语言的词汇都承载着丰富的文化信息，每个词所包含的文化内涵是任何词典都无法穷尽的。如"早饭"（英语：breakfast；法语：petit-déjeuner）一词在汉语、英语和法语中，不仅表达形式和发音不同，且其文化所指也不尽相同。此外，不同语言的词汇还反映说话者不同的价值观念。正因词汇及词汇的使用具有浓厚的文化特点，我们在进行词汇教学时不能只停留在词汇的意思和用法上，还应介绍词汇包含的文化内容，尤其是要呈现词汇在真实文化语境中具体使用的情况。就目前的外语教学而言，词汇教学中文化教学的潜力没有得到充分挖掘，教师通常呈现给学生的都是从词典下载的词义解释，很少能将词汇所蕴含的文化意义介绍给学生。另一问题是学习者在学习生词时通常处于被动接受状态，致使他们所学的词汇成为一组僵化的符号，无法在真实的交际活动中加以运用。我们在对词汇的本意、比喻意义和文化内涵进行全面介绍的基础上，还应将它们置于真实的文化语境中进行操练，让词汇知识转换成词汇使用能力。例如，我们教描写人物的形容词时，除介绍词义之外，还可选择一些来自本族文化或目的文化的、真实的历史或当代人物，用此类形容词对其进行描述，也可让学习者用此类形容词描述自己。这样做，学习者既可学会此类描写形容词的词义，也能了解它们的文化内涵，还有机会接触来自不同文化背景的历史人物故事。显然，这种词汇教学方法将词汇教学与文化教学有机结合，不仅使词汇学习生动有趣，且将文化学习落到实处。语义场的使用也是词汇教学与文化教学有机结合的一种手段。例如，学习breakfast早餐这个英语词汇时，教师可以将相关词汇（鸡蛋、牛奶、面包、咖啡等）同时写在黑板上，并利用多媒体手段，呈现实物图片，播放美国早餐片段，并对词语进行文化对比，让学生用英语讲述自己的早餐习惯。这样的词汇教学方法一定比传统的词典内容介绍式的方法更为有效，同时又达到了文化教学的目的。

3. 阅读教学与文化教学的结合

阅读教学被认为是最容易与文化教学联系起来的教学活动之一，因为只要我们选择那些包含文化内容的阅读材料，即可实现语言教学与文化教学的有机结合。然而，事实并非如此，目前很多阅读教师并不能很好地利用阅读教学的这一优势进行有效的文化教学，或因受传统的以语言形式为中心的教学思想的影响，或因对目的文化知之甚少，阅读教师致力于提高学生阅读速度和阅读理解能力的同时，关注的是语音、语法、词汇、句型和翻译等语言学习内容，在很大程度上忽视了阅读篇章中蕴含的文化信息，即使谈到相关文化的某些内容，通常也不是以增强学生的文化能力为目的，而是为了帮助他们更好地理解篇章本身。总之，目前外语阅读教学并没有将文化教学列入自己的教学目标和内容，因此有关文化讨论也不是真正意义上的文化教学。

要真正实现阅读教学与文化教学的有机结合必须在确定教学目标和教学内容时考虑文化教学的需要，在实际教学中可通过设计读前和读后任务，将学习者的注意力吸引到篇章内容上，进行相关文化的讨论和学习。例如，在阅读一篇关于美国饮食文化的英语文章前，我们可以提出一系列有关学习者本族文化中饮食习惯的问题，让他们进行读前热身，然后建议他们在阅读文章时注意美国饮食文化与自己的饮食习惯的异同，读完文章后，学习者在回答有关美国饮食文化的相关问题的同时，进行文化对比。教师对语言点的解释可插入到讨论中，也可以在这些文化教学活动结束后，但不能让语言形式的学习压倒篇章内容的理解和文化内容的讨论。

4. 听说教学与文化教学的结合

阅读有利于学习者学习和了解相关文化知识，听说活动则使他们有机会切实感受跨文化交际过程，提高交际能力。无论听，说，都必须以内容为基础，因此内容的选择和安排至关重要。我们首先要保证听说的材料和主题必须真实，具有代表性，能够真实反映目的文化或本族文化的不同侧面。其次，在跨文化英语教学中，由于英语教学和文化教学同等重要，所以在编写听说教材时不仅要考虑学习者的语言水平和语言学习的需要，还应注意文化内容的系统性，即将语言教学的需要与文化教学的需要结合起来作为选择和安排教学材料和内容的依据，使学习者系统地学习文化知识，增强文化能力。当前的英语听说教学虽然比较重视材料的真实性，所选材料基本上都具备文化教学的价值，但是在文化内容的选择和组织上比较随意，缺乏系统性，这实际上也是整个外语教学不能最大程度发挥其文化教学功能的主要原因。

此外，跨文化英语听说教学应充分利用多媒体教学手段，这不仅有利于提高学习者进行语言交际的积极性，更是跨文化交际能力培养的需要。日益发展的多媒体技术为在英语教学中进行文化教学开辟了新的道路，它可以将各种跨文化交际情境真实地呈现给学习者，让他们有一种身临其境的感受。图文并茂、音像俱全的听说材料使学习者的各种感官受到刺激，特别有利于从情感和行为层面上培养他们的跨文化交际能力。

语言与文化在教学中有机结合的方法不仅限于以上，随着跨文化英语教学思想不断深入人心，相信更多更好的方法将会被开发和应用。然而，在此我们必须强调教师和学生转变教学观念的重要性，要真正做到语言教学和文化教学的有机结合，教师和学生必须认识到外语教学应该承担双重任务：既要促进学习者外语交际能力，又要帮助他们培养人文素质，形成立体、多维的思维方式，成为跨文化的人。只有在这一前提下，我们才能确保跨文化外语教学思想得到有效贯彻和实施。

三、民族文化学的参与观察法在跨文化英语教学中的应用

民族文化学的研究方法俗称参与观察法，是文化人类学和社会学经常采用的研究方法，近年来在其他社会科学领域也得到了广泛的应用。简而言之，这是一种实地考察的方法，研究者与研究对象同吃同住，对他们进行参与性的观察，从"圈内人"的视角来分析、描述某一群体的社会和文化活动。随着跨文化交际研究和跨文化英语教学思想在美国和欧洲的兴起和发展，这种方法逐渐被应用于跨文化培训和外语教学，拓宽了跨文化外语教学的渠道，成为一种语言与文化学习和个人综合能力培养的有效方法。

（一）民族文化学参与观察法的特点

作为一种文化研究方法，参与观察法主要有这样一些特点：研究者既是参与者，又是观察者；

与研究对象之间既亲密无间，又保持一定距离。正是这种特殊的身份使他们能够完成对目的文化各个层面或某些层面的研究。此方法是一种具体的、从实践到理论，而不是抽象的、从理论到实践的研究方法。研究者置身于目的文化群体之中，与人们进行广泛深入的交流，自然而然了解目的文化，得出关于目的文化的某些结论。它以具体文化为研究对象，属于具体文化研究，而不是文化普遍理论研究。

（二）民族文化学参与观察法对英语教学的作用

参与观察法被引入外语教学的直接动因和先决条件是文化作为外语教学有机组成部分的地位得到普遍认可，外语教学的目的既是提高外语语言能力，也是增强跨文化意识和跨文化交际能力，同时还是培养学习者独立学习和立体思维能力，提高综合素质。在这一前提下，以参与观察为主要形式的民族文化学的研究方法在外语教学中就展现出其得天独厚的优势。

总之，跨文化英语教学与传统的英语教学在教学目标和教学内容上的不同决定了其教学原则和方法的不同。跨文化英语教学既关注外语教学的语言文学目标，又重视外语教学的社会人文目标，它在教学原则和方法上与传统外语教学最大的区别在于以下几点：

第一，语言教学与文化教学有机结合，语言与文化互为目的和手段。英语语言的学习是文化学习的手段，文化学习和跨文化交际是英语学习的目的；文化学习为英语学习提供丰富多彩、真实鲜活的素材和环境，是英语交际能力培养的重要保证。语言教学与文化教学的结合贯穿外语教学的各个阶段，各个环节。

第二，自主学习能力的培养和文化学习方法的探索是跨文化英语教学的重要内容。语言的学习和文化的学习都是一个终身学习的过程，学习者不可能永远依赖老师进行学习。跨文化交际能力的培养尤其需要学校教育与社会实践相结合，因为学习者离开学校进入社会后，有很多继续学习和亲身实践的机会，这些机会很好地弥补了学校实践教育的不足。只有在学校教育期间帮助学习者提高自主学习的能力，掌握文化学习的方法，他们才可能在离开学校后能利用各种学习和实践机会，进一步提高自己的跨文化交际能力。

第三，跨文化英语教学特别重视调动学习者的各种学习潜能和机制，充分利用各种教学手段多层次、多渠道地进行教学。跨文化交际能力的培养过程就是学习者的认知、情感和行为不断变化的过程，它需要学习者积累知识，转变态度，调整行为，发展技能。这种学习要求只有通过开发和应用多种教学手段才能得到满足，日益发展的多媒体网络技术为此开辟了新的途径。

第四，跨文化英语教学重视学习者本族文化的作用，并将认识、反思和丰富本族文化作为教学目的之一。比较和对比是实现这一教学目的的主要方法，学习者在英语语言学习和文化学习过程中，不断地将本族文化现象与其他文化的相关现象进行比较和对比，形成对本族文化的再认识。

跨文化英语教学虽然采用说教式的知识传授法与体验探索式的教学方法并用的教学方法，但是后者的作用非常明显。民族文化学的参与观察法就是一种典型的体验探索式的学习方法，是跨文化英语教学的一个重要特色。

第三节 跨文化英语教学中的教师与学生

一、外语教师与文化教学

在外语教学中进行文化教学已有很长的历史,文化教学对于外语教师来说并不陌生,他们或是因自己的认识和感悟,或是迫于教学大纲等外部环境的要求和规定,都有意、无意地以不同方式从事着文化教学。然而,即使在文化已在大纲中被明确确定为外语教学的内容和目标之一的国家和地区,文化教学的现状也令人担忧,其他国家和地区的状况就更不用说。这种担忧主要体现在教师对文化教学的态度、理解和实践都无法满足跨文化外语教学的需要。来自不同国家和地区的一系列调查研究报告有力地证明了这一点。

大多调查都发现这样一有趣现象:很多外语教师对文化教学的理解和认识与他们实际的教学有很大的不同。他们对文化教学表示强烈支持,且也意识到文化教学有诸多好处,愿意采用各种手段和材料进行文化教学,但在实际教学中,他们却似乎完全抛弃了这些理解和认识,仍按传统的教学观念和教学方式进行语言教学。

二、跨文化外语教学对教师的要求

跨文化外语教学的目标是在提高学习者外语交际能力的同时,培养他们的跨文化意识和跨文化交际能力,进而培养他们多视角、立体的思维能力和综合素质。其基本特点是充分挖掘外语教学的文化教学功能,将外语教学与文化教学有机结合、融为一体。显然,扩大了的教学目标和教学内容对教师提出了新的要求和挑战。一般来说,外语教师除具备良好的外语语言功底外,还应掌握三方面的知识和能力:外语学习理论、外语教学法、课堂教学实践。

外语学习理论是关于外语学习的本质、过程和规律,是指导教师进行教学的理论基础。外语教学法知识帮助教师理解教学目标和内容,了解各种教学方法的优劣,是学习理论和课堂实践间的桥梁。课堂教学实践则是对教师具体教学活动安排和实际课堂组织能力等方面的要求。

由于跨文化外语教学增加了文化教学层面,强调跨文化意识和跨文化交际能力培养,所以以上对外语教师的要求显然不够。那么,除这些条件外,跨文化外语教学要求教师还应具备哪些素质呢?下面从知识、能力和态度三方面来回答这个问题。

从知识层面来看,外语教师应:掌握普遍文化知识,即文化的基本概念、构成、特点及其对社会和个人的作用;掌握一定的具体文化知识,即了解目的文化、本族文化和其他文化群体的特点和彼此间的异同;理解语言与文化和社会间的相互作用,特别是目的语在不同社会文化背景中的使用情况;理解跨文化交际能力的概念和意义,了解导致跨文化交际困难和失败的因素。

从能力层面来看,外语教师应:在课堂和课外其他跨文化交际场合,用目的语进行恰当有效的交际;合理利用教材和其他真实的语言文化材料,引导学生关注文化内容,刺激他们对文化问题的思考；善于设计和组织课堂活动，将学生自己的文化体验与教学内容有机结合，创造更多的体验式学习机会；采用多种不同的文化教学方法和手段，全面、深入地传授文化知识，培养文化能力；将外语教学与文化教学有机结合，通过教学材料的选用、教学活动的设计有意识地引导学习者既注意语言能力的提高，又关注文化能力的培养；以培养能力为主，引导学习者摸索学习方法，掌握独立学习的能力，促进学习者自主学习。

从态度层面来看，外语教师应：敢于面对挑战，尝试新的教学思路和方法；愿像学生一样，不断学习和探索外国文化，反思本族文化和自己的文化参考框架及言行；愿与学生分享自己的学习体验和跨文化交际体验，即便是失败的经历；尊重学生，对不同文化行为和思想不妄加评判，永远保持一种宽容、理解和移情的态度。

三、文化教学培训

培养一名合格的外语教师并非易事，他（她）不仅需具备良好的语言功底和交际能力，且还要懂得学习者的认知心理、情感特征和教学规律，同时最好具有丰富的教学经验。这一切不可能在短短的几天、几周或几个月内完成。实际上，一名教师的培养过程从他（她）学习外语的第一天就已开始，经过学校教育的不同阶段，一直持续到他（她）走上讲台前的业务培训，甚至还延续到上岗后教学经验的积累和各种在岗培训。就基础教育对教师培养的作用而言，我们稍加反思就会意识到我们目前采用的教学模式和方法或多或少受到了以前我们自己的英语教师的影响。中国外语教学之所以长期以来一直无法摆脱以语法和词汇为中心的传统教学方法，在一定程度上是因为这种方法代代相传，从一开始就被教师根深蒂固地植于学习者的脑海。由此看来，基础教育是培养合格教师的关键，我们必须从现在开始让学生接触新的教学思想和教学方法，同时鼓励他们不断创新，只有这样才能最终改变因循守旧的陋习，为他们日后成为教师接受新观念、探索新方法打好基础。

（一）培训目的和内容

由于培训可分为岗前培训和在岗培训，教学方法培训和教材使用培训，短期培训和长期培训等多种不同类型和不同内容的培训，所以我们不能指望教师经过某一次培训就能完全掌握教学要领，对教师的培训应定期、有系统地进行。培训不是针对某一具体的教学环境和教师群体，而是以文化教学为主要考虑因素。

（二）教师文化教学培训的方法

1.文化意识和文化教学意识的培训

文化教学培训的一个根本特点就是"使隐含的东西明确化"。这就是说，文化、文化差异以及外语教学的文化教学潜力都已客观存在，现在最重要的是让教师意识到它们的存在和作用，即要提高教师的文化敏感性和文化教学的意识。在这样的敏感性和意识的基础上，教师的文化知识积累和文化能力以及文化教学能力就会突飞猛进。

2. 文化知识的培训

就文化概念和知识的学习而言，文化人类学提供了最为全面、科学的阐述，理应成为外语教师培训的一门必修课。文化人类学是一门历史悠久、理论基础雄厚的社会科学，它无论是在文化理论研究上，在具体文化描述上，还是在文化研究方法上都已形成了较为完善的体系，是外语教师获取相关文化知识的可靠来源。当然，外语教师学习文化人类学不是为了成为人类学家，因此也就没有必要穷尽其所有内容，只需利用文化人类学的部分研究成果，以获取对文化相关概念更清楚的理解，对相关文化群体更全面、深入的了解，同时借鉴其中的一些文化研究和探索的方法。对文化人类学研究成果的筛选和选用应由来自不同领域的专家，如外语教学研究者、文化学家、跨文化交际研究者、教师培训专家等合作完成，综合各方意见，选择那些教师需要掌握的理论和信息作为培训的内容。

除文化人类学可成为教师文化知识培训的主要科目外，社会学和跨文化交际学的研究成果同样是教师培训应关注的内容。语言、文化、社会和交际之间复杂的关系，在这两门学科中有着更清晰的描述。对于师范院校的准教师而言，如果能在高年级开设专门的文化学、社会学和跨文化交际学课程最为理想。但就大量从非师范院校毕业，却选择成为外语教师的准教师而言，花费很多时间专门讲述这些科目的内容，显然不现实，只能依靠教师培训工作者精心挑选和准备培训内容，以系列讲座的形式传授给受训教师。

3. 文化能力的培训

相对而言，文化能力的培训比文化意识和文化知识的培训更为复杂和困难，因为它不仅涉及教师的认知心理，更与他们的情感和行为有关。这里所说的文化能力包括教师的跨文化交际能力和文化学习探索能力。

跨文化交际能力的培训可从文化冲撞开始，目的是让受训者通过经受心理和情感上的震荡，对跨文化交际中存在的文化冲突有强烈的感性认识，培训者趁机向受训教师介绍跨文化交际中的困难，然后自然过渡到对如何克服这些困难的探讨。教师培训者一方面可通过讲座或让受训者阅读相关文献等方法来帮助他们了解跨文化交际的本质和文化冲撞产生的根源及其特点和过程，使他们从理性上认识积极调整心态、不用自己的文化框架判断他人、努力适应对方交际方式的重要性；另一方面还可通过看录像、观察和分析成功与失败的跨文化交际案例，来吸取好的经验，防范交际误区。此外，培训者还可向受训教师布置跨文化交际实践的任务，如到外企见习、到外国人家做客，通过观察、访谈和体验来增强对跨文化交际的认识，提高跨文化交际能力。最后，还可让所有受训者一起分享各自的跨文化交际经历和体会。值得注意的是，在整个培训过程中，培训者应反复强调反思的重要性，受训者正是通过不断学习、不断体会、不断反思才能有效地增强自己的跨文化意识和跨文化交际能力。

文化学习和探索能力培养是本着授之以渔的目的，帮助受训教师掌握一套文化学习的方法，使他们能够对遇到的新的文化现象和文化群体进行探索研究，这种能力也是这些受训教师今后对学生进行文化教学的目标之一。文化学习和探索能力首先建立在敏感、勇敢、宽容和善于移情等情感态度的基础上。缺乏敏感性，对任何文化现象熟视无睹，想当然地认为人皆相同，这些都是文化学习的障碍。其次，面对陌生的文化环境，很多人选择逃避和退缩，而善于学习和探索的人则会勇敢地尝试和体验，积极参加各种有利于自己了解该文化群体的活动。与不同文化背景的人相处，宽容和移情是不可或缺的素质，具备了这两种素质就能避免误解和冲突的发生，文化学习和探索才可能顺利完成。

作为一种文化学习和探索方法，参与观察法可被用来对任何一个文化群体进行深入的文化调查。理想条件是离开自己熟悉的文化环境，融入一个陌生文化环境中，对该文化群体的某些文化侧面进行探索和学习，并通过与该群体的人交流，获取跨文化交际的经验，摸索跨文化交际的规律，从而提高跨文化交际能力。对于中国外语教师和学习者而言，这样理想的环境也许不存在，但是，教师培训者同样可以利用国内现有的外国文化群体或不同的亚文化群体的资源，进行参与观察文化研究方法的训练和实践。虽然环境有所不同，但基本原理和技巧基本相同。

在教师培训中，培训者首先向受训教师介绍参与观察的文化研究方法，通过各种手段帮助教师弄清这种文化探索学习方法的宗旨、特点和注意事项。然后由受训教师自行设计并完成至少一次文化探索任务，并在这一过程中记录自己的学习体会以督促自己反思学习体验，同时也为以后与其他同事分享经验和感受提供资料。一次这样的学习任务是以一篇全面、透彻的调查报告为终结，报告内容包括本次调查研究项目的目的、方法、结果以及经验总结，其中很大篇幅应该是对调查对象某些文化现象的详尽描述。

接受过以上培训的教师应该在个人素质上为文化教学做好了准备。他们还需要接受一定的文化教学培训才能胜任跨文化外语教学工作。文化教学培训同其他教学培训一样主要是从大纲、教材和教学方法几个方面着手。大纲培训是帮助教师理解教学目标、教学内容和教学评估标准等，是教师准备教案，设计教学活动的基础。教材培训是针对某一特定教材，就教材使用的方法进行培训。教学方法培训最为普遍，文化教学的方法很多，每一种方法都有其优点和缺点，每一种方法都有其独特的技巧，这些都是教师培训时的必要内容。

（三）反思教学和课堂教学研究

近年来，反思教学和课堂教学研究成为外语教学和教师培训研究文献中出现频率较高的术语，它们作为教师培训和教师自我发展的方法已经受到越来越多教学研究者和教师的重视。对于跨文化外语教学来说，课堂教学研究的作用更是不可低估。

课堂教学研究也是促进教师教学水平提高和教学效果改善的一种方法。教师针对自己教学中遇到的问题，利用自己掌握的教学理论知识，根据自己的经验，通过自己的努力，寻找解决问题的方法，在此过程中记录自己的体验，反思自己的态度和做法，并与其他同行进行交流。根据研究，课堂教学研究有五大特点：它解决的是研究者及圈内人士切实关心的问题；它要求系统地收集资料，反思实践；它通常是以本校、本地的教学为研究对象，规模较小，重点观察教学方法变化所带来的结果的变化;它常采用的是定性分析法,对教学事件和过程进行描述;它的研究成果包括对问题的解决以及教师个人业务水平和当地教育实践和理论水平的提高。

由于这样的教学研究与教师的教学实践联系紧密,因而具有很大的实用价值。对于接受岗前培训的教师来说,进行课堂教学研究培训有利于他们培养反思教学和课堂教学研究的意识,掌握反思教学和课堂教学研究的方法,从而使他们获取一套不断提高业务水平的、灵活高效的方法,增强他们对今后教学工作的信心。一旦他们正式走上讲台,在学校及教育管理者的支持和帮助下,他们就可以充分利用课堂教学研究和反思教学来提高自己教学的效果,同时也促进其所在区域整体教学水平的提高。所以,课堂教学研究应该成为教师培训的一项重要内容。

四、学习者自主学习能力的培养

当前外语教师培训的另一热门话题是教师如何培养学习者自主学习能力。所谓自主学习,简单地说,就是指学习者控制和管理自己学习的能力,它是一个复杂的概念,包含多个层次,在不同的社会文化和教育环境中呈现不同的形式。

(一)自主学习的背景、含义和意义

1. 自主学习研究的背景

自主学习的思想早在18世纪就已萌芽,法国哲学家卢梭的"自然教育"理论强调了学习者对自己学习负责的重要性,实际上就等于提出了自主学习的思想。他认为:自主学习的能力是人天生就有的,但是这种天赋却受到后天学校教育的压制。这一思想对后来的很多教育学家产生了影响,成为解放学习者、将他们重新送回到教学主体位置的现代教学思想的动因之一。

2. 自主学习的含义

自主学习就是控制和管理自己学习的能力,也就是对与学习各个方面相关的决定负责,它包括目的的确定、内容和进度的确定、方法和手段的选择、学习过程的监控以及学习的评价等。

从本质上来说,自主学习是一种独立学习、批评反思和自我决策的能力。它要求学习者发展一种与学习过程和内容相关的、特殊的心理,这种独立的能力表现在学习者的学习方式上,或表现在他(她)将所学东西迁移到更加广阔的领域的方式上。

3. 培养自主学习能力的意义

学习者自主学习能力的培养成为外语教学的中心议题是与跨文化交际日益频繁、知识和信息日新月异、经济和教育全球化不断深入的当今世界形势分不开的,面对这样的形势,培养跨文化交际能力、独立学习能力和终身学习的思想成为教育的首要任务之一。外语教学作为跨文化交际能力培养的重要阵地,理所应当承担起这一重任。

(二)教师和学生的角色

自主学习不是一种新的学习方法,也不是一种新的教学方法,它是对学习和教学本质的修改。学习不再是简单地听讲、记笔记、做作业、复习、预习、考试等;教学也不再是单纯地传道、授业、解惑。学习者的被动地位得以打破,以学生为中心、以学习为中心、以任务为中心的教学思想取代了以教师为中心、以教学为中心、以教材为中心的教学思想。那么,这种转变是否意味着教师的教学变得轻松,而学生的学习压力不堪重负呢?对这个问题的最好回答就是分析教师和学生在这种教学模式下的作用和他们之间的关系。

1. 教师的角色

自主学习要求学生除参与确定学习目标、学习内容、学习进度、学习方法、学习评价外,还要对自己作为一个学习者的感受和经历进行反思和理解,关注学习过程,摸索学习方法。对学生所提出的这些"额外"的要求,实际上也是对教师的要求。只有具有自主学习意识和能力的教师才能培养出能够进行自主学习的学生。教师在教学中如果能表现出以上特点和自信,就会感染学生,将这种独立意识和自信传给学生。有意识、有计划地进行自主学习能力培养是教师的主要任务之一。在这种教学思想指导下,教师扮演的角色应该是合作者、顾问、协调者和对话者。

2. 学生的角色

就学生而言,自主学习使得他们从对教师和教材的依赖中解放出来,成为自己学习的主人。这种从被动到主动地位的变化要求学习者在教师的引导下做到:制订学习计划、监控学习过程、反思并修正自己的学习态度和方法、评价学习结果。自主学习要求学习者具有较强的学习意识,重视学习目标实现的过程和方法,通过这样的意识和对学习过程的关注,学习者增强了对学习、学习者和学习过程的理解,掌握了学习的规律和方法,从而提高了自己独立学习的能力,为自己承担起学习的责任做好准备。

调查显示,目前中国外语教师和学生的观念以及他们的教学能力和学习能力与跨文化外语教学的要求相距甚远,所以有必要进行教师和学生培训。

第四节 跨文化英语教学中的测试与评价

测试和评价是两个相关的教学术语,有时甚至被互换使用。实际上,它们的区别是明显的。测试是通过使用一种工具,如试卷,对被测试者的知识和能力进行一次性的衡量,其结果通常以数字或分数形式给出。如我们熟悉的各门课程的期中、期末考试,英语四、六级考试等都是不同类型的测试。评价通常是对评价对象在一段时间内的学习过程和进步情况的评价,近年来教育界开发和应用的作品集评价法、真实评价法和行为表现评价法为我们提供了更全面、更真实了解学生学习过程和成果的途径。与测试不同,它依赖多种评价手段,不仅包括一些测试,而且更注重学习者在学习过程中所付出的努力和取得的进步。

一、从客观定量测试法到定性分析评价法

跨文化外语教学将文化确定为主要教学目标和内容之一,因此在课程开发、教学设计和测试评估中都应该体现这一新的目标和内容。然而,目前中国外语教学界在这方面所做的尝试和努力相当不足,除一些关于英语国家概况的文化知识测试外,多数测试和评估都忽略了对学习者文化

能力的测评,甚至在美国和欧洲一些文化教学及文化教学研究历史较长的国家和地区,文化测试和评价也是困扰外语教师和研究者的一大难题。虽然这个问题已经引起了重视,但是文化测试、评价研究和实践仍然是文化教学最薄弱的环节。

(一)文化测试的主观性和复杂性问题

文化测试之所以长期以来一直是文化教学的主要障碍之一,是因为文化的主观性和复杂性导致文化测试和评价的设计及实施极为困难。测试的基本标准是信度和效度,客观和公正,一旦涉及文化,测试与评价的客观性几乎不可能存在,因为文化是人的主观认识和体验,它不如对语言形式那样容易制定客观、可操作的评判标准。

从文化测试和评价的内容和标准来看,文化几乎无所不包,无时无刻不在起作用。文化教学的内容既包括文学、艺术等人类文明发展史,也包括社会学和文化学关注的人们的态度、习俗、日常活动、思维方式、价值观念和参考框架等。文化不仅对社会具有规范、调控和凝聚作用,而且对个人的所思、所想和所为具有指导和制约的作用。文化测试和评价如何涵盖这些内容,体现这些功能,是一个复杂、艰难的问题。另外,文化测试和评价的标准也是一个难以确定的问题。任何文化都是一个抽象的概念,它是由无数的亚文化群体构成,这些不同文化群体由于主观认识和体验的差异不可能形成统一的文化认识和表现。所以,在文化测试和评价时采用谁的标准也是一个棘手的问题。

正因为存在主观性和复杂性的问题,一些学者甚至想放弃文化测试和评价,因为他们认为,如果不能解决这些问题,只是从形式上片面、肤浅地对文化学习进行测试反而会挫伤学习者的学习积极性,甚至对他们的文化学习起到误导作用。

然而、文化测试的主观性和复杂性不能成为放弃文化测试和评价的理由,测试和评价毕竟是教学不可缺少的重要环节,一旦放弃对文化教学内容进行测试,那么就等于放弃文化教学本身,这样一来,文化将继续保持其在外语教学中"二等公民"的地位,它仍将作为语言教学的附属品而存在,这显然不符合跨文化外语教学的宗旨。此外,对文化教学内容的测试和评价是检验教学方法、教材和教学效果的重要手段,同时也是刺激学生文化学习积极性的重要手段,毕竟为考试而学习的思想永远不可能完全消失。所以,加强对测试和评价的研究势在必行,它应该成为跨文化外语教学的攻关项目。

(二)从客观定量测试法到定性分析评价法

当外语教学从 20 世纪 50 年代以语法、词汇和阅读为中心的教学模式发展到七八十年代以交际能力为目的的教学模式时,测试也逐渐从强调认知理解和规则记忆的纯语言测试发展到包括听、说、读、写各种能力,强调语言使用和交际能力的测试。这种测试内容的改变在很大程度上促进了学习者语言能力的综合发展,但是,与纯语言测试一样,目前所使用的很多测试仍采用客观、量化的传统形式,如选择题、正误判断题、填空题等。这些测试形式将语言和文化知识技能分割成易于准备、量化和分析的、独立的考试项目,具有客观、科学、公平和高效等优点。但是,随着教育研究的不断发展，这些传统的测试形式越来越受到质疑和抨击。

总之，传统的测试形式有其特有的优势，在大型的、需要标准化测试的情况下仍然具有一定的实用价值。但是，它们对评价学习者的学习过程和学习结果却存在很多不足和偏差，在很大程度上对教师的教学和学生的学习起着误导作用，影响了整个教学活动。

二、文化测试和评价的内容

测试和评价是对教学目标和内容的反映，文化测试和评价就应以文化教学的目标和内容为基础，确定测试和评价的内容。测试之所以是目前文化教学最为薄弱的环节，最难解决的问题主要有两方面：其一，缺乏一套与真实文化能力密切相关，同时又能够被观察、分析和评价的教学目的；其二，测试和评价的思想和方法陈旧，需要更新。

（一）文化测试的相关研究

文化本身的复杂性和文化理解的主观性决定了文化测试和评价是一项极为困难的活动。正因为如此，如何将文化细分成可操作的评价单位和内容，同时又不遗漏重要的文化教学内容至关重要。

将文化能力分解为文化知识、文化理解和文化行为进行测试和评价是一种很实用，又易于准备和操作的方法，对于文化教学刚刚起步、文化教学研究尚未成熟的国家和地区不失为一个好的开始。遗憾的是，它主要测试的仍是学习者对文化信息的了解（如业余爱好、交通等）和一些简单的、关于日常生活的行为习惯（如打招呼、告别等），忽略了很多重要的文化教学内容，特别是跨文化意识、跨文化交际能力和文化学习能力等，因此具有很大的局限性。

（二）文化测试和评价的内容

确定评价的内容是评价的第一步。虽然，文化学习的内容无论从广度还是从深度来说，都难以界定，但是通过前面各章的论述，它还是有章可循的，在一定程度上也是可以描述的。综合以上来自外语教学和跨文化培训方面各位专家的研究成果，根据自己的理解，文化测试和评价应包括以下内容。

1. 具体文化层面

知道有关目的文化的历史、地理、政治和社会等宏观层面；理解目的文化在其社会各种场合的功能，在语言使用中的体现，在个人生活中的作用，这是文化的微观层面；理解并能解释目的文化的世界观、价值观和信念及其对人们日常生活和工作的影响；知道并能理解目的文化与本族文化的差异；使用目的语言和以上相关文化知识与来自目的文化的人们进行有效、恰当的交流。

2. 抽象文化层面

对文化差异具有敏感性，能够用不同的文化参考框架去解释文化差异；能够灵活应对不同文化，与来自目的文化和其他文化群体的人用英语进行恰当、有效的交流；掌握文化探索、学习和研究的方法。

以上关于文化学习测试和评价内容的论述表明：丰富的内容要求测试和评价的形式多种多样。文化学习贯穿小学、中学和大学，我们应该根据不同阶段语言和文化教学目标和特点的需要，对以上测试和评价内容进行选择，做到重点突出。此外，由于文化只是跨文化英语教学中的一部分，文化教学测试和评价必须与语言内容的测试和评价结合起来，形成一个整体。这一点在很大程度上取决于测试和评价的方法和手段。

三、文化学习的测试和评价方法

（一）文化知识的测试

文化知识是对文化信息、模式、价值观念和文化差异的认知理解能力。文化知识可分为普遍文化知识和具体文化知识，宏观文化知识和微观文化知识。普遍文化知识涉及文化学、社会学等学科的研究成果，外语学习者需要了解文化对于社会、交际、民族和个人的作用，这些抽象的文化知识已经得到文化学家和社会学家全面、成熟的论证和梳理，测试起来并不困难，传统的笔试基本就能满足需要。相较而言，其他几个方面的文化知识不仅对外语教学更加重要，而且也因为较为复杂而需要得到更多的关注。

宏观文化知识的测试与评价在外语教学中已经有相当长的历史。有关目的文化的历史、地理、宗教、艺术等客观文化事实，长期以来一直作为外语教学的背景知识在各种测试中得到认可，尤其是英语专业的综合水平考试常常包括对宏观文化知识的测试。宏观文化知识也可称为被动文化知识，与主动文化知识形成对照。具体文化的微观层面的知识是外语教学关注的重点，因为它直接影响人们的语言交际和非言语行为，是一种主动文化知识。所以，对这些主动文化知识的测试通常采取情境化的题目设置方式，将测试任务置于具体的交际语境中，使学习者在回答问题时将文化知识与实际交际场合的需要联系起来，体现他们所掌握的是鲜活的、主动的文化知识。

总之，与情感态度和行为技能层面相比，文化知识的测试并不困难。关键在于对文化教学大纲中确定的文化知识的教学内容进行全面细致的分析，细化成具体的测试项目，然后，根据所测文化知识的特点（主动文化知识还是被动文化知识）来确定测试的形式。

（二）情感态度的评价

情感态度是跨文化交际能力的重要组成部分，学习者只掌握相关文化知识，不在情感和态度层面同步发展，就不可能提高跨文化交际能力。然而，就测试和评价而言，由于涉及学习者的心理和情感，这一层面被认为是文化学习测试和评价的最大困难所在。情感态度并不是测试和评价的禁区，通过上述各种方法，我们可以在一定程度上了解学习者的情感态度，因此弥补了文化教学中情感层面由于难于评价而得不到重视的遗憾。只要我们认识到其必要性和可行性，必定能开发出更多、更好的情感态度测试和评价方法。

（三）文化行为的评价

文化行为指的是在交际过程中交际参与者表现出来的那些受文化影响的行为，这些文化行为往往通过语言和非言语行为表现出来。文化行为的评价可以采取一些传统笔试的形式进行，但更有效、更真实的评价方法应该是真实、直接的行为表现评价法。

文化行为测试的笔试形式包括选择、判断、问答等。我们可设计很多类似的笔试题型，通过情景描述和模拟现实的任务设置方式来测试和评价文化行为,但是无论情景描述和模拟现实如何具体,笔试永远是一种间接的测试手段,其真实性难以得到保证。行为表现评价法因此而得到重视。

行为表现评价法主要是企业人力资源部门用来评价员工工作表现所采用的方法,一直是管理学研究的一个重要课题。20世纪90年代以来,建立在行为主义学习理论基础上的传统测试方法,特别是标准化测试,不能满足外语教学培养外语交际能力的目的,因此以建构主义学习理论为基础的行为表现评价法越来越受到外语教学研究者的青睐,成为当今外语学习评价的一个新趋势。行为表现评价法的目的是评价学习者应用知识去解决问题和分析问题的能力,其根本出发点是:如果想知道一个人能做什么,那么最好的办法就是让他做给你看。一个人或许懂得很多与游泳相关的知识,但他未必就会游泳,我们不能单凭他所具备的理论知识来断定此人一定会游泳。只有让他下水表现一番,才能判断他的游泳技能。实际上,目前很多企业或项目组在录用和选拔人才时,都采用了行为表现评价法,如聘用教师时要求试讲,新进员工都有试用期,等等。

将行为表现评价法应用到外语教学中的最大好处在于:它比传统的测试和评价手段更直接、更真实,更能反映学习者的语言应用能力。外语学习的最终目的不是掌握外语语言知识,而是提高外语交际能力。选择、填空等传统手段对于测试学习者的语言知识非常有效,但语言知识的学习不是外语学习的本质,只有通过基于任务或基于项目的行为表现评价法,才能真实地评价学习者的外语交际能力。采取这种评价方法的另一个好处就是它能对我们的课程设计和课堂教学起到正确的、积极的反哺和指导作用。

(四)作品集文化学习评价法

真实性和可靠性是任何测试和评价都必须遵循的原则。真实性是对测试内容和形式是否反映教学目的的衡量,真实性高的测试和评价不仅包括了所有应评价的内容,而且它所采用的方法和形式能够真正评价要评价的内容是否能反映被测试和评估者所掌握的知识和能力,这些是测试和评价必须达到的基本标准。可靠性是关于测试和评价结果的连续性和一致性,要求一个测试和评价工具在不同时间、不同地点使用时产生的结果一致,通常用数据来表现。真实性和可靠性的原则为文化测试和评价手段的设计和使用提供了重要依据。下面就从真实性和可靠性的角度分析一种综合性的文化测试和评价方法——作品集文化学习评价法。

作品集作为一种评价手段在美国等西方国家已经有相当长的历史。现在,作品集评价法已经广泛应用于美术教学外的其他很多领域,特别是写作、阅读、教师培训等。中国的教育测试和评价机构也开始意识到这种评价方法的优势,并开始了这方面的研究和尝试。虽然,就目前来说,考试成绩仍然起着主要的、决定性的作用,作品集只是参考,但这是一种方向,相信在不久的将来,随着教育改革的进一步深入,教育观念的进一步更新,这种综合评价的方法一定会在中国兴盛。

作品集评价法是一种典型的形成性评价方法。教师和学生以学生在一段时间内(通常是以学期、学年或阶段为单位)按照教师的要求或根据自己的需要,完成的一系列系统、有序的作业、研究报告、学习日记、测试等"文件"为基础,对学习者付出的努力、进步的情况、学习的态度、学习的方法和成就的多少进行评价。无论从评价的依据还是评价的目的来看，这都是一个较为全面、可靠和真实的评价手段。

作品集评价法是一个用途广泛的、人性化的评价方法，符合当今以学习者为中心、以建构主义学习理论为基础的教育理念。就文化学习评价而言，作品集评价法更是起着重要的作用，一方面因为测试和评价一直是阻碍文化教学的主要因素之一，将作品集评价法应用到文化教学中能够在一定程度上弥补这一缺憾；另一方面，作品集评价法特别适合对文化态度、文化知识和文化行为的综合评价，而且适用于文化教学的各个不同阶段。

综上，从测试与评价的本质出发，分析了目前外语教学测试和评价的现状和问题，在比较传统的客观定量测试法与定性分析评价法的基础上，论述了定性分析评价法对于外语教学，特别是文化教学测试和评价的重要意义，可得出结论：①文化测试的主观性和复杂性决定它更应该采用定性分析评价法，如真实评价和表现评价等形式。②定性分析评价法注重对能力和学习过程的评价，可以对认知、心理和行为多个层面进行综合评价，且有利于学习者参与评价过程，进行自主学习。③文化测试和评价的内容包括具体文化和抽象文化两个方面以及文化知识、文化意识、文化态度和文化行为等多个层面，所以采用的评价方法和手段也应该多种多样。④文化知识的测试基本上可以采用填空、选择、判断等传统的客观题形式，重要的是将学习者应该掌握的文化知识全面、系统地通过各种测试手段予以体现。⑤对文化行为的评价既可以采取笔试形式，通过设置模拟现实的任务让学习者书面应答，也可以通过直接观察学习者真实的行为表现来进行评价。两种方法各有所长，应有机结合。⑥作品集文化学习评价法是一种对学习者文化学习过程中知识、情感和技能发展情况综合的、人性化的评价方法，符合以学习者为中心、以建构主义学习理论为基础的现代教育理念，特别适合文化学习评价。

第五章 大学英语教学中跨文化交际能力的培养

第一节 跨文化交际能力培养的认知体系

　　大学英语跨文化教学中的认知体系，包括对于目的语民族也就是英语民族的文化知识、自身价值观念等方面的意识。在大多数学者专家的观点中，跨文化交际能力指的是语言使用者能在目的语言的文化情境中得体恰当地使用目的语进行交流沟通，并能用目的语言的思维习惯、感知方式去理解、表达自己看待事物与世界的观点与看法，从而形成新的体验世界的能力。具体就大学英语的跨文化教学来说，认知也就意味着对教学理念、教学目标以及教学过程中的一切看似矛盾但又各自密切相连的关系的处理，以及教学原则的确立。

一、树立正确的教学理念

　　教学观念的更新、教学认识的提升，对当前的大学英语跨文化教学及其面临的改革具有十分重要的意义。就目前我国整个大学英语跨文化教学的现状来看，跨文化教学的提出仍然属一种较为前沿的教学观点。而管理我国大学英语教学的教育行政部门，他们的思想意识将直接影响我们的大学英语跨文化教学的改革与发展。基于此，当前我国的大学教育行政管理部门，应有战略性的眼光与视野，充分借鉴、学习西方欧美一些国家比较先进的跨文化经验，从更高的战略性目光来看待我国需要进行的跨文化教学所具有的时代意义，明确大学英语跨文化教学的内涵与目标，以便更好地制订出同我国当前的国情及教学实况相符合的大学英语跨文化教学的目标、原则和方法，为我们当前的英语教学提供更为明确的目标与方向。

　　在大学英语跨文化教学过程中，最为首要的是教师必须先明确自身教学理念更新的重要性。在进行大学英语的跨文化教学过程中，始终坚持"语言教学与文化教学相结合"的教学方式，分别从语言意识、语言学习、文化意识以及文化经历四个相互紧密相连的层面着手，将母语文化在大学英语学习过程中的正迁移作用充分发挥出来。其次，教师对于自身素质的要求，不能仅仅将

第五章 大学英语教学中跨文化交际能力的培养

自己定位于一个传授知识的教书匠的位置，而应注重对自身各方面能力的培养，努力使自己成为一名学贯中西的学者型教师。如我国的大学者朱自清、钱钟书等，他们无不是学贯中西、精通文史哲的学者型人才，他们不仅拥有着超越一般人的外语交际能力，同时，由于他们对中西方文化的贯通，才奠定了今天他们在中国文学史上的地位。

此外，大学英语跨文化教学过程中，除教师教学理念的更新与教师自身文化素养的培养与提升外，大学英语跨文化教学的文化理论框架的构建也是一个必须明确并需要进行进一步深入分析、研究的重要课题。

如上文所述，这些年大学英语跨文化教学过程中的体验教学成为这一领域学者专家关注的重点内容与目标。在学习的过程中，学习者将自己所体验到的内容进行消化吸收，并将其内化为自身知识储备的一个组成部分，能灵活自如地将其运用到实践中去加以检验。体验式教学理论的提出对教学理论产生的影响是极为深远的，尤其是在教学理念方面。正是因为体验式教学理论的产生，才使我们的教学从被动接受式逐渐转向主动体验式。

体验式教学模式对教师在教学过程中提出的要求是：根教材课文内容，为学生创设出尽量逼真的文化学习情境，使学生在这种较为逼真的教学情境中去体验、去感同身受目的语的文化内涵，从而达到学习跨文化内容的目的。在这一过程中，学习者在获取与课文内容相关知识的同时，能有效地开阔自己的理论视野，对理论知识的应用能力也能得到进一步提升。这种体验式教学模式能使学生身临其境地去感受、体验课文内容中的情境，从而培养他们创新实践的能力。

大学英语跨文化教学中的体验式教学是以建构主义理论为发展基础的。建构主义理论认为，学习的过程就是一个建构的过程，建构主义理论比较强调学习者学习的主动性与积极性，倡导突出学习者的主体作用。而教师在建构主义看来，应是处于一种协助者、促进者的位置，而并非像过去的英语教学模式中教师始终处于一个知识灌输者与提供者的位置。从教学方法来看，建构主义有着多种多样的教学模式，其中情境创设和协作学习从始至终贯穿于各个教学环节。在建构主义教学理论架构中，学习者不再只是被动的信息接收者，而是通过情境创设与协作，来积极主动地建构起自己对于所学知识的意义框架的主动建构者。同过去那种教师作为课堂教学主导的教学模式相比较，体验式教学模式更为强调的是学生在教学过程中的中心主体位置，将学习者的自主学习看作是最为重要的，认为这更贴近学习者对所学知识进行内化的学习认知规律。对课文内容进行真实语境的创设与模拟，将学生带入所学内容的情境中，能更大程度地激发出学生们的学习热情与参与学习的积极性。学生们能在这种虚拟的语境中体验、感受、发现语言应用技巧及使用规则，并能将其运用到真实情境中加以检验。

大学英语跨文化教学的体验式教学很好地体现了英语教学的新进展，既符合以往的交际教学法的原则，同时又体现了任务教学法的特点。此外，体验式教学法突破了时空的局限性，特别是当下飞速发展的高新科技如多媒体、互联网等的广泛运用，为大学英语进行体验式教学提供了更为丰富的体验渠道。充分将这些高新科技的发展成果运用到大学英语跨文化教学过程中，不仅增加了英语学习的趣味性，同时在学生运用过程中，其思维与感官都会受到不同程度的刺激，学习的积极性、主动性、趣味性都被最大限度地调动起来，从而真正实现快乐学习、记忆语言文化知识内容的效果。

　　文化并非一成不变的、静态的存在，而是一个随着社会的发展自身也不断得以发展和更新的动态的存在。过去发生过的事情，可能会对语言的表达含义形成一定影响，反过来，语言的意义，又会影响到未来可能发生的事情，而未来可能发生的事情与经历，则又会对语言的意义产生影响周而复始、循环往复。且随着社会的不断进步与发展，世界各民族的思维方式、价值理念、生活方式、社会规范等，都会相应地发生改变。因此，这就要求我们教师在进行大学英语跨文化体验式教学的过程中，将教学的中心置于学生身上，应明白教师不再是教学的中心、知识灌输者，应将学生视作整个教学的主体，增强学生的文化体验学习，培养学生自主学习、积极主动的进行文化积累与分析的能力，提升学生的文化敏感性，从而实现学生对文化差异性与自觉性的敏感度的提升。

　　在大学英语跨文化教学过程中，我国各大学要确保其理论体系的完整性，以一种全新的教学理念、清晰的教学思路来促进课堂内外的跨文化体验教学，从各个层面多角度、多方位地采取措施，以加深教师对于大学英语跨文化教学过程中的认知度，从而使其能够更好地投入跨文化教学的工作中。

二、明确合理的教学目标

　　新的教学要求意味着我国的大学英语教学提升到了一个新的境界，在这一新的目标的规定下交际意识和文化能力都得到了一定的强调与重视。

　　大学英语跨文化教学的目的是培养英语学习者在进行跨文化交际时能够用得体的、合适的英语民族的语言进行交流的能力。因此，这就需要学生必须对目的语的词汇中极为丰富的文化内涵有所了解与认识，这样才能更好地掌握目的语的使用规则。经验表明，相较于结构规则而言，语言的使用规则则要显得更为重要。在跨文化交际中，若仅依靠正确流畅地运用语音、语法、语调是不够的，这根本就无法保证跨文化交际的顺利进行。大学英语的跨文化教学不仅仅是帮助学习者认识了解到英语民族的人们观察世界的方式和思考问题的方式，还能够协助学习者运用英语民族的视角与思维方式来表达其所看到的事物、行为习惯等，以便他们真正学会用得体的语言与方式同英语民族的人们顺利地进行跨文化交际。

　　此外，除一定的应用能力的培养外，对于异域文化的敏感度以及容忍度，在很大的程度上也决定着跨文化交际的成败。学习者不仅要对异域民族的生活习惯、思维方式、认识模式以及合作态度等有所认识与了解，更需要对自己的交际对象所拥有的文化背景与风俗习惯等有着一定的敏感度与包容性。在跨文化交际过程中，交际者最容易犯的一个错误便是以自己母语文化的视角去审视目的语的民族文化与思维习惯，而不去深入探究隐藏在文化表象背后的深层内容。因此，这就需要教师尽可能多地为学生创造一些真实的文化体验情境，通过直接的感受引导学生们对隐藏在文化背后的深层含义进行更为深切的解读与理解。同时，还可以通过参加培训班等多种方式来拓宽体验渠道，引领学生们用目的语的文化思维去进行思考判断，以更好地提升学生的文化敏感性、包容性以及对不同民族之间存在的文化差异进行处理的灵活性，从而确保跨文化交际的顺利进行。与此同时，对于学习者来说，在他们对外来异域文化进行吸收学习、借鉴的同时，也能够将自己本民族的优秀文化传统传播出去，从而成为贯通中西方文化的学者型人才，这既是当前外语教学面临的趋势，同时也是大学英语进行跨文化教学的最终目的所在。

跨文化交际能力的培养是大学英语教学目标中面临的新任务，从这一目标中可看出，英语社会功能的进一步演变是顺应全球经济、政治、文化一体化发展态势要求的，是体现英语社会功能的一个层面，充分表现了大学英语教学所具有的社会功能服务性的一个层面。但是，这一大学英语教学的新目标的制订与确立，也对大学英语教学提出了新的要求，更新大学英语教学理念、改革外语教学的体系，这已经成为当前大学英语教学必须面对的问题与挑战了。

三、正确处理大学英语跨文化教学应面对的三种关系

（一）本土文化同英语文化的关系

在全球一体化的大发展态势中，英语被作为"世界普通话"而普遍应用。作为具有"世界普通话"通用语之称的英语，首先必须具备两个层面的含义：第一，必须是由全世界的英语使用者来共享的；第二，包含着各种具有地域特征、文化特征的本土化表达方式。

中国作为世界大国，拥有世界上学习英语人数最多的人口。对于中国的英语学习者来说，一方面，是希望能通过英语的学习更为广泛地认识世界，了解世界，同时，也希望通过英语将中国介绍给世界各国更多的人，使大家能更好地认识中国。因此，英语的学习与交流是一个双向互动的过程。但在我国的现实情境却是英语民族的文化引领了中国社会文化的很大一部分潮流，就如镌刻有英语民族文化标签的肯德基、麦当劳，还有影视业的好莱坞大片，乃至一些英语民族文化中的传统节日——圣诞节、情人节，等等，这对中国人以及中国人的生活，都产生了很大的影响。更为甚者，一些人的英文名字也同其所处的社会地位联系起来。

现在的大学英语教学中，强调了英语民族的文化与价值观，却忽略了对本民族文化传统的传播与发扬，特别是在大学英语学习的过程中，中国本土母语文化极为单薄。以至于在进入跨文化交际过程中时出现了交际者对中国特有的文化传统表达困难。由此可见，在大学英语跨文化教学过程中，如何才能更好地解决本土母语文化与英语民族文化之间的关系，是大学英语跨文化教学极为重要的一个课题。

要想解决这个问题，首先，需要教师和学生对本土母语文化的学习给予足够的重视。语言不仅仅只是一个民族的特征，还蕴含着这一民族的历史文化背景、人生观、价值观以及思维方式等深刻内涵。对中国人来说，汉语是从出生时候就伴随着的母语，在母语的环境氛围中，中国人从小就形成了东方民族汉语式的认知方式，因此，在跨文化交际过程中，宣传发扬具有中华民族特色的优秀文化，每一个汉语民族语言的人都责无旁贷。

其次，必须承认"中国式英语"存在的客观现实，并要有意识地将"中国式英语"提升到国际交流的水准。就目前来看，英语作为"世界普通话"被世界各族人民广泛使用，因此在被用的过程中必然会受到各民族文化的影响，从而形成一些不同类型的英语变体，其中，"中国式英语"就是现象之一。在使用"中国式英语"时，有几点必须要注意的问题是：第一，"中国式英语"的使用一定要具有相当的可接受性，中国人在用英语表达具有中国特色的事物时，尽量要用英语民族的思维方式与语言习惯来进行表述，使其能够被英语民族的人接受；第二，用英语来对具有中国特色的节日文化进行适当的表达，如清明节、中秋节、端午节等；第三，当在跨文化交际过程中发生源于民族文化的矛盾冲突时，要尽量用英语民族的思维方式来进行解释，使其成为英语民族能够接受的表达方式，并能被其理解，从而实现跨文化交际顺利进行的目标。

最后，在编写英语教材时，也要适当地加入一些中国传统文化作为英语学习的素材，而不是全部照搬西方传统与西方价值观念的文章做学习素材。在大学英语跨文化教学课堂上，教师可有意识地将英语民族的文化同母语文化进行对比分析，对两种民族文化不同的文化背景、语言形式进行深入探讨，以加深学习者对于两种民族文化之间存在异同性的对比认识，从而在更高的程度上加深学习者对语言文化不同的理解与认识。同时，还要善于利用母语文化的正迁移作用来帮助学习者更好地掌握英语。

总而言之，在全球一体化的发展大势下，大学英语跨文化教学要十分注意对于母语文化与英语民族文化关系的平衡处理，在教学过程中导入英语民族文化传统的同时，也不能忽视对母语文化的学习与宣传。跨文化交际是一种双向的交流过程，大学生完全可通过英语的学习，来培养自己的跨文化交际能力、国际理解能力，从而寻求自己在全球化、多元化发展态势中的发展方向。

（二）英语功用性与人文性的关系

语言是人类用来进行交际的工具，同时还是一个民族文化的承载者，语言的集中体现着某一个语言群体的文明成果。就此而言，作为语言之一的英语，同样具有人文性与功用性的双重价值。从功用性层面看，英语作为人类用来认识世界、与世界进行沟通的工具，具有实用功用性价值。从人文性层面看，英语作为人类文明成果的传承者，对于人类社会的文化传承、人文教学与人格塑造等方面都有很大作用。在大学英语跨文化教学过程中，学生通过人文学习语言，再通过语言学习人文，在一种潜移默化的氛围中受到感染熏陶，暗示引导，从而逐渐形成一定心理积淀，进而能形成质文相宜的人文素养。

在当今中国社会，英语作为一种同世界进行沟通交流的手段与方式极为流行，究其主因，即英语具有使用价值。简单地说，一个人的英语水平，直接同他升学、晋级、留学、就业等密切相关，甚至在某种程度上还关涉到一个人的社会地位。而在一个存在着激烈竞争的商业社会中，由于经济飞速发展带来的后果就是人们将追求物质财富作为社会的普遍价值，现代的人们更倾向于用一种急功近利的标准来衡量判断事物与行为。在这样大的背景下，中国人的英语学习热潮自然是同他们急于求成的就业、升职有着密不可分的关系。英语具有的用性，在大学英语教学中占据着极为重要的位置，以至于很多大学的英语语言文学教学专业也在突出强调语言课程的功用性，而要求淡化语言文学性。培养学生的人文素养，已经成为当前我国教学的首要任务。

大学英语教学过程中所设置的各种考试与量化标准，也许可用来对学生的学习知识技能进行检验考核，但很难真正对学生的人文素养进行判断。不得不强调的是，我们必须对英语教学具有的功用性给予足够的重视，但同时，也必须对英语教学具有的人文性给予相当的关注。英语所具有的功用性同社会的经济紧密相连，但人类社会同时还包括政治、文化等多方面的内容，是一个复杂的整体。尤其是在全球化发展的背景下，各种文化形式不断碰撞与交流，中国与外来社会的交际越来越全面多元化，其中文化就是主要的一个交流项目内容，且对国际间的交流起着重要的推动作用。

21世纪是一个全球一体化、多元化发展的时代，在这伟大的时代，我们的大学英语教学不仅需将关注的目光投注在英语语言技巧与知识的教学中，同时一定还要注重对于英语语言民族所包蕴的深邃的文化内涵的教学，以便培养学生们的跨文化交际能力，对异域文化的敏感性、包容性以及跨文化交际所需具备的价值观与国际理解能力。作为21世纪国际一体化背景中的公民，需具备一定的能同具有不同文化背景、来自不同政治制度、不同社会国家的人进行交际的能力。学习者学习英语的主要目的之一就是希望通过这种国际通用语言开阔视野，了解其他国家的社会历史政治文化，了解中国同世界先进发达国家之间存在的方方面面的差异，从而推动生命个体在世界多元化发展过程中的生存与发展。因此，我们应在大学英语课程中，积极提倡对英语语言文化素养的培养与文化课程的开设，通过大学英语的文学、文化课程的开设，引导学生进行人文意识、人品分析，进行人文素养的渗透，从而使英语学习的功用性与人文性相统一。

（三）语言教学与文化教学的关系

在外语教学中应融入文化教学，主要是因为：第一，在与运用另一种语言的人进行交际时需用到的不仅仅是这一民族的语言知识技巧，同时对这一民族语言的文化习惯与期望值的理解也有着一定的依赖性。第二，跨文化作为一种素质培养，本身也是现代教学的一个目标。若学习一门外语却不能对其深邃的文化内涵有所理解，那么，所有的努力就显得有些徒劳了。任何一个民族的文化传统与生活方式乃至于宗教习惯、民族心理，都有其固定的思维模式，而这一切的形成，都同语言的积累传承有着密不可分的关系。

语言同文化有着密不可分的关系，学习语言的过程就是对所学语言的文化进行学习的过程。任何一种民族语言的身上，总是体现着这一民族的文化传统。综观语言同文化的关系，语言不仅是文化的体现者，还是文化的组成部分。一个民族的语言是同其文化相对应的，语言与文化彼此紧密相连，共同作用。

因此，学习一种语言时，不理解文化就很难理解语言；如果要很好地理解文化，则需具备良好的语言基础。扎实的语言基础是理解文化深邃意蕴必备的条件。当然，对于语言同文化的这种密切关系，现在学生与老师都有一定的认识与理解，即良好的语言基础对提升跨文化交际具有很

/83/

大的作用。在跨文化交际中，语言能力与文化素养是两个必备的素质。

不过，在具体的大学英语教学实践中，语言与文化彼此相依的紧密关系仍然没得到很好的实践应用。在教学实践过程中，一般比较重视语言的知识技术性，足够地重视英语学习的文化性，语言与文化成了隔离状态。且长期以来，学生的学习与老师的教学重点都停留在语言的语法、词汇教学考试层面，很少就语篇的整体结构、学生跨文化交际的素养给予关注，也即在大学英语跨文化教学过程中，处理好语言与文化的关系就显得极为重要。具体原因如下：

第一，语言与文化的教学应是一个同时共进的过程。教师在进行语言教学的同时也不能忽略文化教学。具体表现就是语言学习机制和文化学习机制同步进行，相互协调，在学习第二语言时，往往形成一种"自我疆界"。另外，要知道文化的学习就是为了超越盛言所谓的"自我疆界"，或者是至少要使这种"自我疆界"有所拓展，从而使两种语言的文化在接触时不会产生障碍。学习者能真正以目的语的思维方式、目光视野来对问题进行思考、认识、理解，真正达到移情的理想境界，从而获得全新的"自我认同"。

第二，语言教学与文化教学相互依存、互为条件。要想对一种文化有深入了解，必须先对这种文化的语言有深入的认识与掌握。同时，若想更好地掌握一种语言，那么就必须对这一语言的文化有深入的认识。没有语言的文化教学，是无源之水；没有文化的语言教学，则是枯燥乏味的。若从培养学生的能力素质层面看，只重视语言的讲授而不进行文化的蓄养，学生能学到的只有机械的语言知识与技巧，根本不可能进行合适得体的跨文化交际。文学教学对于拓展学生们学习语言的深度与广度具有重要的意义，能极为有效地提升学生学习语言的效果。

第三，语言教学和文化教学又是相互兼容、不可分离的。语言和文化是一个整体，无论语言教学运用哪种教学方法，都离不开一定程度的文化教学。据现代教学理念的观点，语言教学只有同文化教学成为一个有效的整体，这才是真正意义上的现代教学。

四、大学英语跨文化教学原则

在大学英语中进行跨文化教学，最终目的就是培养学生的跨文化交际能力。即是说，大学英语跨文化教学的目的就是实现学生在文化知识认同与理解方面的交际能力。这种交际能力分为处理语言的信息能力与调节语言的活动能力。其实在大学英语跨文化教学过程中，最为核心的部分就是价值取向与原则的问题。这是英语学习认同与交际的重要内容，也是跨文化交际必须遵循的原则。

（一）以学生为中心的原则

大学英语跨文化教学，是以学生为中心的教学，学生的需要是教师进行课堂设计与内容教学的重点所在。虽然对于语言知识的讲授仍然是课堂设计必不可少的内容，但是教学的重点却应是对学生自我学习能力的培养。教师在整个语言知识技能教学过程中，从始至终关注的重点都应是学生的自主学习能力。课堂上，学生是主体，师生共同进行跨文化体验，一起领悟目的语的文化，在共同的体验过程中建构起对于英语民族的意义领悟。值得注意的是，大学英语跨文化教学过程中，无论是课堂设计还是教学活动安排，都要将可能对学习者形成影响的各种因素考虑在内。这些因素中不仅包括语言知识技能，同时还有对该民族文化体验与感受的心理建构过程、认同程度以及个人综合素质的提升等多方面、立体化的思维方式与跨文化交际能力的形成与培养。因此，相较于过去传统的教学方式来说，跨文化教学无论是其教学目标还是教学内容都有了极大的拓展。可在此过程中，大学英语教学的时间并未有所增加，因此对于学生们的自主学习能力的培养就显得格外重要。

（二）多层面合作原则

据加德纳的多元智能理论，人的智能机制可分为以下几种，即个人智能，又分为内省智能、社交智能与音乐智能；学习智能，又分为逻辑智能与语言智能；表达智能，分为身体运动智能与视觉空间智能；自然智能。智能机制在各个方面的表现因人而异，这时就需教师能对学生的智能机制进行充分的认识与挖掘，找出其智能发展的优势所在，帮助学生在这几种智能优势发展中找到平衡点，尽量使学生们能扬长避短，做到这几种智能优势的相互配合。建构主义理论认为，学习者在学习过程中的参与度与认可程度是学习效果提升的首要先决条件。在学习过程中师生之间以及学生之间的相互合作，对于智能优化具有极大的作用，因此，多层面合作原则在大学英语跨文化教学过程中就显得非常重要。

（三）渐进性原则

任何一门学科，都有其自成一体的学科体系。因此，教师在安排教学时要根据学科以及学生自身的特点，不同阶段安排不同的教学内容，与学生的思维特点和发展规律相契合。根据一定的逻辑性，按照学生的认知惯性即从易到难的过程，由简入繁，由浅入深，从形象到抽象，最后再到辩证思维的顺序，记忆的安排也要遵循着由机械到理解的记忆发展过程，使文化教学内容的安排有一个从简单、具体的文化事件到具有一定概括性的文化主题的过程以符合文化知识内容本身发展的逻辑性与系统性，使其符合各个不同层面的文化内容的系统性与序列性，从而使学习者对于文化内容的知识有一个从感性的体验与认识逐渐过渡到理性的体验与认识的过程，进而帮助学习者全面系统地理解英语民族的文化知识内容。

（四）传授式与体验式相融合的原则

传授式教学模式主要是通过讲座、讨论等方式来进行知识技能的传授，从而使学生的认知能力与理解能力得以提升。这种教学方式最大的缺点就是学生处于一种被动接受文化知识内容的状态，学习缺乏主动性，学生们不能在学习态度与行为层面有更进一步的发展。相较于传授式教学模式而言，在体验探索式教学模式中，学生则具有一定的主动性与积极性，学生成为学习的主体与中心，师生通过创设一定的情境让学生们在跨文化教学中感受、体验目的语的文化，从而在各个层面受到刺激，来弥补传授式教学的不足。

当然，这是两种各有所长的教学模式，不能因为一种而放弃另一种，而应将两种教学模式更好地融合起来，从而使教学方法更加灵活多样，既有跨文化知识内容的讲解与本源传授，又有学生对于跨文化知识内容真实的体验与感受。但不管运用什么样的教学模式，都必须充分考虑学生们的理解接受能力并遵循语言文化学习规律。最初，学生们对于跨文化的体验具有一定的直观性、具体性，能与他们所置身的日常生活紧密相连，然后再慢慢向抽象的、理性的层面过渡，多渠道、多层面地进行学习，总而言之以习得英语语言的整体性为其终极目的。

（五）反思与比较原则

跨文化英语教学最为鲜明的一个特点就是在同其他异族文化进行比较的过程中，将本民族的文化从语言学习的背景中显现出来，形成一种跨文化的氛围。在这种跨文化的学习环境中，有利于形成学习者在联系本民族文化与语言的同时，提升其学习英语民族语言文化的积极性与主动性，使学习者对于所学的英语语言与文化方面的知识内容有更为深入、牢固的理解与记忆，从而实现灵活应用的目的。

大学英语跨文化教学的另一个目的就是，使学习者对于跨文化交际过程中可能发生的矛盾冲突与解决方式有一定的了解与处理能力，学生们在对英语民族的文化知识内容进行学习的过程中，能对本民族的母语文化知识内容进行反思，从而对两个民族之间的文化差异有更为深入、全面的理解与认识。也就是说，学生在进行大学英语跨文化学习后，能形成一定的文化辨别能力与敏感性，能对语言文化与交际文化做出正确的区分，能对英语民族的语言文化的表层与深层内容有一定的认识与理解，能对语言差别和非语言差别做出正确的区分。理解认识语言形式与意义之间存在的差异性，能对词汇的文化内涵、习惯用语的一些背景知识以及一些语法知识、语言风格、表达差别做出对比分析，总而言之，就是能将中西方语言文化方方面面的差异性都融入跨文化学习之中。

因为本民族的文化是学习者在一种潜移默化的状态中不知不觉地学习到的，根本不需要进行特别的思考与刺激，即大家很少对本民族的母语文化进行反思。而对本民族的母语文化时刻进行反思，对消除文化民族中心主义思想具有很大作用，使学习者能对自己的价值观念与文化思维方式等进行较为客观的认识与分析，进而形成开放的、灵活的思维习惯与思考方式。因此，在大学英语跨文化教学过程中，教师应当将学生对本民族母语文化的认识和理解作为一个重要的教学内容进行教授。在教授过程中，反思与比较是常用的教学方式和手段。

（六）因材施教原则

在大学英语跨文化教学过程中，学生的个人思维方式、价值观念、文化体验方式等是极为重要的影响因素，这些因素是进行大学英语跨文化教学的基础，因为，大学英语跨文化教学必须以学习者原有的文化经验为基础，在对本民族的母语文化与英语民族文化的比较过程中来加强学习者的跨文化意识。

因此，在进行大学英语的跨文化教学过程中，教师必须对于学生个体的价值观念、思维方式、个体的体验以及文化背景等有一定程度的认识与理解，万不可对学生个体性的文化素养、体验感受或者是思维方式、价值观念等区别对待，甚至歧视，最好的教学方式就是能根据学生个体的不同体验感受、个性文化的特点因材施教，制订不同的教学方式，设计不同的教学方案以适合学生的个体发展。

第二节 跨文化交际能力培养的情感体系

所谓的跨文化交际能力的情感体系，具体包括对于不确定性因素存在的包容程度、灵活性、共情能力、悬置判断能力等方面。为能确保跨文化交际的顺利进行，在大学英语跨文化教学中，培养学生学习英语文化的浓厚兴趣是极为重要的，要培养学生对英语民族文化的欣赏性，让其从内心深处乐意了解、认识并接受英语民族的文化知识内容。

在当下全球化发展背景下，大学英语跨文化教学不能只注重英语民族文化知识内容的导入，对本民族的母语文化也应给予足够的重视，要在教学过程中进行双向的交叉教学。教师在教学过程中，不仅需要求学生认识和理解英语民族文化知识和本民族的母语文化知识，还应要求学生深入掌握用英语表达本民族文化传统的方式，对已掌握的知识进行内化，使其变成他们拥有的宝贵文化财富。通过对中外文化兼容并蓄，学生对于文化的理解认识能力必然会有一定的提升，判断与整合能力也会相应地增强，敏感性与洞察能力也能日臻成熟，对于各种接受的知识能进行理性的分析与判断，进而以一种博大的胸怀以及更为高远的智慧来应对跨文化交际过程中可能发生的矛盾冲突。

一、英汉文化并重，消除"中国文化失语症"的影响

在全球化发展背景下，中国的发展需吸引世界的关注目光，同时世界的发展也离不开中国这一重要角色的关注。也就是说，在这一背景下，我们不仅仅是单向地把世界的先进技术与文化引入中国的视野中加以使用，同时，还应将中国的传统文化与科学技术传播到世界各国人民的视野之中。但现实情况却是，很多有着一口流利英语的大学毕业生对英语民族的文化传统与习俗知之甚少，且对于本民族母语文化的传统与习俗也不能全面理解，更不用说用英语对本民族的母语文化进行准确表达了。"中国文化失语症"现象已成为当前跨文化交际中频繁出现的一个问题。若想中国真正地走入世界人民的视野中，运用英语准确地表达具有中国传统特色的事物，是非常必要的。

大学英语跨文化教学并不是为了使学生们最终归于英语民族文化，也不是为了使母语文化与英语民族的文化在学生身上实现简单的叠加，而是为了使两种文化在学生身上形成一种良好互动，从而使学生具有一定的文化创造能力。大学英语跨文化教学过程中，就需要将英语民族文化融入英语语言的教学之中，并最终实现双向教学导入。在一种母语文化与目的语文化并重的学习氛围之中，本民族的母语文化才能同英语民族的文化在学习者身上更好地形成一种互动，从而激发出学习者的文化创造力，加深和拓宽学习者对本民族母语文化的认识与理解，帮助学习者在立足本民族语言文化的基础上更好地、更为深入地进行跨文化交际与学习，提升他们的跨文化交际能

力,更好地培养大家的跨文化意识。

这样就需要无论是主管教学的各级部门,还是学校教师自身,都应有意识地引导学生在英语的跨文化交流与学习的过程中,注意对本民族的母语文化的学习与理解表达,注意保持自己的民族文化道德底线,从而消除"中国文化失语症"现象对于跨文化交际的影响。

(一)充分发挥教学主管部门的监督引导作用

我国的教育主管部门首先应做到与时俱进,对世界跨文化交际发展态势过程中出现的问题及动态进行监督引导,以及时提醒我国教育界对于跨文化交际中出现的问题给予及时的纠正与解决。用英语表达中国文化传统特色,应在各类教学部门的文件与教学大纲中有明确的规定,以确保教育部门在大学英语跨文化教学中具有监督与引导作用。而且这一点要在不同的英语教学层面与测试考核中有所体现,以确保在英语教学过程中真正实现中国母语文化的传授与影响,在此过程中各级教育部门、学术界以及学校都应切实地给予足够的重视,相互协作,使其在教学实践中真正得以切实有效实行。

(二)提高教师自身的文化素养与教学水平

就目前我国大学英语教师队伍而言,无论是其对于英语民族的文化知识内容的认识与理解,还是对于中国本土文化知识的理解都不够深刻,更别说用英语表达中国本土文化特色的传统知识了。作为一名大学英语教师,特别是面对着跨文化交际的发展态势,不仅需要自身具备相当的跨文化交际的背景知识,同时还需具备培养学生的平等文化意识,在对学生们进行中国传统文化事物的英语表达教学过程中,提升自己的跨文化教学素养。

此外,大学英语教师自身不仅仅要具备一定的文化素养与宏观意识,同时还需要有微观方面的具体教学操作能力。比如在教学过程中,教师可以通过有意识地对两种文化进行比较,来平衡英语文化与母语文化知识内容的授课比例。还可结合课文内容与实践需求,让学生进行分组合作学习,用中西方文化内容的对比训练,使学生对自身的文化缺陷有所认识,并进行适当的弥补与改善,进一步加强学生对于中西方文化的认识与理解,提高学生用英语表达中国特色的文化与事物的能力,且能够较为充分地掌握其相关的结构与表达方式,以便在跨文化交际过程中灵活自如地运用英语描述中国事物。

(三)提升学生跨文化交际的主动性

进行跨文化交际的情景模拟,对培养学生的跨文化交际主动性具有一定的促进作用,能让学生在真实感受跨文化交际的过程中领悟跨文化交际的深刻含义。此外,无论是学校还是老师,都应积极地鼓励学生们抓住一切参加跨文化交际的机会,积极地参加一些国际性的文化交流活动。其实对于学生来说,很难有参与国际跨文化交流的机会,希望教师与学生能积极关注有关方面的信息。现实的跨文化交际活动能使学生们更深切地理解中国文化。同时,要让学生对于中国文化的英语表达有着切身的体验,使其从自己的意识深处认识到中国文化在跨文化教学过程中具有的重要意义,从而注意培养自己的母语文化的英语表达能力。我们在跨文化交际中树立起自己对于本民族文化的英语表达自信心，最终实现跨文化交际的目的，将中国的文化传统传播给世界，让更多人认识、理解中国。

二、消除母语的负迁移，发挥正迁移作用

从本质上来看，学习一个民族的语言就是学习这一民族的文化。大学英语的学习就是在对中西方文化的学习与交融过程中，以中国学生早已有的母语文化知识为基础，导入英语民族的文化知识内容，从而使其具有双语表达的能力。且在此过程中，学生对两个民族的思维方式等方面的差异性都存在着较为深刻的认识与理解。学生的本民族语言文化早已深入到学生的头脑之中的，在此基础上，文化的迁移作用，必然会发生在英语的学习过程中。那么在大学英语跨文化教学中营造一种合适的语言文化氛围，在突出语言知识技能的同时，也能更好地强调客观的文化背景、交际环境以及思维方式等方面的差异性学习，从而使学生在真正进入跨文化交际时能得体地使用英语，避免文化冲突与交际的尴尬。

在学生在进行学习的过程中，学生本身已经拥有的知识必然会对其学习新的知识内容产生一定的影响，这就是所谓的知识的迁移。那些能促进新知识内容学习的迁移，被称为正迁移，那些对新知识的学习产生阻碍的迁移，被称为负迁移。行为主义者认为，语言学习者在学习过程中产生的母语负迁移，就是外语学习中犯错误或者是产生障碍的原因。

文化负迁移的主要表现就是在跨文化交际过程中语言使用的不得体。这种不得体就是跨文化交际不能顺利进行、发生矛盾冲突的原因所在。因此，教师在大学英语教学的过程中有意识地提升英语学习者的文化素养，对英语民族的文化知识内容进行认真的讲解，从而提升语言学习者的语言敏感性，以消除母语文化的负迁移作用，对于跨文化教学具有重要的意义。

这就需要大学在进行大学英语跨文化教学时，努力预测可能发生的母语文化的负迁移，在进行英语民族文化同母语文化的比较分析过程中，尽量减少母语文化的负迁移，积极并充分地利用母语文化所具有的正迁移作用，提升大学英语学生的跨文化交际能力。那么，如何在大学英语教学过程中较为有效地消除母语文化的负迁移作用，充分发挥正迁移的影响，具体可以从以下几个方面进行。

（一）重视英汉语言文化与大学英语教学的关系

所学语言的文化和所学的语言紧密相连。熟悉所学语言的文化，有助于得体使用这一语言的整体性。因此，在大学英语跨文化教学过程中应对英语与汉语之间的文化因素给予足够的重视，提升学习者对于两种语言文化的敏感性与适应性，树立起相应的文化意识与文化观念，大学英语教师在传授语言知识的同时，对于文化知识内容也应给予相当的重视与关注，并能够根据学生已有的文化水准设计自己的教学内容，确定文化教学的相关知识。而且，教师必须明白，在文化知识的传授过程中，自己始终都是组织者与指导者，切忌为学生大包大揽、面面俱到。

（二）大学英语教学与文化教学相结合

语言，是一种音义结合的符号系统，会随着社会、文化及时间等方面的变化而产生相应的发

展变化,在大学英语跨文化教学过程中,要根据英语语言的语音、词汇、句法及语篇等一些较为具体的方面来构建文化教学。教师可通过具体的听、说、读、写及播放视频录像、举办英语文学讲座等实践性活动,引导学生对英语民族的文化知识内容进行实践性认识与理解。除此以外,还可通过对两种语言之间存在的语法、句法、结构、文化内涵等方面内容的对比,帮助学生形成跨文化交际意识与文化敏感性。教师应该通过比较,选出那些具有主流文化代表性与蕴含着文化主题的文学精品的材料,比如宗教文化、饮食文化等方面的内容,来进行专门性的解读,以促进大学英语跨文化教学的效果提升。

(三)大学英语教学要培养学生的文化意识

在语言的语音、语法、词汇、篇章以及对话乃至于认知模式等方方面面,都深深蕴含着一个民族的文化内容。大学英语跨文化教学过程中,教师应该引导学生遵循循序渐进的原则,有选择、分阶段地进行英汉文化的系统对比,而不是盲目地对西方文化全盘接受。这样,才能培养学生有意识地、有目的地了解和认识英语的思维模式与认识模式,并有选择接受。

这就要求大学英语教师能做一个有心人,善于搜集整理那些包含着英语民族文化背景知识与社会风俗惯例的实例。事实上,很多语言材料都是朋友、家人之间的相互来往接触的对话。如果在教学中结合视频语音资料,引导学生如同进入真实的面对面对话的场景中,然后运用这些视频语音材料进行教学,教师应有意识地指明对话中应该遵循的文化规约,这样能使学生对英语文化有更进一步的理解与认识。这种以讲授文化背景知识的方式进行的文化教学,不仅能够使学生们对于文化有更深一层的理解认识,同时还能够有效提升大学英语跨文化教学的教学效果。

此外,有意识地鼓励和引导学生们进行课外学习,可以让学生利用课余时间有选择性地观看一些光盘录像影视作品,在西方的一些独具特色的节日,如圣诞节等举行一些具有西方文化特色的课外活动,将学生带入真实的西方文化环境之中,使大家更为真切地认识西方的文化传统与习俗,从而培养学生良好的跨文化意识与学习习惯。

三、树立语言文化平等观,加强学生文化移情能力的培养

任何一个民族的语言与文化都有其产生的渊源与理由,它们之间是平等的,没有高低贵贱之分,都是世界文化的重要组成部分。因此,在大学英语跨文化教学过程中,教师一定要注意培养学生树立起语言、文化的平等观念,引导学生对世界各民族的文化特性给予重视,从而增强学生的多元文化的意识,强化学生文化移情能力,引导学生用平等的观念来看待本土的母语文化与异族文化,用科学的态度对待母语文化与异族文化之间的差异性与平等性,消除观念中的大文化观,使学生们明白对于本民族的母语文化过分的自信或者是过分的妄自菲薄都不是正确的态度。

(一)树立平等意识

我们要知道不同的民族与不同的文化相互交流对于丰富彼此的文化内容具有很大的作用。但是,这种彼此之间的交流,要建立在平等的基础之上。学生一定要明白,不同文化之间的交流产生的相互碰撞与误解是很正常的事情,关键是如何处理好这些源于不同文化产生的碰撞与误会。

在不同民族文化之间的交流与合作过程中，交际双方要秉持着一种彼此了解、尊重的态度来对待文化，并能宽容地对待彼此文化差异性的存在。只有具备了这样的态度，才能真正实现不同民族文化之间的交流与合作。跨文化交际是在两个或者两个以上民族之间发生的文化交流，因此，交流的双方最好能对彼此之间的文化特性有着较为充分的认识与理解，能够充分地尊重彼此的文化习俗，相互理解，共同交流。在大学英语跨文化教学中，要注意培养树立学生们的文化平等意识，要明白，文化交流的双方都是平等的，民族文化之间没有高低之分，任何权威性的民族文化或者文化霸权主义的观点与态度，在跨文化交流中都是错误的表现。

我们要协调不同民族文化之间存在的差异，使其达到和谐统一，从而实现共同发展的目的。不同的民族文化之间的相互交流，必然会促进彼此共同发展与创新。如果世界只存在着一种文化，那就根本无所谓发展了，更不会有新的文化的产生。事实上，文化只有一方面保持自己独有的个性特色，另一方面又能和其他文化相互促进、彼此融合、共同发展，才能够形成一种动态的平衡。

进行大学英语的跨文化教学，是当前跨文化交际的需要，具体目的如下：其一，能够顺利地同英语民族的人进行交流，更好地认识理解英语民族文化的精髓；其二，能够准确流畅地用英语对本民族的母语文化进行传播，使世界各民族的人民能认识和理解中国的传统文化，从而有效减少跨文化交际时可能发生的矛盾冲突与误会。那种放弃了发扬传播本民族文化而单向地学习吸纳异族文化的态度是错误的。任何一个民族的文化都有着其各自的优点与长处，都是这一民族的人民在漫长的历史发展过程中总结积累下来的经验。伴随着各民族经济政治发展的全球化态势，各个民族的文化发展也呈现出多元化的特征。因此，在跨文化交际过程中，每一种民族文化都应注意不断地从其他民族的文化中汲取精华，取长补短。在大学英语跨文化教学过程中，教师一定要注意学生对西方文化的学习态度，因为，西方文化对于中国的学生来说是一个完全陌生的领域，但是，在学习西方文化的同时，也要杜绝学生唯西方文化独尊因而轻视或者是忽略了对于本民族文化的关注的态度。跨文化交际要以平等的观念与态度对待交际双方的民族文化，这样才能更好地取长补短，进行交流，实现合作，达到共同繁荣。

这是一个文化多元化的发展的时代，为了适应这一时代特征，教师必须引导学生打破母语文化与英语民族文化的禁锢，以一种包容的姿态来对待异族文化，对于不同民族文化之间的差异性，能做到宽容、理解、尊重，并积极地在不同之中寻找相同之处，建立起语言文化平等的观念，在处于动态的跨文化交际过程中，对文化的参考框架进行随时调整，彼此之间相互协商，积极构建跨文化交际的平台，从而顺利实现跨文化交际的最终目标。在大学英语跨文化教学过程中，教师应该积极推动学生接触多种民族文化，以便更好地增长学生的文化见识，而不是仅局限于对英语民族文化的认识与学习。培养学生主动适应多元化交际的意识，是大学英语跨文化教学培养跨文化交际人才的最终目标。

(二)培养学生文化移情能力

1. 文化移情

所谓的文化移情,是指跨文化交际过程中,交际者能以目的语的思维观念来看待问题,用对方的立场观点来思考交际中出现的事物,交际者能有意识地超越本民族母语文化的思维定式,超越母语文化对于自己思维观念的制约,从而能以一种超越的观点态度来对待、感受、体验、理解目的语的民族文化。在跨文化交际过程中,文化移情是一种极为有效的沟通交流能力,是能将交际者的语言、文化与情感连接起来的桥梁纽带。

有效的跨文化交际中,文化移情能力是指交际者尽量置身于另一种文化情境中,以另一种文化的思维模式设身处地地思考,通过语言及非语言的形式去体验、表达,从而向交际对象表明自己已经完全理解了交际的内容。具体来说,文化移情主要有两个方面的表现,一个是语言语用方面的移情,也就是指说话者有意识地使用某种语言向交际对象表达或者是传达自己的某些意识,以便倾听者能正确地理解自己想要表达的意思。另一个是社会语用方面的移情,指交际者双方都能立足于对方民族文化的观点与思维方式去看待事物,设身处地地为对方着想,能尊重彼此的民族文化习俗,对于两种文化之间存在的差异性也能以足够的宽容的态度去面对。一个具备文化移情能力的人,一定是一个能与时俱进的学习者与具有开放文化价值观念的思考者。

可以毫不夸张地说,文化移情能力对于跨文化交际的成败有着直接的相关作用。因为跨文化交际双方之间存在的文化性差异,交际双方在各自的民族文化成长环境中形成了各自的思维模式、价值观念、风俗习惯、宗教信仰等固定模式,因此,在进行跨文化交际时发生一些矛盾冲突是不可避免的,但对于那些具有较强文化移情能力的人来说,就能以对方的立场来看待解决问题,从而较为有效地避开容易发生冲突的地方,使跨文化交际顺利进行。

2. 文化移情的必要性

人类社会出现之后,人类的生产实践活动逐渐地向着一个更为深入的广阔的层面行进。每一个民族都在一个相对独立的社会生产实践环境中来完成各自民族文化的生成发展,因此,不同的民族文化都有着极为鲜明的民族特色。每一个民族的文化都是在自己民族的丰沃的土壤中发展成长起来的,在发展的过程中,被打上了独属于自己民族的鲜明的印记。且每一个民族无论是社会的政治、经济,还是文化、制度,都必然在社会历史的发展过程中形成自己民族的特色。同样地,这些不同的民族之间,必然会在民族意识、民族文化等方面呈现出一定的差异性。在跨文化交际中,最容易产生的问题就是交际者由于长期浸渍于自己民族的文化意识氛围中,已习惯了本民族母语文化的交际模式、思维方式以及语言表达习惯等。这样,在进行跨文化交际时,若是不具备相当的文化移情能力,就很容易以本民族的母语文化意识、交际方式来同其他民族的人进行交流,在产生矛盾冲突时,很容易以自己民族的思维习惯、价值观念来看待、解决问题,从而加深彼此之间的隔膜与误会。举例来说,在中国的文化传统中,如果获知亲朋好友生病住院,在第一时间赶到医院去对亲朋好友进行问候,那么对方也会感觉到很温暖。可是,在西方英语民族的文化中,人们则认为朋友住院，对于生病的人来说，最好还是少去打扰，让对方安静养病比较重要。因此，在这两种不同的文化中，若是不理解对方的文化习俗，发生冲突和误会就是不可避免的。就如美国朋友住院，中国朋友在不了解习俗的情况下热情洋溢地去医院看望，反而好心招反感。因此，对于跨文化交际的双方来说，只有具备文化移情的能力与意识，才能在进行跨文化交际过程中尽量减少误会与矛盾冲突，从而保证跨文化交际的顺利进行。

就目前我国的大学英语专业的学生们而言，多数同学在一定程度上能够认识到文化移情的重要意义。但是，因为长期以来受到本民族文化的影响，还不能够完全立足于英语民族的文化视野去看待思考问题，缺乏一种文化移情的自觉性，还不能够完全尊重英语民族的文化习俗，不能够用一种彻底宽容的态度对待中西方文化之间存在的差异性，做不到完全的换位思考。这表明，我国当前大学英语专业的学生的文化移情能力还不足，缺乏一定的自觉性，仍然需再进行强调。

3. 文化移情能力的培养

文化移情能力的培养，首先是对学生文化敏感性与宽容性的培养。交际者首先应客观地正视跨文化交际双方之间存在的文化差异性，因为这种文化的差异性会导致彼此之间的价值观念、思维方式、宗教信仰、文化习俗等方面的不同。为保证跨文化交际的顺利进行，就需要交际者对交际对象的社会文化中所遵循的交际规则、语言表达方式等有着深入的理解与认识。跨文化交际中的敏感性的提升，其实就是对交际对象的文化敏感感知性的提升。我们之所以在跨文化交际过程中比较容易产生误会冲突，主要是因为在文化感知方面出现了问题。跨文化交际研究理论认为，信仰、价值观、心态系统、世界观和社会组织这五种因素共同作用并对人类的感知产生着极为重要的影响。但具体来说，培养移情能力最好的方法就是到目的语的国家去生活一段时间，这样可以从方方面面对这一民族有一个全面的体验与认识。比如语言的使用，究竟有什么样的风俗习惯、文化传统需要遵循，等等。若是没有能够到目的语国家去生活体验的机会，那么尽量通过观看目的语国家的视频录像等方式来弥补一下不足，通过影像资料对目的语国家的民族文化习俗等有一个较为全面的理解与认识。要知道任何一个民族的文化，都有着其漫长而又悠久的历史积淀，是一个民族智慧与实践经验的总结。在跨文化交际过程中，进入交际的双方应该用一种平等的态度来对待彼此的文化传统，更好地理解认识异国文化，并对其持有尊重包容的态度，超越自我民族主义思想观念，这样，才能真正实现文化移情。具体来说，跨文化交际过程中的文化移情过程可以按以下六个步骤进行。

（1）承认文化存在差异性

现在生活的世界是一个多元化的世界，根据不同的人看待世界的眼光的不同，世界呈现出不同的面貌，因此，无论是个体还是文化之间，都存在着很大的差异性。我们需要承认这种差异。

（2）认识自我

能够对自己进行客观公正的评价与分析。

(3)悬置自我

想象自己是任意的界域,能够超出自我与世界的所有部分。

(4)体验对方

将自己想象成目的语对象,能够设身处地地、真正地进入对方的立场去体验、理解目的语文化。

(5)准备移情

充分做好移情的准备,与时俱进地持有一种开放的文化价值观念与态度。

(6)重建自我

在充分接受并认识另一种异族文化的同时,对于本民族的母语文化也有着相应清醒的认识与对待,对于本民族的母语文化优势有着清醒的认识。

总而言之,文化移情是多元文化发展交流中实现顺利交流最为有效的途径,若想在跨文化交际过程中超越不同民族文化之间的差异性障碍,顺利进行文化交流,文化移情是其必要的渠道。因为不同的民族文化彼此之间都具有平等性,因此,文化移情也要遵循着一个适度的原则。任何一个民族在跨文化交际中都有权利维护本民族的文化尊严,做到不卑不亢。

大学英语跨文化教学对学生的文化移情能力的培养应给予足够的重视,这是大学英语教学的一个重点。大学英语教师应在正确的移情理论的指导下,充分利用课外时间,设计各种英语跨文化交际实践情境,将学生带入真实的跨文化交际场景中,锻炼学生的语言运用能力与英语民族的文化知识认识理解能力。诸如此类的实践活动很多,如英语演讲比赛、英语歌曲比赛、办英语手抄小报等。而且,随着网络的发展,学生们还可以通过网络同外国朋友视频、聊天、交朋友等。这些活动对于增强学生的文化移情能力、培养学生的文化移情意识具有极大的促进作用,从而培养学生在多元化的全球发展态势中能够顺利地进行跨文化交际的能力。

四、建立跨文化交际意识,提高文化认同度

通过大学英语阶段的学习,相信多数学生都能组织英文句子进行交流沟通,但若想做到用地道的英文来进行表达,还是有些困难的。究其原因,是因为忽略了语句中的文化因素的存在。有时文化交流的失败,就是因为没有能使交际双方在交际过程中得到文化认同。

伴随着国际间交流与合作的日益紧密,各民族在发展壮大创新自己文化的同时,也在潜移默化地接受其他民族的文化并受到一定的影响。各个民族在同其他民族的交流过程中,必然对自己民族的文化同异族文化之间的异同进行着不同程度的比较与认识,在此过程中,为了寻找到彼此对话交流的平台,必然意味着放弃一些民族文化中原有的规则与习惯,以达到求同存异的目的。与此同时,要不忘坚持自我民族文化的认同感,以求在跨文化交际过程中保持本民族的文化意识,为母语文化的生存发展求得相应的权利与位置。

文化认同,是人类在对大自然认识的基础上的一种升华性的认知,能对人类的价值取向、认知过程产生较大的影响,是以人类对文化内涵产生的共识与认可为基础的。因此,文化认同经常

作为跨文化交际过程中的语用原则来对具体的交际活动进行有效的指导。

在大学英语跨文化教学过程中，教师应积极主动地在英语教学的过程中对中西方文化进行对比，并将中国文化作为重点内容，使学生能对本民族的优秀文化传统有着清晰的认识与理解，以培养他们将本民族优秀文化传统传播给世界各个民族的意识，从而树立起学生用英文对中国传统特色的文化进行表达的积极性与责任感。由于人们是在一种潜移默化的状态中接受的本民族文化，所以常常会缺少一种反思性。即使偶尔对于一些文化现象有所怀疑与思考，但又可能会因为较为繁杂的文化问题而止步。在大学英语跨文化教学中融入中国传统文化教学，最主要的目的就是强化学生对于本民族的母语文化的认识与理解，促进学生对本民族的文化的理性认识与判断，防止其形成大民族中心主义思想，从而培养学生开放的、灵活的思维模式。

做到文化自觉是艰难的，对自我文化的认识是其前提条件之一，在此基础上对自己周围的文化进行认识与了解，这样才能在当下多元化的世界态势中寻找到自我文化的位置，从而对多元化的文化局面有所适应，并在碰撞与交流之中找到大家都能认可的、集多方文化所长、大家和谐共存的交际规则与秩序。

第三节 跨文化交际能力培养的行为体系

从跨文化交际能力的行为层面看，可分为解决问题的能力、建立关系的能力，以及在跨文化交际中完成交际行为的能力，且交际者所具备的良好的个人文化适应能力与互动能力是跨文化情境中顺利完成跨文化交际任务的良好保证。而在大学英语跨文化教学过程中，教材的选用以及教学策略的运用，对培养学生跨文化交际行为能力具有较为直接的影响，甚至是完成跨文化交际任务的关键因素所在。

一、交际能力培养教材的文化内容与语言内容融合

大学英语跨文化教学所用的教材，是教学的主要内容承载者，对于师生的教学来说，是主要的依据与导向。大学英语教材的质量对大学英语跨文化教学任务能否顺利完成起着至关重要的作用。

就目前我国的大学英语专业学生的状况来看，他们对于英语民族的文化传统、宗教信仰、风俗习惯、价值观念、思维方式等方面的了解与认识，其实是非常不充分的，这同我们目前大学英语教学中教材的编写与选取有着直接的关系。

因此，大学英语跨文化教学在选取教材时，就需要既考虑提升学生跨文化交际能力可能涉及的各方面，又要能通过多种形式的练习题设计，将复杂的跨文化交际中所需的各种技能与知识融入其中。比如，从跨文化知识的导入开始，来解释语言表达中所深蕴的文化内涵，从而拓展和文化有关的知识内容。通过对具体案例的分析与点评，来培养学生的全球文化意识与跨文化的敏感度。通过真实的情境扮演与角色分析，引导学生体验跨文化交际中可能出现的文化冲突与矛盾，从而增强学生的文化分析能力与判断能力。通过真实的新闻媒体的报道等方式，锻炼学生对于跨文化交际中的生活场景或者是工作场景中可能出现的跨文化问题的应对能力，提升学生们解决跨文化冲突的能力。如果我们在当前的大学英语跨文化教学过程中忽略了实践的教学环节，那么，可能只是培养学生的跨文化交际意识及文化敏感性，却并不能提升他们的跨文化交际能力。只有带领学生进入真实的跨文化情境中，引导学生进行真实的跨文化体验实践，才能真正增强学生的跨文化交际意识，并将这种跨文化意识和敏感性切实转换为跨文化交际能力。

大学英语跨文化教材内容的编写与安排，最好能以文化作为单元，教材中的每一个部分都有一个鲜明突出的文化主题，在潜移默化的文化氛围中结合语言的运用影响感染学生、熏陶学生，使大家在文化的浸染中熟练地掌握英语民族的文化与语言的使用规范。语言内容同文化内容的有机结合，是跨文化交际外语教学的核心思想。语言同文化都是教学的目的与手段，两者不可分割。教材中，系统的文化主题构成主线，语言教学的内容实际上同这些文化内容融为一体。

在教材的编写内容及安排上，一定要注意考虑大学英语跨文化学习的学生所置身的环境、语言的需求，以及其所拥有的知识结构与层次等多方面的因素，其中应该蕴含着有关英语民族宗教思想、社会风俗、历史文化、人文价值观念等方方面面的知识内容，对西方不同的国家的文化知识与中国的传统文化进行比较性的介绍说明，在比较学习研究的基础上，引导学生们认识理解中西方文化存在的差异性。

与此同时，大学英语跨文化教材的编写与安排还要注意培养学生批判性思维方面的技能。对于英语民族的文化传统及事物，能够用一种批判性的审视目光与思维方式进行接受，从而更为深入地体验感受母语文化同英借民族文化的差异，帮助学生建立起更为有效进行文化沟通的能力。教材所选的内容要积极向上充满正能量，它是人类共同的优秀精神文化财富，并通过潜移默化的形式传授给我们的学生，对学生的价值观、人生观等形成正面的、积极的影响。

二、交际能力培养教材要选取相关文化角度

第一，选取那些和英语国家有关的历史文化、宗教信仰、政府机构、经济发展、民族风俗等方面的知识内容，这对于学习者更深入地理解认识英语民族的文化特色有全面的帮助。

第二，从母语文化中选取一些较有文化特色的侧面介绍，以便帮助学生们更好地从较深的层面进行英语民族文化与母语文化的比较，从而更好地培养大家对于母语文化同英语文化之间的差异性的敏感度与感知能力。

第三，努力拓宽文化比较的涵盖面，在选取内容时不要局限于母语文化同目的语文化的比较，同时还可关注主流文化同非主流文化之间的异同，使学生在意识中把主流文化和非主流文化放置到同等的地位给予理解与尊重。

三、交际能力培养教材内容的安排循序渐进

任何一个民族的文化都具有一定的动态性、复杂性与多层面性，因此，我们在编写安排教材内容的时候，不能遵循古板的教学内容与原则，特别是大学英语跨文化教材在编写时，其所选内容要有一个循序渐进的过程，要注意较强的可操作性，可以弹性循环进行教学。仅如此，才能引导我们的大学英语专业的学生在体验英语民族的文化时有一个不断加深与理解的过程。

教材内容的难易程度也要有一个循序渐进的过程，逐渐由表及里，由浅入深，由具体到抽象。课程的内容安排能够使其在不同的教学阶段以不同的形式重复出现，范围随着课程内容的由浅入深而逐渐扩大、拓展。还要注意，在跨文化教材编写时，需要遵循系统性、一致性、层次性、前沿性、时效性的编写原则，要与时俱进，既能体现西方文化的精神特质，同时也能反映出我们这个伟大时代对于人才需求与培养的变化，将人文关怀与素质培养很好地结合起来。

四、交际能力培养教材内容注重真实性、语境化、多样化

能够适合大学英语跨文化教学的教材，一定是遵循教学材料真实化与语境化原则的教材。这是因为，只有在真实化的语言教材基础上，才真正能刺激学生对所学内容从认知、心理、态度、行为等方面产生一定的反应与感受，才能使学生具有较为真切的跨文化交际的体验感受。我们这里所说的教材内容选择的真实性，指的是所选内容在现实生活当中是切实用到的，而不是只为教学设计出来的。语言同文化之间的密切关系已经是被大多数学者专家认可的事实，无论哪一个民族的语言，都不可能离开其所产生发展的文化环境而单独存在。只有充分地考虑到语言所处的文化环境，才能对语言有一个深入的理解与认识。

因此，我们在编写安排跨文化教材的内容时，就应注意选取那些和学生日常生活密切相关的或者是学生们重点关注、感兴趣的热点问题与内容，不仅要具有真实性与情境性，同时还必须具备相当的文化性与人文精神性。也就是说，大学英语跨文化教材编写选择的内容应是原汁原味、顺畅自然的英语文章，主题有关东西方文化差异性、沟通技能等方面，语境尽量为英语民族语言运用时的真实语境，总而言之，所有的文化信息都是有关文化系统中的意义信息。

此外，在教学过程中，还要设计大量的与跨文化交际有关的练习题，练习题的设计要涵盖有关跨文化交际意识与技能培养等方面的内容，通过实践性的案例来锻炼学生们的语言运用能力、文化知识的掌握以及对于现实语境的适应能力等，还可结合具体的跨文化交际案例的模拟，来培养学生们在跨文化交际中所需具备的文化敏感性、宽容性以及处理问题的灵活性。

大学英语跨文化交际教材的编写，还应注意将跨文化交际过程中动态的人际关系和知识内容及跨文化交际实践具体结合起来，内容能够从多个角度、多个方面体现跨文化交际特性，注意选取问题时的多样性以及回答问题时的灵活性处理。举例来说，在具体的跨文化交际中，必然要涉及语言知识与非语言知识方面的内容，不同的国家有着不同的文化特性，在同母语比较时呈现出来的差异性也是不同的。不同的民族，其思维方式、价值观念等方面也必然呈现出同母语文化不同的特性，此外，大民族中心主义思想、思维习惯等，也必然会对跨文化交际产生一定的影响。跨文化交际能力的建构与培养，其侧重点是对学生们的文化相对论观念的塑造，以便他们进入跨文化交际实践过程中时，面对着可能产生的文化矛盾与冲突，能迅速调适自我的情感与态度，进行换位思考，对于跨文化交际过程中的文化多元化问题持宽容友好的态度，从而使学生们能更为深入地对异族文化有所理解认识，突破文化单一的局限性，使学生能较为充分地理解语言和行为、价值观念同行为规范之间存在的紧密关系，帮助学生透过书本知识进入真实的生活当中，从更为本质的层面来认识理解母语文化和目的语民族文化之间存在的异同及其根源所在。最终目的就是培养起学生们在面对异族文化时具备宽容、开放的态度。对异族文化的价值观念、思维方式、社会风俗等能用对方的角度来思考解读。最后再通过各种案例模拟训练，使学生们在课堂上能真切地感受、体验跨文化交际的实践情境，从而为将来学生们进行跨文化交际时可能出现的问题提供应对解决的方法策略指导。

五、完善教材与练习的编排设计，推动学生自学

我们的大学英语跨文化教材在编写的时候，不仅要注意教材编写内容的趣味性，同时还要具有一定的目标针对性，能够使学生对教学目标有一个明白透彻的理解与认识。对练习题的设计与安排，一定要给学生一定的自由发挥空间，使大家能够自己对文化因素进行分析判断，从而提升自己跨文化交际的积极性与参与性。同时，练习题的设计要将重点放在情境实践中，引导学生们在身临其境的实践体验中去感受、体会，去分析、理解句子语言的运用，从而培养大家自主学习的自觉性及能力。

大学英语跨文化教学常常用到的教学方法有比较法、课堂讲解法、实践法等，同时，还可以充分利用文化讲座、文化包、模拟游戏等多种课外补充的方法来增强学生对教材中的文化内容的理解与认识。因此，在编写大学英语跨文化教材时，要注意教材文化内容的选择同教学方式灵活配合，从而使大学英语跨文化教学的形式更加多样化，以促进学生学习的兴趣。

第六章 跨文化交际与大学英语教学方法的创新

第一节 跨文化交际与大学英语教学的结合原则

教师是教学的主要执行者，是教学的主体，韩愈所说的"传道、授业、解惑"就是对教师的主体作用的精辟描述。但是在跨文化英语教学中，教师的主体作用得到了不同阐释，学习者的中心地位凸现出来，英语教学也因此呈现出不同的特点。这些特点集中表现于以下十条教学原则。

一、以学习者为中心，以引导学习者进行自主学习为主要教学模式

学习者是教学过程的真正主体，教师的教学、教材的编写和教学方法的设计和选择都必须围绕学生的实际需要进行。在跨文化英语教学中，不仅学习者的英语语言学习需要受到应有的重视，在整个教学过程中，他们对母语和本族文化的体验和理解、对目的文化和其他文化的态度、个人综合素质的提高，包括立体思维方式的形成和跨文化交际能力的培养，甚至对整个人生的态度等很多与学习者的过去、现在和未来密切相关的主题都是教学设计和教学活动的考虑因素。就教师而言，引导学习者进行自主学习是其主要任务，虽然知识的传授和规则的讲解仍必不可少，但教学的中心应转向学习者自主学习（leaner autonomy）能力的培养。这一点对于跨文化英语教学非常重要，原因之一是，当今世界信息爆炸，知识不断更新，培养终身学习的思想，掌握独立学习的方法成为教育界普遍关注的一个趋势。另一个原因是跨文化英语教学的目标和内容相对于传统的英语教学而言扩大了无数倍，而教学时间基本不变，不可能有大幅度的增加，因此学习者在校期间有很多教学内容无法接触和学习，教师只有通过授之以渔的方法，才能确保教学目标的最终实现。这也是为什么将学校中的英语和文化学习也纳入整个教学体系的原因。以学习者为中心、以学习为中心的思想在后面几条原则中也都有体现。

二、语言教学与文化教学有机结合

语言和文化在跨文化英语教学中互为目的和手段。英语发展成为国际通用语的动因之一是跨

文化交际日益频繁，来自世界各地、各民族、各文化群体的人们需要这一通用语作为沟通和交流的媒介，因此英语学习的目的之一就是进行有效的跨文化交际。而且，由于英语语言学习本身涉及文化的学习，所以英语语言的学习是文化学习的手段，文化学习和跨文化交际是英语学习的目的。反过来，文化学习为英语语言学习提供丰富多彩、真实鲜活的素材和环境，大量文化材料引入英语教材和课堂，不仅使英语学习生趣盎然，且是英语交际能力培养的重要保证。总之，跨文化英语教学包含语言教学和文化教学两个相辅相成、不可分割的方面。

所以，在教学设计和课堂教学中，语言教学和文化教学必须有机结合。这种结合体现在英语教学的各个阶段、各个环节和各门课程。虽然，根据学习者的认知水平和学习需要，在不同阶段和不同课程中，语言和文化各有侧重，但是在跨文化英语教学中，没有单纯的语言课或文化课，只要具有这种意识，总能找到两者的结合点。

三、调动学习者的各种学习潜能和机制，多层次、多渠道地进行教学

这一原则有3个前提：学习者具有多种学习潜能和机制；跨文化英语教学包含认知、情感和行为多个层面；教学可以通过听、说、读、写、感觉和思维等多种渠道进行。

首先，每个人都有8种智能机制（也为学习者的潜能所在）。

（一）个人智能

内省智能（自我认知智能）；

社交智能（人际交往智能）；

音乐智能。

（二）学习智能

逻辑智能（数理智能）；

语言智能。

（三）表达智能

身体运动智能；

视觉空间智能。

（四）自然智能

通常学校教育只注重发挥学习者的学习智能机制，即他们的逻辑思维和语言理解、表达能力，而忽视其他智能机制的作用。实际上，不难发现，以上八种智能机制只要使用恰当，都可成为有效的学习工具，尤其对于文化学习来说，个人的、情感的和自然的机制更是实现教学目标所不可缺少的。这些不同层面的机制很少单独起作用，它们往往相互补充，相互配合，优化学习过程。充分发挥这些学习机制有利于个别化学习，最重要的是能够使学习者承担起对自己学习负责的任务。如加德纳使用"友谊"这一包含着重要文化内涵的词语，举例说明如何在文化教学中有效利用学习者天生具备的这些智能发展机制。

学习者的内在学习机制需要外在条件（包括教学手段）的配合和刺激，才能有效发挥其促进

学习的作用。科学技术的飞速发展和社会文化环境的不断改变为此提供了条件。多媒体和网络技术的发展有利于视听教学材料的开发，使虚拟现实成为可能。同时，丰富多彩的社会文化环境和不断发展的国际、国内旅游和文化交流，都为学习者发挥个人、情感和自然等学习机制创造了条件，使他们不但能调动多种感官去学习语言和文化，且还能获得语言交际和文化交流的亲身体验。总之，跨文化英语教学要求各种内在学习机制和多种外在条件和手段同时起作用，实现内因和外因的有机结合，才能使语言教学和文化教学效果达到最佳。

多种内在机制和多种外在手段并用之所以重要，是因为跨文化英语教学强调，学习者要在认知、情感和行为各个层面上共同进步。教师在制订课程计划和设计教学活动时，必须考虑这三方面的教学需要，帮助学习者达到跨文化交际能力和个人综合素质发展所要求的知识的积累、态度的转变和能力的提高。

四、充分考虑学习者的认知发展水平和语言与文化学习的规律

在此原则下，让学生逐渐从具体的、直观的、与学习者日常生活联系紧密的实用主题过渡到间接、抽象的意识形态领域。不同年龄层次的学习者在认知水平、情感发展和经历、经验上都有很大差别，这必然会导致教学内容和教学方法的不同。一般情况下，对于年龄较小的学习者，与他们的生活和学习息息相关的、具有可比性的、具体的、直观的教学材料较为合适。随着学习者认知水平的发展、心理承受能力的增强和人生体验的增加，语言和文化教学内容的深度和广度也就逐渐扩大到一些间接的、复杂的、需要进行抽象思维的意识形态领域。就文化教学而言，这种相关性和适当性的原则更至关重要。跨文化交际能力的培养是一个漫长而复杂的过程。在这个过程中，由于学习者对母语和本族文化理解和体验是学习过程中不可缺少的一部分，学习者在学习外国文化的同时，还处于一种自我认识、自我反省、自我批评、自我完善的状态中，任何与他们的经历和认知能力相距甚远的教学内容和过程都将背离以"自我"与"他人"比较对照的文化学习原则（参见第八条原则）。

五、平衡教学内容和教学过程的挑战性

向学习者提出挑战的同时，给予他们适当的支持和帮助。任何教学活动都涉及教学内容和教学过程两方面。为了取得最大的教学效果，内容的安排和过程（即教学活动）的设计必须考虑对学习者的挑战和支持程度。理想的教学应是挑战和支持得到很好的协调，如果内容复杂，难度较高，那么教学活动或过程就应相应降低难度，给学习者较多的支持；相反，如果内容简单、难度较低，教学活动就应具有较高的挑战性。只此，才可保证学习者能从教学中得到最大的收益。否则，复杂的教学内容若被置于挑战性很强的教学活动中，学习者就会有很强的恐惧心理和挫折感，不利于调动他们的学习积极性；相反，若内容简单，教学活动又缺乏挑战性，那么学习者的学习潜力不能得以发挥，他们也会觉得学习乏味，学不到东西。

处理好教学内容与过程、挑战与支持之间的辩证关系，是跨文化培训的一个重要理论和原则，它对于跨文化英语教学来说同样适用。教育者应根据学习者的发展水平确定什么样的学习环境能

/101/

为他们提供所需的支持，哪些方面构成挑战。如果学习挑战太大，学习者就会退缩。所以，教育者有必要了解学习者的需求，尽量平衡给予他们的挑战和支持以最大限度地促进学习。

六、说教式知识传授法与体验探索式教学法相结合

说教式的方法是一种通过讲座、讨论等形式进行知识传授的方法，它主要能促进学习者的认知和理解，有利于学习者学习和掌握语言和文化知识，分析和理解文化差异，这种方法与逻辑推理中的演绎法类似。其不足之处在于：在说教式教学中，学习者在很大程度上处于一种被动接受的状态，知识的获取和对概念的分析理解是其主要形式。在这样的教学活动中，跨文化英语教学所要求的学习者在态度和行为层面上的进步和发展的目标就难以实现。正因如此，跨文化培训研究者主张采用一种类似于归纳法的体验式教学法。这一方法以学习者为中心，创造真实或模拟的跨文化交际情境，让他们去感受、体验其过程，从而使认知、情感和行为各个层面受到刺激，弥补了说教式教学法的不足。

当然，我们不能盲目地对这两种方法做孰优孰劣的判断，因为它们各有所长。理想的做法是将两者有机结合，充分发挥各自的长处。这就要求我们的课堂教学活动要多样化，既要有注重语言和文化知识传授的讲座和讲解，又要有触动情感、培养行为能力的角色扮演、模拟活动和参观访问等。值得注意的是，学习者的学习风格也是影响教学方法设计和选择的重要因素，这一点稍后有更为详细的论述。

七、跨文化意识和敏感性培养是文化教学的重点

文化学习方法的探索是跨文化英语教学的重要内容。跨文化英语教学中文化教学的目标和内容非常广泛，如果将这些目标和内容作为可细分的知识范畴一一进行教学，在学习者有限的学习生涯中显然不可能穷尽。如果不授之以渔，教给学习者独立学习的方法，帮助他们树立终身学习的思想，恐怕有些目标他们一辈子都无法实现。所以，跨文化英语教学特别强调跨文化意识和敏感性的培养，强调学习方法的探索。

跨文化敏感性发展模式为在英语教学中培养学习者的跨文化意识和敏感性提供了一个参考框架。这一模式将跨文化敏感性发展过程分为两个主要阶段和六个步骤。

（一）民族中心主义阶段

否认；

防范；

最小化。

（二）民族相对主义阶段

接受；

适应；

融合。

学习者从否认文化差异的存在、逃避或抵制文化差异、弱化文化差异，逐渐发展到认可文化

差异的存在、调整适应文化差异、灵活应对文化差异,自由徜徉在不同文化之间,从而完成从民族中心主义阶段到民族相对主义阶段的转变,这就是跨文化意识和敏感性培养的全过程。跨文化英语教学自始至终都应对照这个发展模式,对学习者目前所处的跨文化意识发展阶段做到心中有数,并以此为依据,设计和实施教学活动。

文化教学的另一重点是加强对文化学习方法的培养。虽然英语教学中的文化教学不同于文化人类学和社会学等学科中关于文化的教学,文化学习的目的不是使学习者成为人类学家和社会学家,但是掌握一定的文化研究和学习的方法非常必要。教师在教学过程中,必须有意识地引导学习者自己对文化现象进行分析、解释,对不熟悉的文化内容进行探索,并不断地对自己的学习过程进行反思,及时总结经验,这就是所谓的元认知学习过程。

八、教学内容和过程应该情境化和个人化

跨文化英语教学的特点之一是将语言学习和文化学习与学习者的个人体验和发展需要紧密结合起来,与其说它是形形色色的课程教育中的一员,间接地影响学习者综合素质的发展,不如说它是紧紧伴随学习者个人成长的一根拐杖,通过不断地促使他们对自己的态度、行为、价值观和人生观进行反思,直接影响他们的综合素质。跨文化英语教学对个人综合素质培养所起的作用通过教学内容情境化和个人化来实现,因为只有置于具体的情境之中,文化内容才会焕发出活力,才能显现文化对社会和个人的调节和指导功能,才能使学习者身临其境地感受文化的作用,才能刺激学习者的多种学习机制;只有将教学内容和过程与学习者的个人经历结合起来,才能激发他们对目的文化和其他文化学习的兴趣,才能为他们将本族文化和其他文化进行对比创造机会,才能促使他们反思自己的认知、情感和行为。此外,情境化和个人化也是语言教学的需要,它有利于保持学习者的学习积极性,情景英语教学还将语言教学内容置于真实的社会文化环境之中,使学习者不仅学到了语言知识,更重要的是掌握这些语言知识的具体应用规律,英语教学思想就是以此为理论基础。

九、对本族文化不断反思,并将本族文化与目的文化和其他文化进行比较

跨文化英语教学的一个突出特点是将本族文化从学习背景中凸显出来,通过与其他文化进行比较,形成一种跨文化的氛围,这种跨文化的氛围有三方面的好处:①联系本族文化和个人体验进行外国文化和语言的学习,不仅能刺激和保持学习者的学习积极性,且学习者对所学内容记忆更牢固,理解更透彻,应用更灵活;②跨文化交际要求学习者了解本族文化与其他文化接触时可能发生的冲突和可以采取的相应措施,只有在外国文化学习过程中不断反思和对照自己的本族文化,才能对它们之间文化差异的具体表现有一个全面、深入的了解;③增强对本族文化的意识和反思,有利于学习者消除或减弱民族中心主义思想,客观认识自己的价值观念和行为习惯,从而培养一种开放、灵活的思维模式。

由于人们对本族文化大都处于一种潜意识接受的状态,不经过有意识的引导和刺激,人们很少会对自己赖以生存的文化进行反思,即使偶尔有这样的冲动,因文化因素纷繁复杂,常常也无

从下手。跨文化英语教学的任务之一就是增强学习者对自己本族文化的意识和理解，比较和对比是实现这一目的的重要手段。

十、尊重学习者，注意因材施教

虽然尊重学习者和注意因材施教的原则对几乎所有的教学活动都适用，但是对于跨文化英语教学而言，这一原则有着特别重要的意义。这是因为学习者的文化体验和价值观、世界观和思维等个人因素在跨文化英语教学中起着重要的作用，它们是文化教学（在一定程度上也是语言教学）的基础，因为跨文化交际能力的培养需要从学习者现有的文化体验出发，通过将本族文化与目的文化和其他文化进行对比，来增强跨文化意识，跨文化敏感性发展模式非常清楚地说明了这一点。正因如此，教学过程中，我们一定要尊重学习者的个人体会、文化背景、价值观念、思想感情等，不能对学习者及其思想感情持有轻视、蔑视、否定和批判的态度。

此外，任何学习者都有自己的学习风格和方法偏好，在以学习者为中心的跨文化英语教学中，因材施教就显得尤其重要。如大卫·库伯学习圈理论中描述的四种学习风格：具体体验式、积极实验式、反思观察式和抽象概念思考式，他还据此设计了一个学习风格一览表，人们能够轻而易举地了解自己的学习风格。一般不同的学习风格对应不同的教学方法，所以教师应对学习者的学习风格有所了解，并相应选择和设计合适的教学方法。

当然，学习风格并非一成不变，教师还可在迎合学习者学习风格的基础上，有意识地向他们介绍一些适合其他学习风格的教学方法，让学习者了解不同学习风格和方法的优点和不足，鼓励他们尝试其他学习方法，拓展他们的学习风格，增强他们学习的灵活性。因材施教和培养学习者自主学习能力两条原则实际上是相辅相成的。

以上十条原则从不同角度反映了跨文化英语教学的特点，将这些原则应用到各个阶段、各个环节的教学实践中，就能保证跨文化英语教学目标的实现。

第二节 大学英语跨文化交际传统教学法

近年来，随着跨文化交际培训和英语教学的蓬勃发展，文化教学方法和语言与文化结合教学的方法层出不穷。

一、文化教学的常用方法

文化教学方法大都由跨文化培训专家通过实践，结合社会学、文化学、教育学和心理学的相关理论研究开发出来的。目前，广泛使用的方法归纳起来有以下几种。

（一）文化讲座

讲座作为传授知识的一种有效手段，对文化教学必不可少。跨文化交际能力的培养，需要学习者了解和掌握相关文化知识，如文化的本质特点和功能，文化包含的内容和范畴，不同文化的价值观念和习俗规范等，都可以通过讲座的形式传授给学习者，不同文化主题构成一系列的文化知识讲座，有利于学习者进行系统文化知识的学习。但是，文化讲座提供给学习者的大都是间接的经验，而且大量冗长的讲座往往会使学习者感到厌倦，所以我们在设计讲座时，应该力求简明扼要、生动有趣，而且还要辅之以其他方法来强化讲授内容。

（二）关键事件

通过分析跨文化交际中发生的，具有典型、代表意义的失败案例，来说明跨文化交际中误解产生的原因，帮助学习者了解两种不同文化在某个方面的不同期望和表现。具体做法是：首先对来自不同文化背景的交际双方之间所产生的误解及情景进行描述，然后给出4个解释误解产生原因的选择，让学习者根据自己的理解进行选择。如果一次选错，就请他们再选，直至选对为止。由于这些案例通常来自真实的交际，对学习者来说非常有趣，而且因为这些案例具有代表性和启发意义，能够刺激学习者在阅读案例和选择答案时进行思考，有利于跨文化敏感性的培养。

（三）文化包

教师向学习者讲述本族文化与目的文化之间的某个本质差异，并借助多媒体手段向他们呈现这一差异的具体表现，然后教师给学生提出若干相关问题，由此展开讨论。主题选择非常灵活，教师根据需要，可以选择具体的文化主题，如习俗、日常语言交际或非语言行为，也可选择抽象的思维模式或价值系统作为主题。与关键事件以阅读和思考为主要形式相比，文化包更多地要求学习者进行讨论，并通过视频和音频获得感官的刺激。然而，对于时间和精力极为有限的教师，设计合适的文化包是一件非常头痛的事情，这个问题的解决有待于英语教师和社会学、文化学的专家通力合作，共同完成一系列文化包的设计制作。

（四）文化群

文化群由讨论同一文化主题的若干个文化包组成。例如，可以将美国教育这一文化主题细分为家庭教育、幼儿教育、小学教育、中学教育和大学教育等子题，每个主题可设计成一个或多个文化包，供教师和学生课堂教学使用。显而易见，文化群方法的采用特别有利于学习者全面、系统地学习和了解目的文化。但是，文化群的设计同样存在着费时费力的问题，目前文化教学和跨文化培训在这方面还非常匮乏。

（五）模拟游戏

这是一种亲身体验式活动，旨在挑战假想，扩大视野，促进自身能力的提高，学习者通过模拟游戏可感受一些自己尚未经历过的情景，从中获取经验和认识，这对文化学习者至关重要。以文化冲撞为例，正如本书前面所述，文化冲撞是跨文化交际中的一个普遍现象，虽然它给跨文化交际者带来痛苦和困难，但它有利于文化调适的完成和跨文化交际能力的培养，经历过文化冲撞的人往往具有较强的文化敏感性，更愿意接受跨文化培训。所以，为文化学习者创造一种文化冲撞的氛围，让他们感受文化冲撞带来的困难和痛苦，是很多跨文化培训专家极力推广使用的一种方法。

以上各种方法虽然以跨文化能力培养为主要目的，但是经过变通和再设计也可与英语教学有机结合,成为跨文化英语教学的方法。

二、文化教学与语言教学有机结合的方法

除以上文化教学的各方法外,还可在促进教师和学习者改变教学观念的基础上,通过对传统英语教学方法和手段进行改革,创新地开发出一些将文化教学与英语语言教学有机结合的方法。

（一）通过文学作品分析来进行文化教学

文学作品分析是语言教学的一个常用手段,中国很多英语教学活动都通过分析和欣赏文学作品进行的。文学作品蕴含丰富的文化内容,语言形式和文化内容在此得到完美结合,因此在文学作品分析过程中,同时进行语言教学和文化教学不仅可能,且是必要的。实际上,传统的语言教学在分析文学作品时,并避而不谈文化内容,只是教师没将文化教学列入教学目标,文化内容的讲解服务于语言教学的需要,处于一个从属、次要的地位。要改变这一现状,我们必须在确定教学目的和目标时,考虑文化教学的需要,使文化教学内容和语言教学内容并列成为教学关注的对象,利用文学作品是语言和文化完美结合进行跨文化英语教学的优势。

（二）词汇教学与文化教学的结合

任何语言的词汇都承载着丰富的文化信息,每个词所包含的文化内涵任何词典都无法穷尽,如"早饭"（英语:breakfast;法语:petit – déjeuner）一词在汉语、英语和法语中,不仅表达形式和发音不同,且其文化所指也不尽相同。此外,不同语言的词汇还反映说话者不同的价值观念。正因词汇及词汇的使用具有浓厚的文化特点,我们在进行词汇教学时不能只停留在词汇的意思和用法上,还应介绍词汇包含的文化内容,尤其是要呈现词汇在真实文化语境中具体使用的情况。

就目前的英语教学而言,词汇教学中文化教学的潜力没有得到充分挖掘,教师通常呈现给学生的都是从词典下载的词义解释,很少能将词汇所蕴含的文化意义介绍给学生。另一问题是学习者在学习生词时通常处于被动接受状态,致使他们所学的词汇成为一组僵化的符号,无法在真实的交际活动中加以运用。我们在对词汇的本意、比喻意义和文化内涵进行全面介绍的基础上,还应将它们置于真实的文化语境中进行操练,让词汇知识转换成词汇使用能力。例如,我们教描写人物的形容词时,除介绍词义外,还可选择一些来自本族文化或目的文化的、真实的历史或当代人物,用此类形容词对其进行描述,也可让学习者用此类形容词来描述自己。这样做,学习者既可学会此类描写形容词的词义,也能了解它们的文化内涵,还有机会接触来自不同文化背景的历史人物故事。显然,这种词汇教学方法将词汇教学与文化教学有机结合,不仅使词汇学习生动有趣,且将文化学习落到实处。

语义场的使用也是词汇教学与文化教学有机结合的一种手段。例如,学习breakfast早餐这个英语词汇时,教师可以将相关词汇（鸡蛋、牛奶、面包、咖啡等）同时写在黑板上,并利用多媒体手段,呈现实物图片,播放美国早餐片段,并对词语进行文化对比,让学生用英语讲述自己的早餐习惯。这样的词汇教学方法一定比传统的词典内容介绍式的方法更为有效,同时又达到了

第六章 跨文化交际与大学英语教学方法的创新

文化教学的目的。

（三）阅读教学与文化教学的结合

阅读教学被认为是最容易与文化教学联系起来的教学活动之一，因为只要我们选择那些包含文化内容的阅读材料，即可实现语言教学与文化教学的有机结合。然而，事实并非如此，目前很多阅读教师并不能很好地利用阅读教学的这一优势进行有效的文化教学，或因受传统的以语言形式为中心的教学思想的影响，或因对目的文化知之甚少，阅读教师致力于提高学生阅读速度和阅读理解能力的同时，关注的是语音（朗读时）、语法、词汇、句型和翻译等语言学习内容，在很大程度上忽视了阅读篇章中蕴含的文化信息。即使谈到相关文化的某些内容，通常也不是以增强学生的文化能力为目的，而是为了帮助他们更好地理解篇章本身。

要真正实现阅读教学与文化教学的有机结合，必须在确定教学目标和教学内容时考虑文化教学的需要。在实际教学中，可通过设计读前和读后任务，将学习者的注意力吸引到篇章内容上，进行相关文化的讨论和学习。例如，在阅读一篇关于美国饮食文化的英语文章前，我们可以提出一系列有关学习者本族文化中饮食习惯的问题，让他们进行读前热身，然后建议他们在阅读文章时注意美国饮食文化与自己的饮食习惯的异同。读完文章后，学习者在回答有关美国饮食文化的相关问题的同时，进行文化对比。教师对语言点的解释可插入到讨论中，也可在这些文化教学活动结束后，但不能让语言形式的学习压倒篇章内容的理解和文化内容的讨论。

（四）听说教学与文化教学的结合

阅读有利于学习者学习和了解相关文化知识，听说活动使他们有机会切实感受跨文化交际过程，提高交际能力。无论听，说，都必须以内容为基础，因此内容的选择和安排至关重要。就文化教学而言，我们首先要保证听说的材料和主题必须真实，具有代表性，能够真实反映目的文化或本族文化的不同侧面。例如，在将美国人周末生活情况制作成听力训练材料时，必须全面考虑美国主流文化和各种亚文化群体的不同表现，力求让学习者全面客观地认识目的文化的一个侧面。即使由于篇幅和时间的限制，很难将某个文化侧面全面地展现给学习者，教材编写者也应该提醒教师和学生注意文化变体和个体差异的存在，避免因过度概括而导致成见的形成。

其次，在跨文化英语教学中，由于英语教学和文化教学同等重要，所以在编写听说教材时不仅要考虑学习者的语言水平和语言学习的需要，还应注意文化内容的系统性，即将语言教学的需要与文化教学的需要结合起来，作为选择和安排教学材料和内容的依据，使学习者系统地学习文化知识，增强文化能力。当前的英语听说教学虽然比较重视材料的真实性，所选材料基本上都具备文化教学的价值，但是在文化内容的选择和组织上比较随意，缺乏系统性，这实际上也是整个英语教学不能最大程度发挥其文化教学功能的主要原因。

再次，跨文化英语听说教学应充分利用多媒体教学手段，这不仅有利于提高学习者进行语言交际的积极性，更是跨文化交际能力培养的需要。日益发展的多媒体技术为在英语教学中进行文化教学开辟了新的道路、它可以将各种跨文化交际情景真实地呈现给学习者，让他们有一种身临

/107/

其境的感受。图文并茂、音像俱全的听说材料使学习者的各种感官受到刺激，特别有利于从情感和行为层面上培养他们的跨文化交际能力。

（五）写作教学与文化教学的结合

写作教学与听说和阅读教学一样，通常贯穿于英语学习的各个阶段，不同阶段写作的体裁、内容和要求都各不相同，但是将文化教学与写作教学有机结合在各个阶段是可行的。初学者通常写的是与自己日常生活联系紧密的记叙文，主要目的是通过使用所学的词汇和语法知识来讲述自己的经历，表达自己的思想，同时巩固所学语言知识。在此阶段，写作要求不高，体裁也比较单一，教师可以将写作活动与文化学习结合起来。例如，教师在布置作文题目"我的一天"时，可以让学生先进行口头交流，并适时地告诉他们来自不同文化背景的学生每天的生活内容都有所不同。在学生完成作文后，教师要对他们作文中的语言使用进行讲评，还要就文章的内容进行后续讨论，让同学相互比较各自一天的生活，发现异同。最后，教师通过阅读或视听手段，向学生介绍美国学生一天的生活，在此过程中，教师引导学生在关注文化差异的同时，注意语言的正确使用，语言学习与文化学习因此得以有效结合。

对于语言水平较高的学习者来说，利用写作进行文化学习的广度和深度更大。写作基本上可分为个人写作、公务写作和学术写作三大类。个人写作基本与个人的经历、生活和思想有关，而这些内容通常会反映作者所处的文化环境，因此是很好的关于日常生活、风俗习惯和价值观念等文化内容学习和讨论的基础。

公务写作的内容包括涉及政治、商务等工作所需的信件、文件、报告等，这些也同样蕴含着丰富的文化信息，无论是格式、措辞和结构，还是内容本身，都可成为文化学习和文化对比的基础。很多中国的英语学习者之所以经过十几年的英语学习之后，在工作中写的英语邮件和报告还达不到要求，缺乏对英语篇章的文化理解是主要原因之一。如果我们在写作教学中注意进行跨文化篇章分析和文化差异的讨论，就一定能提高学习者语言实际应用，进行公务写作的能力。

学术写作也是如此。学术论文是每一位接受高等教育的学习者都不可回避的写作任务。何谓优秀的学术论文？不同文化在回答这一问题时既有共性，也存在差异。例如，美国学术界注重实证研究，认为来自实践的、大量的数据分析最具说服力，因此美国的学术杂志刊载的论文大都符合这一标准。我们中国的很多学术论文采用文献研究的方法，定性分析多于定量分析。这种对学术论文的不同期望对于学术写作教学非常重要，如不予以重视，中国学生在美国攻读学位时，就会因为不适应美国的学术文化而处于不利地位。

语言与文化在教学中有机结合的方法不仅限于以上几种，随着跨文化英语教学思想不断深入人心，相信更多更好的方法将会被开发和应用。然而，在此我们必须强调教师和学生转变教学观念的重要性，要真正做到语言教学和文化教学的有机结合，教师和学生必须认识到英语教学应该承担双重任务：既要促进学习者英语交际能力的提高，又要帮助他们培养人文素质，形成立体、多维的思维方式，成为跨文化的人。只有在这一前提下，我们才能确保跨文化英语教学思想得到有效贯彻和实施。

第三节 大学英语跨文化交际教学法的创新

发源于美国的全球理解课程采用网络视频会议、聊天室和电子邮件等工具,将不同国家的学生分组配对,进行实时交流和非实时沟通,具有学科多样性、课程完整性、学校自主性、学生合作性、沟通情景性等特点。该课程强调了学生的跨文化交际能力,促进了学生英语文化图式的构建,拓宽了学生的全球视野,能够有效推动英语教学,是跨文化交际英语教学的一种创新。

一、全球理解课程的特征和时代价值

全球理解课程有以下主要特点:一是学科多样性,可以作为大学人文和科学等多种学科的必修或选修课程。二是课程完整性,整个课程需要45课时。三是学校自主性,各个学校的学分与教学内容都遵循各自的教学计划安排,全球理解课程是否纳入学分或作为课程补充由各学校自主决定。四是学生合作性,每个学生和配对伙伴一起合作共同完成一个与话题或专业相关的项目,项目形式多种多样,如话题总结、新闻汇报、电影分析等。五是沟通情景性,全球理解课程通过网络视频为沟通双方提供了"真实"的世界,来自世界不同地区的大学生可以进行视频或文字实时对话,表达情感,呈现自我,大大满足了青年们交往的需要。六是英语通用性,所有参与连线的学生互相之间使用英语交流,英语是达到互相理解的重要媒介。

全球理解课程本来是帮助美国学生了解世界的创新课程,对于我国高等教育而言,也是一种英语教学的新方式,它是对学生英语听说读写译的应用和训练,更是对学生跨文化交际能力的培养,促进了我国学生与其他国家学生之间的了解和交流,是大学英语教学的一种有益探索和实践。

全球理解课程顺应了全球化的时代特征,满足了全世界人民对文化交流的渴望,通过精心设计不同国家学生的实时交流,既成了美国等英语国家学生了解世界的平台,也为非英语母语学生学习英语和了解不同文化提供了机会,对于大学而言更是全球化背景下的一项教学创新。在这一新的英语教学方式中,学生身临其境地接触各种文化,沟通变得更迅捷,学习变得更有趣。

全球理解课程的出现以信息网络技术发展为基础。全球理解课程之所以能够出现和存在,其物质基础是迅猛兴起的信息技术——互联网的出现、发展和成熟,为其提供了强有力的保障。现在,信息网络技术已经渗透到当代年轻人生活学习工作的各个方面。随着技术的蓬勃发展,设备越来越先进,课程讨论越来越方便,情景越来越"真实",成本越来越低。最重要的是,对于每个参与的学生而言,既可以学习英语,也能了解世界其他国家的基本情况,特别是了解同龄人的思想和生活,开阔了眼界和思路,提升了语言交际能力。在学习交流的同时,学生还拿到了这门课程的学分,这也是全球理解课程实现快速扩展的重要原因。

二、全球理解课程对英语教学的推动

（一）提高不同文化背景学生的交际能力

英语和其他语言一样，是沟通交流的工具，是文化的承载者和传播体。英语教学的目的是使学生掌握这种语言，以便在工作、学习、生活中较好地运用这种语言，增进对不同文化、世界观、价值观、社会生活的了解。全球理解课程是活的课堂、新鲜的课程，是对英语语言交际能力的培养，这种教学方式具有很强的交际实践性。在课堂上，由老师确定主题，学生围绕这一主题学习英语，面对与自己不同肤色、不同腔调的他国学生，学生在老师的指导下，就会对语言的掌握更加灵活，对一个词语的理解也就更为深刻，在不同文化下的运用更加恰当。更为重要的是，连线的课堂使参与的学生成为一个即时的学习整体，学生在即时的交流中体会英语学习的快乐，培养运用英语进行交际、沟通的能力。这样，学生学习的是活的英语和能用的英语，不是没有灵性的字符，从而达到真正意义上的沟通和理解，推进英语教学方式的创新。

（二）有助于学生英语文化图式的构建

人类交际的障碍不仅在于各种不同的语言符号，更在于人类大脑中存在着不同文化图式。语言教育的最成功之处是要在学习者大脑中建立该语言深层的文化图式。英语教学的最高目标也是如此，只有这样，才能深刻地理解英语、灵活地运用英语，才能学到地道的英语。在不同语言文化交际中，由于交际双方有着不同的文化背景，不同文化背景下的个人经历存在很大差异，个人头脑中的文化图式也会有很大不同，会影响人们对信息的选择、理解、加工以及行为方式。因此，跨文化英语教学的主要目的是如何重构英语语境下的意义结构和认知程序。在实践教学中，我们发现，通过全球理解课程中交流、阅读、思考、合作、总结等方式的训练，可以有效重构学生的文化图式。

（三）拓展了学生的国际视野

全球理解课程增进了不同文化背景大学生的交流理解，一个重要的原因在于课程拓宽了参与学生的国际视野。英语作为在世界范围内运用最为广泛的语言，其地位还在随着全球化进程不断加快而提高。全球理解课程使学生了解到不同的英语及其特点。更为重要的是，利用英语这种"通用语"地位，全球理解课程设计了不同的话题，这些话题涉及社会现象和热点、科技教育、宗教、心理和精神、世界发展等，让学生在交流沟通中丰富了文化知识，加深了对世界的了解。该课程实现了多重目的：练习语言和提升交际能力的同时，了解对方国家的文化、经济社会发展状况，理解对方同龄人的思想，并推介了自己国家的文化。

由于网络语境的局限性，在短时间内达到深度沟通难度较大。如果联线前的准备工作，如词汇查找、背景收集、问题思考等做不好，再加上学生在沟通时非语言交流、辅助语言使用不当等，会妨碍课程的效果，这也是做好全球理解课程所要避免的。

三、全球理解课程对中国大学英语教学的启发

全球理解课程的出现给我们大学英语教学以启示，那就是要深刻把握大学英语教学的目的，

第六章 跨文化交际与大学英语教学方法的创新

将功用性与人文性有机结合，改善英语教学效果，切实提高学生在英语学习中的主动性。

（一）在重视大学英语教学的功用性同时关注人文性

大学英语教学是我国英语教育的重要部分，学生在这一阶段开始专业训练、继续提高和准备就业，学生学习目标逐渐分化，大学英语教学的功用性开始凸显出来。这时，大学英语教学一定要在实现其功用性的同时，增强其人文性。对于英语教学的功用性，不论是教师还是学生，一直予以很高的关注，并形成了听说读写译能力培养的课程体系。但对于英语教学的人文性，我们重视不够。一是忽视英语语言的文化载体性，重"师人之技"，轻"究人之理"。二是忽视本国优秀文化的推介，重接纳轻输出。三是急功近利，重视功用性目标的实现而忽视人文性目标的达成。当前，随着国际交往的日益频繁，政治、经济、文化的交流更加密切、快捷，人们对英语的日常运用越来越多，跨文化的社会交往能力越来越重要。除政府、学校外，一些培训机构，甚至企业也积极参与进来，培养适应全球化的、熟练使用英语的国际交流人才，但与我国在国际上的地位相比，与社会需求相比，我们仍缺少大量的参与国际交流的人才。例如，在国际组织中，我们的工作人员远远低于一些发达国家，甚至是个别发展中国家。全球理解课程启发我们，可以通过利用先进的互联网技术，在提高英语的功用性的同时增强其人文性，发挥英语教学在培养人才、传播文化中的作用。

（二）加强和改进交际性英语教学课程

我国英语教学的功用性很强，通用英语教学课程、专门英语教学课程很受重视，且在教学实践中有很多值得继续坚持的好经验。例如，受结构主义影响，英语教学中以英语语法翻译为主线的教学，是许多优秀学者对英语语言规律的总结，应当继续加强。受行为主义的影响，英语教学以大量练习为手段，"熟能生巧"也促进了学生对英语的学习。近些年来，在交际性理念的影响下，一些教师开始强调语境、合作和互动，进行有意义的沟通，在教学实践中不但关注字词的内涵，还关注书面或口头沟通的风格，关注社交合理性和可靠性，同时避免过分强调语法正确。交际性理念指导着各种各样的教学改革，21世纪初出台的各级外语教育标准，出现的多媒体教学、计算机辅助教学、网络课程，以及英语四六级的改革——听力口语从无到有以及从低分值到高分值的变化，甚至还有一些学校也开设了跨文化交际英语课程，所有上述这些改革措施在很大程度上推动着英语交际性实践，然而不足的是，大学英语的主要教学方式仍然以传统的灌输式为主。与之不同的是，全球理解课程将以网络视频为媒介的跨文化英语交流沟通扩展到不同国家、有着不同文化背景的全球公民，不但为我国大学英语跨文化交际教学提供了一个平台，同时也为交际性英语教学提供了样板。学生的跨文化交际动机、沟通倾听技术显著提高，其他跨文化交际能力也有进步。当然，要进一步加强和改进英语跨文化交际教学课程，全球理解课程只是一种初步探索，学校还可以根据学生英语程度和目标需求，开设不同层次的文化交流课程，以提高他们英语学习中的跨文化交际能力。

(三)充分重视学生的主体地位和发挥教师的主导作用

教学中,教师的主导作用和学生学习的主体地位缺一不可。全球理解课程告诉我们,在英语教学中,只要增强了教学的交际性、实践性,学生的主体地位就更加突出,学生内在的学习积极性得到提高,其学习的兴趣和参与度大大增加,学习的效果就会增强。同时,教师的主导作用和责任更加重要。全球理解课程实践证明,教师在跨文化教学的课程中,要做好主题选择、教学设计,还要"导演"整个过程,以实现教学目标。例如,指导学生批判性反思、讨论、组织考试、必要的现场翻译或将具有地域风格的叙述转换为全球语境中的叙述。教师的经验、智慧和直觉等在这种具有创造性和批判性特征的英语教学中的作用不可低估。因此,好的教师本身就应该具备多元文化素质和良好的沟通能力,他们在多元文化课程中扮演的是指导和咨询的作用,而不是讲解的作用。

需要特别注意的是,跨文化交际中不可避免地存在文化碰撞与意识形态差异问题。因此,在英语跨文化交际教学中,既要充分重视学生的主体地位,更要充分发挥教师的指导和引导作用,对采用的材料、探讨的话题进行充分分析和研判,引领学生在克服文化和价值观差异产生的障碍,展开充分交流的同时,坚守正确的意识形态和价值观取向。

第七章 大学英语网络教学模式的创新

第一节 大学英语网络教学的构成要素

网络英语教学涉及计算机、多媒体和网络技术的应用、人机之间的关系、教学设计，以及传统英语教学所涉及的所有因素，它比传统的课堂教学更为复杂，因此需要对它进行全面、系统的研究，才能保证这一新的教学环境和模式的教学效果。目前，网络英语教学研究最亟待解决的问题之一，就是网络英语教学研究尚未形成一套成熟的、独立的理论和研究方法。

一、网络英语学习环境

（一）英语教与学和网络环境

网络环境是网络英语教学的物质基础和非物质基础。学习环境是学习者可以在其中进行自由探索和自主学习的场所，这里强调了环境的物理特性。根据教学的过程观，我们除了要对物质环境进行研究，还应关注非物质环境。学习环境是指促进学习者发展的各种支持性条件的统合。网络英语学习环境的研究旨在对"各种支持性条件"进行研究，并探索各条件之间的关系，以对网络英语学习环境进行最优化的设计。因此，网络英语学习环境研究的内容主要包括物质环境和非物质环境两个方面。

物质环境主要指网络英语教学平台的设计和开发，非物质环境主要包括教学活动和教学策略的设计、教学过程的监控、学习氛围、学习者的动机状态以及人际关系等。

网络英语教学平台主要包括管理系统、教学系统、资源库系统和维护与支持系统4个部分。

1. 管理系统

对整个网络英语教学平台进行管理，主要是进行教务管理和教学管理，包括权限设置、注册登记、政策公告等功能。教务管理主要是掌握学生基本情况、学习情况、选修课程等具体情况；教学管理系统主要用于公布课程要求、教学内容、教学环节、知识的重难点，以及学习的阶段、步骤、教学安排等信息，以帮助学生结合实际情况制订出适合自己的学习目标和学习计划。

2. 教学系统

对日常的教学活动进行支持，这也是网络英语教学平台研究的重点所在。一般来说，教学系统应包括学习工具模块、协作交流模块、反馈和评价模块等。

3. 资源库系统

包括与教学有关的文字、图形、动画、视频、音频等各种资源，供教师和学生使用，对教学进行支持。

4. 维护与支持系统

对网络教学平台的正常使用提供必要的技术支持和保证。

建构主义教学理论认为，学习环境是指以学习者为主体的学习活动展开的过程中赖以持续的情况和条件。其中，"情况"是学习活动的起点和某一时刻的状态，"条件"包括物质条件和非物质条件，这和我们上文所说的物质环境和非物质环境所指基本相同，即物质条件指学习资源，非物质条件包括学习氛围、学习者动机、人际关系等，以及系统采用的教学模式和教学策略。

网络学习环境的要素有：学生模型、传输平台、学习功能模块、学习资源、学习工具。其中，学生模型包括基本信息、安全信息、学习课程信息等。传输平台包括局域网、互联网、卫星传输平台等。学习功能模块包括作业区、在线测试区、在线虚拟实验室等。学习资源包括网络课件、资源库、视频点播、数字图书馆等。学习工具包括协作学习工具（如电子公告板、聊天室、留言板、电子邮件等）、个人工具（如在线字典、在线作图工具等）。总之，网络学习环境就是指在网络环境下，利用网络、多媒体等信息技术，以现代教育思想和学习理论为指导，提供各种学习工具和丰富的学习资源，传递数字化内容，在教室和学习者之间提供辅导和学习，在学习者和学习者之间提供协作与共享，开展以学习者为中心的学习活动的环境。

网络学习环境具有高交互性、虚拟性、支持协作性、兼容性、开放性，信息资源的丰富性、信息呈现的多媒体性、信息组织的超文本性、信息检索的超媒体性、信息传递的即时性等特征。

为了考察大学生对网络多媒体环境的适应性，学者们综合以上网络教学平台的设想与经验，设计了网上协作探究学习的学习环境，采用了调查报告与实证性研究结合的方法，重点关注学习者对学习资源、学习场所、学习评价与管理的适应性问题。

目前，国内英语网络学习环境主要分为基于校园网和基于互联网的学习系统。由教育部向全国大学推荐使用的几套大学英语网络学习系统，基本都采用了"控制主干课程学习进程的管理系统＋大量全天候开放教辅资源＋在线自测题库＋教学主体（教师、学生）互动BBS等"的模式。基于局域网的测试题库，不仅可以让学生完成无纸化的口、笔试，更大大减轻了英语教师的负担，充分发挥了计算机辅助英语教学的优势。同校园网学习系统不同的是，互联网学习系统更注重资源的丰富性，为配套的语言学习课程提供了更为丰富的在线拓展学习以及资源下载，让学习者在没有教室的环境中也能顺利完成特定英语课程的学习，是课堂教学的有效补充和扩展。

第七章 大学英语网络教学模式的创新

基于课堂网络的英语学习环境是我国英语网络教学研究中一个恒常的话题。这样一个英语网络学习系统，是由多媒体网络教室、多样化的学习资源和学习工具，由教师和学生及其他成员组成的学习共同体所构成的个体学习的微观学习环境。以教室为基础的课堂网络学习环境在强调网络环境对英语教学的支持作用的同时，也强调英语学习者之间面对面的交流对语言运用能力培养的重要性。因为对于学校英语教学来说，师生之间和生生之间面对面的交流是主要的交流形式，这是由语言学习的特点所决定的。社会、文化等因素构成学习者学习的宏观环境。学习者的学习是在一定的社会、文化背景下进行的，但在正规的学校教育中，相对来说，微观的学习环境对个体的学习能产生更为直接的、显著的影响。微观的学习环境和宏观的社会文化背景通过多样化的学习活动与学习者的内部认知建构相互作用，相互影响。在现代学习环境中，学习工具一般是指与通信网络相结合的广义上的计算机工具，如多媒体教学平台、网络教学平台、英语专题学习网站等。学习工具同样也应包括传统意义上的一些英语学习工具，如录音机、电视、广播、投影等。多媒体网络环境可以为学习者提供大量的、有趣的、多种表征形式的英语学习资源，网络学习资源是学生英语信息输入的一个重要来源。由教师、学生和其他成员构成的人际环境也是学习环境的重要构成要素，它构成学习的软环境。在英语学习过程中，充满多向交互的、开放的、和谐的、民主的、积极互动的课堂语言活动氛围，能使学习产生浸润性的效果，能使学习者愉快地融合在英语的学习环境之中，产生积极的语言学习情感，自然地、不知不觉地吸取和操练，增强语感。

（二）英语教与学和网络资源

网络学习资源有广义和狭义之分。广义的网络学习资源包括相关网络硬件资源、人力资源和软件资源等方面。狭义的网络学习资源仅指学习者能用于网络学习活动的各种网络数据库，或称作教育信息资源库。

网络教育资源包括英语网络资源，有不同的划分标准及其各自的形式或类型。首先，依据教育资源的不同组织结构和呈现方式划分，它主要包括：在线数据库、新闻组和电子公告板、电子期刊、电子书和教育网站五大部分。其中，在线数据库通常有图书馆目录和各种专门用途的数据库，如学位论文数据库、会议文献数据库等。许多数据库检索服务中心可以通过因特网访问在线数据库的目录，如 ERIC 教育资源信息中心，该数据库是由美国教育部资助的世界上最全面、最权威的教育文献数据库。新闻组和电子公告板是为学习者提供讨论服务的平台，讨论主题涉及面很广，讨论内容具体而深入。电子期刊有三类，即电子报纸、电子杂志、电子新闻和信息服务。大量期刊在网上发行，而其基本内容与印刷期刊基本相同。教师可以选择这些资源作为英语课程内容的组成部分，并帮助学生订阅，成为其学习的补充资料。电子书的基本特点是超媒体、反应性、学习者控制和界面复合性，它是一种按照一定的组织结构而构成的计算机可视化学习材料，包括电子百科全书、人物传记、历史资料等。如今，许多英语小说已经做成电子书的形式放在网络上，还有许多教育机构都有 Web 站点，用于存放自己的数据资料，如课程内容、补充材料、教学交流、学术论文等。

其次，根据教育信息发布者的身份，教育信息资源可分为：政府教育机构信息、企业集团教育项目及教育产品信息、科研院校教育信息、信息服务机构教育信息、个人信息等。其中，政府教育机构教育信息一级或二级域名一般是 .gov 或行政区代码。

再次，根据网络学习资源的语种形式划分，也可分为两大类：中文网络学习资源和外文网络学习资源。其中，外文网络学习资源可分为英文、俄文、德文、法文、日文、拉丁文、阿拉伯文等上百种类型。网络学习资源的多语种形式，很好地突破了学习资源共享因为语言因素而造成的严重障碍，使网络学习资源真正成为全人类的共同财富和知识力量。

最后，依据网络学习资源是否有偿划分为：免费网络学习资源和有偿网络学习资源。网络上大部分的 WWW、FTP、BBS 等资源是 24 小时免费开放的，任何网络学习者都可免费对其进行查询、浏览、下载、讨论和打印等相关学习活动。有偿网络学习资源是由一些商业化网站或部分商业化的网站所运营的网络学习资源，它作为网络学习资源的重要组成部分，与免费网络学习资源将长期共存，互为补充和发展。

资源型学习是网络时代自主学习的重要形式。基于海量信息资源，教学中应着重教学生科学地探究未知领域的方法，使之通过独立学习与主动参与充满挑战的教学情境，通过任务驱动，充分利用信息资源来解决问题。资源型学习中学生知识获取的主要途径是情境、协作、会话，而不再是教师的讲授，它主要"人力资源要素"和"非人力资源要素"两大类要素。

人力资源要素包括：①教师。教学信息传递的任务由现代信息技术高效承担，教师得以充分发挥其创造性，进行信息化教学设计，创设教学资源环境，帮助学生学习。②学生。教学的首要目的就是为学生提供各种机会，使之在获得基本知识的同时，形成独立的学习技能，最终成为适应信息化社会要求的终身学习者。

非人力资源要素包括：①教学材料。它包括印刷型和电子型材料。其中，教师用以创设教学资源环境的"电子教案"和"教学网页"发挥着重要作用。②教学媒体。教师尽可能地退出媒体角色，而使用物化手段的媒体，包括：视觉媒体（幻灯片、投影、印刷的文字材料、图示材料、实物教具与模型等）、听觉媒体（广播、录音、听力实验室、音碟等）、视听觉媒体（电影、电视、录像、影碟等）、交互媒体（教学模拟机、双向有线电视系统、计算机补助教学系统等）、多媒体系统（多媒体学习包、多媒体计算机，以及近年来快速发展的基于网络和通信卫星的多媒体远程教学系统等）等。网络信息作为一种教学资源进入课堂，改变了传统的讲授式教学模式，为学生营造一个探索与发现的学习环境，提供丰富的学习资源。学生在教师的激发和引导下，通过对信息的搜集、加工、处理、利用和评价，将相关信息组合起来形成自己的观点，从而获得自我认知的方式，学会独立获取和处理信息的能力，发展良好的个性，提高识别资源的能力和创造性思维的能力，实现"学会学习"的目标。

基于网络资源型学习的教学设计过程，可分为：①需求分析，提出问题；②创设学习资源，搜集学习资料；③明确学习任务，组织教学活动；④展示学习成果，进行总结评价。

基于网络资源的 P2P 学习模式，它对英语网络资源的学习利用同样具有实践意义。穆尔将在网络环境下的学习交互划分为学习者与学习内容的交互、学习者与教师的交互和学习者与学习者的交互三种类型。相对于学生面对学习内容的学习方式，即 P2C 的学习方式，学习者与学习者交互，即 P2P 的学习方式才是 E-learning 最有价值的体现。P2P 学习包含了学习者与学习者之间的交互合作和学习者与教师之间的交互，它们是以学习者和学习内容的交互学习为基础发生的。有效的 P2P 社会化交互学习能够产生如下的效果：①实现学习资源的共享；②促进学习方法和信息处理的经验和技巧的交流；③得出高质量的问题教学方案；④促进认知推理能力的发展；⑤促进对他人的认知的理解；⑥促进学习者的认知好奇；⑦形成和创造包含实践性知识的新的学习资源。

因此，将学习者和教师组建成学习共同体，以精心设计的学习活动为驱动力，实现 P2P 的社会化交互学习，是解决以上基于网络资源学习中遇到问题的有效途径。教师可以利用体验性的网络资源和研究性的网络资源，构建合作化学习环境并指导学生向 P2P 的学习环境迁移，建立学习共同体，进行社会化交流合作，从而实现实践性知识和高阶思维能力的学习。开放式的网络学习环境是指采用互联网＋提供的独立的网络技术而构建的学习环境，如电子邮件系统、BBS、聊天室、博客、MSN 和 QQ 等，它们为同步或异步的交互合作学习提供了可能，虽然它们不是专为学习开发的，但是经教师选择和利用，并与学习内容类型和学习活动特点相结合而构成一种自由灵活的学习环境。

二、网络英语学习者和教师要素

在网络英语学习条件下，英语教学法的"学生主体论"由于充分肯定学生的主体性，突出学生在英语教学活动中的自主地位，因此它在网络环境下更加得到肯定和彰显。网络英语学习环境，为学生自主学习提供了平台，彰显了"学"为中心的特色。在非网络环境下，学生的学习策略一般由教师安排确立，如应该学习什么、怎样进行学习、在多少时间内完成学习等，都是基于教师的考虑和安排，这样，教师主导作用的发挥忽视了学生主体作用的体现，且教师越主导，学生就越被动。而在网络环境下，学生是学习的主体，知识是学习者的自主建构。与非网络环境相比，教学中教与学关系的基础发生了深刻的变化，学生的地位和作用日益凸显，教师已不再处于教学的中心位置，但这并不意味着教师的教就可以完全抛开，只是这种教学是没有围墙的教学。在网络环境下，教师担负着更加重要的角色，将发挥更大的作用，那种完全排除教师的教学指导并不是信息技术和网络技术条件下的正确做法。网络环境不但没有弱化教师的作用，反而在某种意义上更加强化了教师的作用。由于学生个体对知识把握与对信息选择存在一定的盲目性，离不开教师在一定程度上的技术支持和知识指导，因此在网络环境中过于强调学生的自主作用是不合适的。在新的教学手段的运用中，教师仍将发挥其重要作用，主要体现为：教师仍然需要向学生传授知识；教师必须培养学生学会使用新技术的能力和控制大量信息的能力；教师要更为注意培养学生的学习兴趣；教师还需要帮助学生确定个体化的学习方向。在网络环境下的英语教学中，教师完全有必要以引导者、管理者的身份，一方面为学生的自主学习提供各种帮助，如辅导学生确定英语学习计划、制订自己的英语学习策略、选择英语学习途径等，引导学生看到自己自主学习的成果，从中获得成功感，坚定今后自主学习的信心；另一方面，教师适当引入、融会传统教学中有效的教学方法，让学生逐步学会并发展自主学习能力，最终让学生顺利地过渡到完全的自主能力。网络文化环境下的教学过程，既是教师不断为学生建构主体学习环境的过程，又是学生不断为自己创建主体学习环境的过程。

相对于英语学习者来说，关于网络英语（特别是英语）教学环境下教师角色的定位、功能、特点等方面，我国学者进行了更多的论述，这是因为网络英语研究从创立之时起就将学习者因素作为突破口，网络学习中学生角色的转变要快得多、深入得多，而教师角色的转变要比学生花费更多的气力。当然，发表此领域学术论文的大多是教师，他们对于自身的特点也有着更为深入的了解。

试点教学是一种网络增强型教学，即在改革传统教学模式的基础上，通过利用网络资源和工具来增强课程学习效果。它首次尝试让学生在网络环境下自主学习，在教学设计中教师不亲临自主学习现场。试点教学重点研究非现场监控条件下教师对学生在网络环境中自主学习实施指导、监督和管理。经实验，研究者认为这种监督、管理和指导应达到以下目标：①保证学生的上网时间用于英语学习，督促学生完成规定和自定的学习任务；②让学生了解和掌握自主学习的方法，督促学生制订学习计划；③增强学生在自主学习过程中自我监控和评估的能力；④促进学生充分利用网络学习资源；⑤鼓励学生参与网上学习讨论活动。为此，教师可以采取以下方面的措施：①引导学生制订学习计划，选择学习方法；②要求学生填写自主学习报告；③布置网上合作学习任务；④以阶段考试、口语活动和管理模块监督学习过程；⑤组织学习经验的交流讨论等。

更有学者提出了"网络型英语教师"的概念，认为这类英语教师应具备4种能力，即基于媒体技术进行课程设计与开发的能力，基于心理学激励学生学习兴趣和学习动力的能力，基于教育学知识指导学生与教学内容进行有效交互的能力和组织论坛、测试与评价的能力。

总之，网络英语教学环境下教师的导学、监督和管理职责是"教师"要素中最重要的方面。

三、网络英语教学评价要素

根据评价在教学过程中的作用和功能，教育评价可分为形成性评价和总结性评价。形成性评价是通过诊断教育方案或计划、教育过程与活动中存在的问题，为正在进行的教育活动提供反馈信息，以提高正在进行的教育活动质量的评价。总结性评价与此不同，它是在教育活动发生后关于教育效果的判断，一般与分等鉴定、做出关于学习者和教育者个体的决策、做出教育资源分配的决策相联系。目前，我国大学英语教学的评价方式过多地依赖于总结性评价，无论是学生、教师还是用人单位，更多的是以学生的英语考试成绩评判学生英语学习能力的高低。形成性评价重视对学生学习过程的考查和评估，它通过多种渠道搜集、综合和分析学生日常学习的信息，了解学生的知识、能力、兴趣和需求，着眼于学生潜力的发展，不仅注重对学生认知能力的评价，而

第七章 大学英语网络教学模式的创新

且也重视对学生情感和行为能力的评价。形成性评价为学生提供了一个不断自我完善与提高的机会，它强调学生的自我评价与相互评价，让学生在自我评价中不断地反思，并取得学习上的进步。正因如此，形成性评价给予了学生更大的发展空间，它有利于培养学生英语学习的兴趣，增强其学习动机和自信心。在英语学习方面，由于形成性评价所覆盖的内容是多方面的，因此它有助于学生听、说、读、写、译各项技能的平衡发展。

基于网络和多媒体的英语教学评价模式应是一种综合性的评价体系。网络环境下英语教学的评价体系应该采用诊断性评价、形成性评价和总结性评价相结合，自我评价、小组评价、教师评价相结合，个别评价与整体评价相结合的多维评价体系，并以形成性评价和自我评价为主。诊断性评价也称置前评价，被安排在教学设计前，是制定教学目标、组织教学内容、选择学习策略的依据。依据置前评价的结果，学习者可以有选择地进行学习。形成性评价又称为过程评价，就是关注教学活动中学生的学习状态、学习态度、应变能力、情感因素、认知因素等，从中发现问题，及时反馈并相应给出建议和补救方案。总结性评价如期末考试、标准化水平测试等，在命题的过程中应注重试题的质量和科学性，即信度与效度的统一。理想的评价方案应是将三者有机结合，逐步改变现有的、总结性评价占绝对主导的模式，重视形成性评价对学生英语语言学习的激励作用。以形成性评价为主的多维评价体系，其评价方式是多种多样的，其评价资料可以由教师和学生共同搜集而完成。评价体系必须具有信度和效度，评价方式除了通过大规模集体测试来进行诊断性评价和总结性评价之外，还应当采用多种形成性评价工具，如教师日常观察和记录、项目演示、问卷/访谈、自我/相互评价表、学生学习档案、网络教学评价系统等。

评价问题是英语网络教学质量管理的核心问题之一。因此，网络环境下组成学业成绩的基本内容应包括以下方面：

（一）学习态度

学习态度可以体现和衡量学生自主学习的情况，这正是网络教学的主要特征，反映学习态度的主要内容应该是：①个人学习计划的制订；②除网页文字教材之外其他学习媒体的选择；③参加该课程必要的面授辅导情况；④自主学习笔记和听课记录；⑤参加学习小组讨论和网上学习情况的记录。

（二）平时作业

平时作业是教与学过程中的质量控制杠杆，是反映和检验学生在学习过程中所付出的努力程度的标志。平时作业的主要内容是：①基本概念的理解；②基本解答技能的训练；③综合知识的运用。

（三）课程考核

这与传统学习评价的内容相似，是定量评价的一部分。

在教学过程中探索了新的评价模式，其策略为：①自我评价、教师评价与小组评价等多种评价方式相结合；②注重学习过程的评价，开展动态评价；③创立学生电子作品集，提高评价的说服力。网络环境下的学习评价必须充分重视网络环境的功能及其对教学系统各要素的相互作用，既要有个别评价又要有整体评价，要探索个性化、多媒体化、网络化、智能化的学习评价和考试模式。诸如：开展形成性评价和诊断性评价；制定形成性考核成绩评定标准；确定平时学习态度与平时作业的权重；根据评价目的和标准制订评价指标体系；多媒体网络教学和非多媒体网络教学进行比较性评价等。

基于网络的学习模式是以自主学习为主要方式的学习模式，因此对于教师来说，掌握和检测学生的学习效果是网络英语教学的重要方面。我国学者贾国栋总结出了基于网络的英语教学中，英语学习的5种评估原则和12种评估方法，这些宝贵的经验非常值得推广。

5种评估原则是：充分信任学习者原则、培养独立评测原则、鼓励学—学互评原则、网上师生互评原则、反馈信息丰富性原则。12种评估方法是：网上小测试、网上小作文、电子档案夹、在线能力展示评估、在线口语面试、网络日志、电子邮件、反思性问题、反思性短文、学习者的参与度记录、同学互评和自我评估。其中，网络小测验、小作文是形成性评估的一个组成部分，实例是《大学体验英语》网络教学系统读、写、译课程的词汇单元测试等；网络日志方面，也有英语学习与交流的博客，内容丰富。

第二节 网络环境下大学英语教师教学模式方法的创新

一、网络英语教学模式创新

网络环境下的英语教学可根据信息技术手段来组织不同的教学形式，大体有以下教学模式：

（一）课堂教学模式

将课堂变成一个既能利用网络环境随时调用各种不同载体的信息资源，同时又能将自身融入其中的多媒体示教型课堂。

（二）引导、交流模式

教师首先以发展学生的元认知能力与掌握学习途径为目的进行教学设计，然后通过多媒体网络环境将所需的各种多媒体教学素材展现在学生电脑上。学生在教师的组织下，通过计算机创设的情境，与教师和同学进行会话交流、协商讨论、解答疑问；教师仅利用电子白板、电子举手、语音对话、屏幕广播监控等功能，组织、引导学生的学习活动，而不做详细讲解。

（三）协作学习模式

学生分组依据教师或自己提出的命题进行讨论和交流。在此过程中，提倡学生运用各种网络应用技术，创造性地搜集整理图文信息，设计完成以个人或小组或班级为单位的项目/作业，包括"专题发言""虚拟论文""电视小品"等，通过在网上发布、交流、讨论，学生在一个可扩展的、开放的虚拟空间中自我发展其语言交际能力。

第七章 大学英语网络教学模式的创新

（四）虚拟仿真模式

多媒体技术和仿真技术相结合，创设使学生身临其境的逼真效果，引导学生根据个人志趣适时切入虚拟的国外生活场景中，与各种不同类型的外国人进行模拟交往，以提高他们在实际的语言交往中展示和丰富自我的能力。

以学生为中心的建构主义教学模式是网络英语教学模式的最主要形式之一。它在教学内容方面强调以解决问题为导向，学习任务应尽可能接近真实情境；在教学环境方面，它要求设计有利于学习任务展开的学习环境，能支持合作和互动学习；在教学信息方面，它规定学习者自己发现、分析和处理信息；在教学过程方面，它强调在学生已有的认知结构基础上获得知识；在教学方法方面，它强调教师应设计多种自主学习策略，学生的学习策略强调合作式、交互式学习；它要求教师应当是发问者、引导者、帮助者、促进者、协商者、组织者的角色，学生应当是学习的主体。

基于网络环境、以建构主义为指导的英语教学设计思想，应结合学生特点进行"元认知"意识培养，树立学生自主学习意识；实行学习目标多元化，满足学生个性学习需求；利用网络环境，组织学生自主学习。教师、学生角色以及教材、学习空间得以全方位转变。

网络交互模式和移动模式是网络英语教学模式研究的热点方向之一。基于网络交互模式的英语教学以 Internet/Intranet 网络作为传输平台，利用网络软件工具在师生之间形成一个虚拟的交流空间。网络交互模式又分为同步交互模式和异步交互模式。同步交互模式强调的是授课和听课双方的实时交互，而异步交互模式强调的是授课方和听课方的非实时性交流。

在基于网络的远程教学领域中，同步交互模式下的英语教学可以是基于语音和影像的实时互动形式，也可以是基于文字的在线交流形式。无论是哪种形式，都强调授课方与听课方的实时交互性。要实现同步交互模式下的英语教学，可利用实时交谈工具软件（如 Skype、QQ 等）形成一个虚拟的师生交流空间。教师和学生之间通过语音、视频或文字信息进行实时互动和双向交流，而交流效果与现实中几乎没有差异。网络交互模式特别适用于远程英语教学。异步交互模式的英语教学也是基于语音、影像的互动形式，或者是基于文字的交流形式。所不同的是，异步交互模式强调授课方与听课方的非实时交互性，师生之间或学友之间的交互在时间和空间上具有极大的灵活性。要实现异步交互模式的英语教学，可通过 E-mail BBS 等信息服务系统，为师生之间搭起一个非实时交流的桥梁。通过 E-mail 系统，学生可向教师提出问题，教师可为学生提供解答。教师与学生之间，或学生与学生之间可通过 BBS 进行主题讨论和交流。

移动学习模式主要是指：教学时空是不固定的；学习依赖于便携式的可移动学习设备；具有交互性或学习内容的自主选择性。要进行移动学习模式的英语教学，针对不同的移动学习设备有不同的实现方法：①针对 PDA 或智能手机等设备，可通过 WAP（无线应用协议）来访问英语教学服务器，实现对英语教学信息的无线浏览、查询和实时交互。服务器端的课程材料可采用 HTML（超文本标记语言）来编写。②针对笔记本电脑，可通过无线网络和 HTTP 协议来访问英语教学服务器。③针对 MP3/MP4 播放机，可通过网络下载或专门制作的英语视频、音频或文字材料来进行英语学习。鉴于智能移动设备如智能手机、平板等具有存储空间的无限扩展、普及率高、学习的自主性强等特点，以及在英语学习中的实践优势，基于智能移动设备的移动学习模式将在相当长的时期内有着很强的生命力。

多媒体网络环境下的英语协作教学模式也被学者们所关注。协作教学是一种全新的教育理念，是教师之间、教师与其他相关人员（研究人员、试验人员、教辅人员、其他专业人员）就某个特定施教目标组成团队或搭档进行协同教学模式。在教学过程中，他们相互协调，相互学习，互为补充，共同提高，共同完善。网络环境下英语协作教学特点是：协作备课，协作运作教学环节，共同承担课堂教学任务，协作解决问题，同时出席教研、教学活动。其基本要素是：组建教师团队或搭档（不同经验的教师），具有协作精神和团队意识，搭档共同对课堂教学及效果负责，共同设计教学，满足学生需求，共享教学资源，相互尊敬，欣赏对方的努力等。在具体实施过程中的许多做法都体现了协作教学理念，如共同制订教学大纲、目标、模式、评估方式等，教师间经常进行研讨，并与技术人员协调工作，确保网络学习环境正常运行，小组教师分担任务制作教案、课件、线上考题，互相听课，分享教学资源等。例如，某校某级学生开设了"英美文学经典作品电影赏析"和"英语视听说"课程，教师分别授课。但教师在语音训练、写作方面进行了教学协作。

国内教师和学者对网络环境下大学英语教学模式进行了深入探讨，提出了许多有价值的观点，总结出了多种教学模式。

1. 自主学习模式

即以人本主义和建构主义理论为基础，运用认知重组教学的原理，引导学生积极建构和转化知识，学生利用课余时间进入网络课程进行自主学习的形式。当前，我国许多大学英语课程都存在课时少、班型大等问题，网络自主学习模式的构建恰好可以弥补这一缺点。这种模式不受学习时间和地点的限制，因此可以培养学生较强的独立性和主动性。

2. 合作学习模式

其基本理念包括教学目标的导向性、教学形式的多样性、学习氛围的自然性以及教学各要素之间的互动性。在网络教学环境下，教师可以把不同层次的学生搭配成学习小组，指导他们围绕某一学习材料，按照教学目标要求进行相互讨论、相互评价等小组合作活动。学生可以通过BBS讨论区、聊天室、QQ视频、留言板等方式与本组成员进行交流，实行一对一乃至一对多的交流，让学生在轻松愉快、合作竞争的良好环境中共同进步。

3. 讲授型教学模式

即以"教师为主导，学生为主体"的教学原则组织教学。这一模式把学生看成学习的主体，教学内容不再局限于指定的教材，而是包括了与学习主题相关的所有网络资源、多媒体课件和音像材料等。

4. 在线交互学习模式

它强调学习过程不仅是信息量的积累过程，且是认知图式的建构过程。该模式主要利用电子布告栏、电子邮件等进行人机互动、师生互动和生生互动的交流。在线交互学习模式是网络教育的重要途径，它可以分为实时和非实时学习模式、单向学习模式和双向交互学习模式。

教师还提出，对于大学英语多媒体网络教学模式应按照5个环节进行教学设计。

1. 教学目标分析

学习者要根据自己的实际情况，构思完成教学目标的方法与手段，通过学习操作实践实现教学目标。教师提出的教学目标的难度应以大多数学习者能通过为宜，并应具有层次性，以适应不同程度的学习者。

2. 创设真实情境

教师要帮助学习者分析自身的知觉、记忆、思维，以及动机、经验、情感等因素，利用教师E-mail答疑管理系统，通过实时模拟双向答疑、视音频文字一体的多媒体、BBS讨论区、教学内容的网上交流等多种途径，实施教学计划指导下的非实时自主学习，有效地促进其朝着个性化学习、自主式学习方向发展，使学习者在因材施教、个性化发展的过程中提高语言水平的实践。

3. 自主学习

学习者要根据自身的水平，寻找适合自己能力的学习起点、学习目标以及学习内容和方法，并确定自己的一套评估体系的能力，学习者借助多媒体网络教学系统提供的弹性学习环境，随时随地开展学习，并能下载或输出所需材料，从而实现网络资源的提供者和获得者进行实时和非实时的交流，使学习者学习中遇到的问题能得到及时的解答和讨论。

4. 协作学习

在网络学习环境下，学习者面对面地进行实时在线语言交流或通过多媒体网络进行实时的文字交流的"协作学习"，使得每位网络资源提供者和获取者的思维与智慧为整个网络学习群体所共享。在学习者与教师的协作过程中，学习者获得教师的帮助，教师获得学习者的信息反馈。"协作学习"也可在两个以上的学习者之间进行，既可有组织地进行，也可直接面对面地或通过BBS论坛进行。

5. 意义建构

学习者要根据自身在学习过程中，通过各种不同形式获得到的各类不同信息形成自己的学习体会或研究成果，并以文字材料、视听媒体、影音资料、多媒体课件和主页等多种形式将成果具体体现出来，以汇报学习成果并进行总结评价（包括学习者个人的自我评价、学习小组对个人学习的评价及教师对学习者的点评等）。

二、网络英语教学方法创新

（一）网络环境下的视听说、口语教学

多媒体网络教学模式是提高学生英语听说能力的有效途径，尤其对于提高中等及以下水平学

生的视听说能力及高水平学生的口语能力效果更为明显。但是,许多该领域内的研究者和教师也指出,多媒体网络教学是大学英语教学的辅助手段,不可取代教师的面授。许多教师对多媒体网络环境的英语视听说课进行了有针对性的教学设计。例如,宁波大学外语学院根据其实际情况,对某级新生进行分级教学,教学设计充分体现个性化,考虑学生的接受程度和自学能力,选择合适的教材和补充材料,在实施过程中,坚持"以学生为本"的教学理念。

多媒体网络环境下的自主学习对学生的自学能力和学习自觉性要求更高,缺乏自我控制和自我管理能力的学生有可能通过投机而回避学习,或临到考试时突击学习。有时,在此环境下的"回头"复习功能得以减弱。

在大学英语教学中,有网络交互视听教学的成功个案。例如,大连东软信息学院专门设计了交互式计算机网络平台,以满足英语视听说等课型的教学需求,也取得了不错的教学效果。这一平台包括题库建设系统(含丰富的带有音视频的听力和口语试题)、作业布置系统、作业检查系统、自主学习系统、互动交流系统等。

精听训练可以帮助学生深入新闻内部层面,它要求学生详尽地理解所听的新闻内容。而新闻泛听则意在多听的基础上积累和扩充词汇量、熟悉新闻结构系统所提供的泛听训练模块不仅可满足精听和泛听相结合的学习需要,且把读与听结合,能达到阅读和听力相互促进、相互提高的效果。同时,系统具有机辅阅读的功能,系统能提供不同的阅读速度,如快速阅读模板可帮助学生以短语和意群为单位,培养流畅的阅读习惯,有利于学生从结构上把握新闻篇章广泛的阅读能使学生扩大词汇量、了解新闻背景和新闻报道的句型结构和篇章结构,克服新闻听力理解中的两大障碍:新闻词汇和句法结构。学生在有计划、有步骤的训练中听力水平能得到飞跃。

基于网络的口语自主式学习是口语教学的必然趋势。有学者提出基于语音博客的大学英语口语训练和研究网络平台设计,并进行了相关实证研究,探讨了语音博客在大学英语口语训练中的有效性和可操作性。该网络平台以互联网为大环境,以网络资源库为依托,以教师博客为中心,以教师布置的口头作业为主要内容,形成了一个师生之间、生生之间相互交流、真实自主的开放式英语口语交流平台。具体学习流程是:教师将口语作业贴在自己的博客里,学生进入教师博客获得作业信息,然后通过教师博客里的虚拟录音设备,直接录下自己的口头答案,贴到教师的博客里,同时也可以贴到自己的博客里。批改口语作业时,教师在博客里进行口头反馈或书面反馈。教师可以直接在自己的博客里贴上大量丰富真实的音频或视频或某个英语教学网站的链接,采用网络资源作为课外口语作业。此外,学生可以通过网络资源库或互联网了解到某些热点话题,自主发起对这些话题的讨论,录下音频,学生之间可以随时进入对方的博客留下口头或书面评论。

基于现代网络通信技术并深受大学生广泛欢迎的QQ网络通信平台和微信社交平台所提供的实时在线交互式功能,为创新传统英语口语教学手段和拓展英语口语教学的时间与空间提供了一种新的可能性。

（二）网络环境下的写作、阅读教学

写作教学始终是国内基于网络环境的英语教学具体教法的最主要研究方向之一，这从CNKI学术论文检索数据中即可验证。我国英语教师设计了各种基于网络资源和网络环境的大学英语写作能力培养模式。

有的学者、教师从人本主义教学思想，克拉申的"输入假设"理论和支架理论出发，提出了自己的培养模式。这种模式重在选择合适、够量的语料建立一个写作教学平台，然后进行方法论教学和提供充足的语言信息输入，同时注意克服学生的英语写作心理障碍和鼓励学生之间的共同合作和研究，最后运用有效的标准进行评估。具体实施步骤如下：①进行数据挖掘，建立相应的写作训练库、写作语料库或利用现存网络语料库。②加强语料库驱动的写作方法教学。③对学生进行"阅读—模仿—创新"的自主训练。④对学生进行学习心理和学习动机教育。⑤写作评价。

但在对学生进行基于网络资源的英语写作训练中，抄袭是一个不容忽视的普遍问题。还有的教师和研究者开发设计了大学英语写作网络教学系统。具体措施如下：①建立在线写作教学系统，改进"一稿定终身"的作文教学模式。该系统开辟了写作常识、策略指导、作业公告、佳作欣赏、参考资源和写作论坛等栏目。②实施写作策略训练。首先，通过日常写作策略知识讲解，培养学生自主写作的意识和能力，监控和管理自己的写作过程，使日常写作有目的、有计划、有方法。其次，借鉴过程写作法理论，在写作策略训练中遵循写前启发、写作成文、修改润色三步走和有序交替进行的原则，尤其是加强学生写前阶段的写作策略培养。策略训练分为随堂策略训练和课下指导，包括网上指导。③建立小型范文库。根据学生的实际水平和需要，建立一个开放的、可不断扩充的英语写作教学资料库，以辅助加强现有的写作教学系统。资料来源分网上资源和学生资源。④采用动态综合评估法。动态的写作过程必须有动态的写作评估机制相互配合、相互促进，学生的写作动力才能得以维持。

为了验证该写作训练平台的使用效果，研究者们进行了为期两个学期的对比试验。试验班采用在线英语写作教学系统，对比班由教师采用传统写作教学模式实践。利用SPSS统计软件将两组学生在写作教改前后的写作成绩进行对比分析，并检验了实验组内部水平不同学生在英语作文成绩进步方面的差异情况。实验数据表明，两组学生在英语写作方面均取得了一定的进步，相比之下，试验组学生在英语写作方面取得了更为显著的进步，而在试验组内部，高水平学生与低水平学生相比，前后测试成绩都显示出较大优势，因此高水平学生是该写作教改实践的更大受益者。

利用互联网辅助英语写作的学习也是提高英语写作能力的有效、新颖方式之一，其活动形式可以有和网友（keypal）的E-mail交流、参加讨论组和网上发表，网上有一些讨论组可以给学生提供参加跨文化交际的讨论，学生借此可以进行写作练习，如由国际EFL/ESL教师创办的国际E-mail讨论组（International EFL/ESL E-mail Student Discussion Lists）、国际写作交流项目（International Writing Exchange）是专门为全球学生准备的练习英语写作的园地，参加此项目的学生可将文章通过电子邮件寄给网友，后可收到他们和教师的反馈意见。类似地教师可组织学生办一个班级网站/网页或电子杂志,以便将学生写的作品发表在上面,供交流探讨。

利用E-mail进行英语写作教学已成为世界各地教育界在网络环境下较为普遍的教学方式。与传统写作教学相比,E-mail辅助写作教学具有以下优势:①E-mail辅助写作便于进行多种多样写作风格的教学。E-mail本身风格多样,它既可以是以口语交流、即兴发挥、维持社会关系为主的寒暄语、问候语、应酬语,也可能是正式的书面语风格。学习者写作时既可以随机交流、不拘一格,也可以构思草稿、反复修改后通过E-mail交流。②E-mail的写作环境更能体现现代写作理论所倡导的写作过程,即对写作成品的分析、对写作过程的研究和对写作背景及功能的分析。③国内外许多实验表明,E-mail辅助写作教学优于传统写作教学。大部分情况下,在E-mail写作交流中,学生们都在进行真实的、积极的、具有现实意义的实践活动。

进行E-mail辅助写作教学要遵循一定的教学步骤,例如:①在网上建立通信目录(List)或Usenet新闻组。教师可采用在线和离线相结合的方法,在线是教师在网上实时批阅,与学生交流、修改,离线是教师将学生的草稿、修改稿存入邮箱,日后对其分析研究。②教师可在网上组织学生写日志。学生自选题目,教师从中选出具有代表性的内容,通过Usenet新闻组,将它们整理并编辑成班级共享日志,再发给所有的同学讨论。③教师可组织同学合作写作。学生分组,一起讨论提纲,再分写,最后由专人负责定稿,这样能提高学生的参与意识和合作精神。

利用语料库提高英语写作水平的问题同样引起了我国学者和教师的关注。他们认为,计算机辅助英语学习方式的出现正在改变着写作课的教学方式,从注重结果转向更加注重过程,从注重教师对作文的评改转向学习者之间独立的合作性学习,如小组讨论、相互提出建议和反馈意见、同伴评价修改文章等。具体说来,写作教学中,语料库的作用主要体现在:第一,教师可以检索一个语料库,根据语料库的内容搜集写作素材,如特定语类中最常用的词汇、句式结构等,便于更好地组织教学。第二,教会学生使用搭配检索,自己学习使用语料库。

基于语言数据的语料库具有输入质量高和输入数量大两大特征,所提供的语言数据都来源于真实的交际活动,为一定的交际目的而存在,语言材料属于自然语言。因此,语料库可以成为语言研究和教学的重要素材来源。语料库还可成为分析作文的高效工具,学生作业以电子文本的形式提交,教师只要对提交的作业进行语料分析,就可得到可信的实证材料用于科研和教学。教师只要把数据库的文本导出,即可利用语料库索引软件对学生的作文进行分析,很容易得出实证的语言材料,发现自己教学中的不足和学生易犯的错误。语料库还可提高作文测试绩效,借助语料库对学习者中介语的分析,教师能更好地了解学生写作中的问题与薄弱环节,有了这样一个反馈,就能更有效地改进教学。平时测试中也可从学生最为迷惑、易出错的地方入手去测试学生的知识掌握情况。除了作文外,教师还可分析现有的试卷,提高命题的信度好效度。

在基于语料库的写作教学中,教师不仅要传授知识、培训技术,且还要指导学习,以驱动整个学习过程。针对不同的学习者提供不同的指导和学习材料,充分体现个性化教学这一特点。教师对学生进行语料库使用等方面的计算机技术培训,从学习经验、学习过程、语言学习内容等方面对学生进行指导，以便他们能更好地借助语料库平台进行英语写作，实现课内与课外、人机交流与人际交流相结合。对于学生来说，通过语料库学习语言，学生会感到自己在进行一种探索、发现和归纳。采用语料库辅助作文教学，学生会自主地探索语言规律。要培养学生问题意识，鼓励学生自己发现问题，不断要求学生带着问题去使用不同的语料库，并从多个角度去比较分析语料。此外，在线写作的同伴评价可以增强学生在写作过程中的读者意识，有助于启发思维，提高组织结构能力与语言水平，对于他们整体把握英文写作大有裨益。

针对英语阅读课，我国英语教师也对网络环境下的阅读教学进行了探讨，提出了多种新环境下的教学模式，如利用互联网资源改进英语阅读课教学、开展基于网络的英语阅读课的研究性学习、开设网络阅读课程的实践等。

将互联网资源整合进英语阅读教学的实验和课程设计实验是有其特殊意义的，它将在一定程度上改变教师授课和学生学习的方法。然而，在利用这些资源时，我们须将学生需求、教学目标、网络所提供的资源和限制条件等因素考虑在内。实验依托一个教育网站，其语言难易程度比较适合大学三年级学生英语水平。教师按照以下步骤进行了教学实验：选定网站，建立认识；提供引导和目标；依据学生回答提供对应方法；完成学习任务，演示成果。教学实验结果反馈为：①在学习动机上，网络有效调动并保持了学习者的学习动机；②在对计算机辅助语言教学的认识上，对学习的促进较大；③在学习的结果上，智慧技能、认知策略和人际关系取得了全面发展。此种教学方式和传统的英语阅读课有明显不同。首先，在这种学习方式下，教师和学生的角色发生了很大的变化，教师不仅是知识和能力的传授者，且是学生学习的指导者、组织者、促进者。教师为学生提供了学习的材料，通过提出问题的方式引导、组织学生展开学习活动，彻底改变了传统的以课本为主、教师讲、学生听的教学模式。当前，在不少英语专业的阅读教学中，还存在着在课堂上以教师讲授为主的弊端。我们许多常用的阅读教材，多强调词汇理解、语法分析等内容，而对学生的阅读速度、概括能力、评价能力等方面的培养的重视还不够。在新模式下，学生学习的方式发生了变化，学生是带着任务去阅读的。学生的阅读能力得到了全面训练，特别是以往常被忽略的学生的浏览能力、略读能力、判断主题句的能力、预测能力、快速阅读能力和评价文章的真伪能力等训练得到了明显的加强。

在英语阅读课教学中，采用基于网络的研究性学习模式不仅在很大程度上改变了采用单向传播的传统做法，且具有更多的协作性、自主性、开放性和创造性。与以往的教学相比，基于网络的阅读学习更多地让学生进行自主探索、发现问题、解决问题。它强调在理解的基础上综合概括，写出内容充实、论据充分的作文。这不仅为学生开创了英语学习的环境，帮助他们提高快速阅读技能和阅读理解技能，且锻炼了学生写、说、听的能力，也使学生的视野不再局限于书本知识，培养了学生的创造性思维。

多媒体网络环境下，培养学生的英语自主阅读能力训练是基于网络的阅读学习的重点推进方向。多媒体网络环境下自主阅读型教学法能构建学生的主体地位，使学生能在教师的引导下创造性地自主学习，可将自主阅读教学贯穿于教学活动的始终。

随着对英语自主学习能力的不断强调，网络阅读作为一种新生的"学习事物"被提出来。互联网上电子杂志、外文书刊、虚拟图书馆、数据库、网上广播、影视资料，以及专门的英语教学网站提供了丰富的教学资源。通过 E-mail、MSN 等通信方式以及微信等网络社交平台，可实现学生之间的便捷交流。另外，不同程度的学生各取所需，可根据自身水平选择适当的学习资料，基础不同的他们都得到最大的学习成效。网络阅读课程可给学习者提供丰富的语言情境，有助于学习者学习地道的英语。有教师在山东大学为英语专业二年级学生开设了网络阅读课，以提高学生的阅读能力和对语言的领悟运用能力，为自主学习创造条件和环境，同时，拓展教学的时间和空间，探索教学新思路。英语网络阅读课程可按以下步骤设计：①建立学习资料库；②资源共享和关键词搜索；③学习信息的交互与反馈。网络课程结束后，对学生进行问卷调查，内容涉及对网络阅读课的教学方法、教师的作用等问题的看法。在网络阅读课教学中，教师不仅担当着教学者的角色，还担负着指引者、资源建设者、活动组织者、监督者和检测者等角色。教师应为学生进行必要的网络搜索技巧培训，选择适合学生水平的资料推荐给学生阅读，并培养学生对网站内容的评价、鉴别能力。在网络阅读中，教师还应根据教学目标组织各种教学活动，如对网站内容、学生作业进行小组讨论、评价等活动，以活跃课堂气氛，加强对所阅读材料的理解。教师还应及时对学生的阅读结果进行检测、评价，为学生的作业提供反馈信息。

（三）其他

交际法始终是英语教学的最主要教学法之一，在多媒体和网络环境下如何贯彻交际原则也是我国英语教师所关注的问题。有英语教师从《新视野大学英语读写教程》的课程教学过程中挖掘了具有启发意义的现实案例，他们将整个教学过程分为两个紧密相连的周期——课堂内周期和课堂外周期。

前者内容包括：开启主题；采访活动；课文阅读和主旨归纳；提出问题；分组讨论；教师总结等。而后者是网络环境下交际教学法的实践应用重点。课堂外学习周期所设计的任务和教学过程如下：

1. 明确任务内容

活动以小组为单位进行，活动内容包括两部分：个人任务和小组任务。个人任务为：浏览相关主题网站并归纳发现的问题；通过 Facebook 社交网站或网络电话、语音聊天工具采访以英语为母语的人士。小组任务为：在个人阅读和采访的基础上，小组确定一个明确主题，并为主题中涉及的问题提供可能的解决方法，在课堂上进行展示。这样的任务设计使得学生通过听、说、读、写等方式和外界进行交际，从而获得信息，解决问题，完成任务。

2. 完成个人网络交际任务

学生交际任务的完成在课堂外进行，教师应以 E-mail、电话、见面等方式及时地给予指导和帮助，同时也鼓励学生之间相互帮助。

3. 小组协作学习

个体之间可以采用对话、商讨、争论等形式对问题进行充分论证。学生学习中的协作活动有利于发展学生个体的思维能力、增强学生个体的沟通能力以及对学生个体之间差异的包容能力，从而更为全面地培养学生的交际能力，而组员之间的顺利交际是协作学习成功的关键。教师要对学生的活动进行监督和检查。

4. 成果展示和交流

5. 效果评价

教师对各小组以及成员对小组的贡献分别打分。

人们对阅读、写作、视听、口语等基于网络环境的教学法研究较多，但对于综合英语（即通常所说的"精读"）却探讨较少，究其原因，英语精读课的教学层次差异较大（低、高年级）、教学训练形式较烦琐、网络资源较少等都制约了网络环境下对精读教学的研究和应用。尽管如此，英语教师对此仍做出了一定尝试，如在多媒体网络教室实现高级英语的网络交互模式的教学。该模式下的网络交互方式有三种。

（1）学生与计算机之间的交互

多媒体网络系统根据学生已有的认知结构特点设定问题，让学生带着疑问学习、探索，并设置情景，提出假设，提示各种可能，将解决问题的各种思考过程装入教学程序中，引导学生寻求解决的思路和方法。学生成了学习的主人，其学习主动性和自主性能得到极大发挥。教师对学生的学习进度进行系统监视。但此种方式的人机口头对话方面以目前技术水平还不能满足要求。

（2）学生之间的交互

学习者围绕当前学习的主题讨论交流，形成各自的判断，表达自己对问题的理解以及解决问题的不同思路，相互分享各自的想法，相互答疑、争辩和评价，相互合作解决各种问题。这样，多媒体网络将"个别化学习""集体教学""合作学习"等多种学习模式巧妙地结合起来，多途径促进学生创造思维的增长。还可进行分组学习，组与组之间进行学习竞赛、问答等。教师充当组织者、指导者和帮助者，对讨论内容不做详细的讲解，只是引导和控制学生的学习活动。

（3）教师与学生之间的交互

多媒体网络高级英语的教学对教师提出了更高的要求，教师对学生的指导可采用屏幕播放、屏幕监控和个别辅导的形式进行。

网络教学模式能将学习知识与培养能力有机地统一起来，将高级英语课程中对英语综合技能的培养融入以建构主义学习理论指导下的新型教学环境下。网络交互模式可用于高级英语教学的以下方面。

（1）语言文化知识的学习

将教室多媒体网络环境与互联网相接更能发挥出网络教学的优势。

（2）语言知识的综合训练

高级英语多媒体网络教学在培养学生综合运用语言的能力方面具有很强的可操作性，它可以较真实地模拟语言环境，充分调动学生听、说、读、写各种语言技能。多媒体所特有的虚拟现实技术可在多媒体网络教室创设与所学内容相似的情境，学生可在此环境下进行虚拟仿真训练。

（3）教学效果的检测

计算机辅助英语测试从单项语言项目的测试发展到人机互动的语言能力测试，至今已相当成熟。对学生个别化、自我建构的学习进行课堂上及时、适量的测试可提高学生的紧迫感，提高学习效率，也便于教师及时诊断教学中的薄弱环节，从而进行调整。

还有的教师对网络环境下的英语词汇学习也提出了自己的方法。例如，从语言学习中"输入"的角度，可采取以下学习策略：①利用多媒体和网络增大输入量（可以利用语料库、搜索引擎、多种便携电子设备等）；②调动多种感官参与，拓展输入渠道（特别是英语学习网站的各种游戏、视听材料等）；③充分挖掘无意记忆的潜能（如Flash动画、某些特殊软件等）。从"输出"的角度，应增加语言输出的量，注重输出参与的程度。具体如：利用聊天工具输出语言；发挥博客的作用；利用手机和E-mail等。

第三节 网络环境下大学大学生英语学习模式的创新

一、网络环境下的英语学习行为

网络环境中的英语学习行为是网络学习的典型形式之一，它具有网络学习的通性。在网络环境下进行的学习行为可概括为以下三种相互紧密联系的基本类型。

（一）信息搜集加工

网络提供了功能强大的、集成性的信息媒介。对信息资源的搜集和加工是网络学习活动的重要形式，具体包括以下三种主要类型：①基于课件的信息获取。学生在线访问和下载网络课件，学习结构化的内容，按照其中设计的交互方式来参与计算机化的教学和培训。②基于资源的学习。学生通过查找和阅读大量的资料来进行学习。在基于资源的学习中，教师首先给学生明确一个主题，然后学生根据这一主题在可利用的资源中展开调查，搜集信息并进行分析处理、整理和共享。比如，来自不同地区或国家的学生和教师搜集和对比各地的民间故事、民间笑话、节日习俗、谚语等，而后对比分析各地的文化差异。学习资源可以是书籍文章，也可以是音像材料、电子数据库、网络资源或其他的数字化资源。学生、教师所进行的网上信息搜集和加工活动不仅有利于实现高效、主动的学习，同时也可服务于社区的发展。③创建共享数据库。学生可以围绕特定的问题进行调查、研究，获取有关数据，建立网上共享数据库，进而对这些共享数据进行处理分析。

（二）人际交流

利用网络工具进行人际沟通、交流和合作是网络环境下的一类重要的学习行为，计算机媒介沟通（CMC）可作为功能强大的人际互动工具。在教学活动中，师生之间可借助网络工具进行沟通交流，学生利用 BBS、E-mail、LISTSERV 等进行主题研讨和交流，学生也可以与学科专家及其他相关人士进行交流。而且，利用计算机支持的协同工作（CSCW）工具（如共享白板、MOO/MUD 等），可以实现学生的网上远程协作学习以及教师之间的协同工作。

网络可以支持当地学生乃至世界范围内的协作学习，创建各种主题的学习共同体（或称为"学习社区"）。所谓学习共同体，即由学习者及其助学者（包括教师、专家、辅导者等）共同构成的团体，他们彼此经常在学习过程中沟通交流，分享各种学习资源，共同完成一定的学习任务，因而在成员之间形成了相互影响、相互促进的人际联系。这种学习共同体使学生和教师广泛地参与到合作活动中，不同国家和地区的学生还可以进行跨文化的沟通合作，这既有利于促进学习效果，也可以促进学生对于多元文化的理解。

计算机媒介沟通工具大大扩展了参与沟通的成员的范围，扩展了理解与思想的广度。另外，对于那些比较内向和高焦虑的学生而言，网络提供了一种更为适宜的英语沟通工具，可减少当面对话时的压力和尴尬。且网络既可支持生动的同步交互，让学生能与身处远方的学友或教师、专家实时交流，同时又可实现灵活的异步交互。研究表明，在异步交互中，学生可以在发言之前对自己的想法进行更深入的思考和完善，有利于实现更为深入的讨论、研讨。

（三）问题解决

在网络环境下也可组织学生进行以解决问题为基础的探究活动。当前，研究者强调要利用网络来支持学习者的基于问题式学习、基于课题式学习等，即针对学习目的和内容为学习者设计一定的问题、任务，让他们利用网络资源和工具展开探究活动，研究和解决问题，形成探究报告或某种产品，通过解决问题来发展有关的知识理解和思维能力。

开放灵活的超媒体信息表征与组织方式、及时更新的最新前沿信息、各种丰富的网络数据库、便捷的沟通方式等，都可以为探究活动提供很好的信息资源环境。网络环境中的搜索引擎、问题解决工具等都可以为探究活动提供有力的认知工具。在这种探究活动中，教师的作用将不再是传递信息，而是为学生设计、创造合作探究的机会和经历，发挥学术向导和学习促进者的作用。

影响网络学习的学习者因素主要有：①元认知水平和自我监控学习的能力；②导航策略；③内在学习动机；④自我效能感；⑤信息素养；⑥已有学科背景知识。

国外学者对网络学习环境进行了理论探讨，认为其应包括学习者和学习因素、教师和教学因素、领域和任务因素、组织和安排因素、社区和交流因素、评价因素等 6 个方面。

学习者因素是核心，它是网络学习的内部影响因素；教学者因素是关键；网络课程因素是基础；学习环境因素是保障。四者共同构成了网络学习的外部影响因素。内外因素共同作用于网络学习过程，从而对学习效果形成不同的影响。这种要素整合虽不是什么新理论，却是一种新视角、新方法，但图示中要素构成标示的缺点在于各要素所占比重的分配比例不好掌握，它们之间的相互关系也没有体现。

在线英语学习是网络英语学习的重要组成。在线英语学习是随着互联网的发展而兴起的一种全新的英语学习方式，是指在网络环境下，以现代英语教育思想和英语学习理论为指导，充分发挥网络的各种教育功能和丰富的网络资源优势，向教育者和学习者提供一种网络英语教和学的环境，传递数字化内容，开展以学生为中心的非面授英语教育活动。

考查在线英语学习能力可根据在线英语学习过程及学习环境、资源特点区分出5种构成：元认知能力、学习策略能力、知识迁移能力、信息素养能力和学习资源管理能力。其中，元认知能力是构成在线英语学习能力的基础，学习策略能力和知识迁移能力是在线学习能力的核心，信息素养和学习资源管理能力是保证在线英语学习成功的条件。

从建构主义学习理论出发，我们可以实验考察基于网络的大学英语学习策略。基于网络的大学英语学习环境与传统的大学英语学习环境截然不同，具有自主性、交互性、开放性、个性化等特点。这些特点为设计和构想建构主义学习观下的大学英语网络化学习策略提供了理论支撑。语言学习策略指学习者为了有效地学习而采取的行动和步骤。经过调查表明，大学生在网络环境下学习英语时至少缺乏诸如自我监控能力、自我评估能力、学习情绪的调控、信心的保持、合作精神、自主学习意识等语言学习策略的素养。基于网络的大学英语学习策略包含以下方面：①认知策略，主要指词汇记忆策略、推理策略、重复策略、情境策略、模仿策略、分类储存策略；②调控策略，主要指计划策略、调整策略、评估策略；③交际策略，主要指机会策略、习惯培养策略、克服困难策略；④资源策略，主要是学生在多媒体和网络环境下合理并有效利用学习资源进行学习和运用英语的策略。

需要指出的是，我们目前的英语教学中，许多学习者在网络英语学习伊始常常会出现英语网络学习策略的缺失问题，具体表现为缺乏有效的学习手段，网络英语学习缺少计划性和系统性；常出现从"新鲜"到"茫然"的学习状态，缺乏解决学习问题的有效方法；网络英语学习的必要准备不足，出现网络学习障碍，严重的甚至会导致英语学习心理问题。这就要求我们要认真对待网络英语学习策略的研究和应用，帮助学习者使用好网络这一有利的载体来圆满实现英语学习活动。

二、网络环境下的英语学习模式

（一）自主学习

自主学习是现代英语网络学习最为关注的话题之一，其相关术语有很多，如 Learner Autonomy/Autonomous Learning（自主学习）、Independent Learning（独立学习）、Learner-Controlled Instruction（学习者控制的教学）、Self-Directed Learning（自我为导向的学习）等。态度就是一种对自己的学习做出决策的责任，能力就是对学习过程的决策和反思。当然，自主学习的"环境"也非常重要，它为学习者自主学习提供了锻炼的机会。语言学习的自主性主要体现在以下三个方面：①自主学习是一种独立学习的行为和技能；②自主学习是一种指导自己学习的内在的心理动能；③自主学习是一种对自己学习内容的控制。

自主学习既是一种学习策略，又是一种教学理念，同时还是一个教育目标；自主学习是一个长期的、动态的、发展的过程；自主学习对教师和学生的作用有了新的定位；学习者具有主体性，教师成为学习的促进者；可把低自主性学习者培养成为高自主性的学习者；自主学习与学习者的学习策略，特别是元认知策略（制订学习重点，安排学习计划，评估学习效果等）密切相关。

基于互联网的自主探究式英语学习方法是目前网络英语学习中出现的新事物，它是指学生在教师的指导下，通过互联网以类似科学研究的方法去获得知识和运用知识的一种学习方法。在英语网络学习中，这是一种语言学习高级阶段可采用的自主学习方法，具体可以分为：

1. 任务探究式

即在教师的指导下，将问题以任务的形式分配给学生，学生利用互联网查询和搜索信息资料、解决实际问题、完成给定学习任务的过程。

2. 主题探究式

即学生围绕一个或多个经过结构化的主题，通过互联网进行自主探究式学习的一种学习方式。在这种自主探究式学习方式中，主题成为学习的核心，互联网成为学习的工具，而围绕该主题的结构化内容就是学生学习探究的主要对象。

3. 目标探究式

即在既定的学习目标下，以互联网为工具对学习的目标进行探究和落实的过程，学习目标是自主探究式学习的出发点和归宿，对学习起着导向的作用。

在当前国内外语特别是英语的自主学习法实践过程中也出现了一些问题，如网络手段在英语教学中还未普及、教师对网络的教学监控不足、学习的信息反馈力度不够等。这就要求我们应采取适当的对策，如更新网络环境下自主学习的观念、激发学生自主学习的积极性、提高教师对网络学习的监控能力、在教学评价中注重反馈的作用等。

谈到网络英语学习自主性的培养我们应当更加关注和研究学习者及其自主学习能力的制约因素。自主性受文化背景、学习者个体差异等因素的影响，应有不同的形式和程度。个性特征如态度、动机、学习策略等都制约着自主能力的发挥。只有考虑到这些因素，我们才能制订出更合理的培养策略，发挥网络优势，使学习者逐步适应英语自主学习：①在学习伊始就使学习者明确自己在网络自主学习中承担的角色和任务；②英语网络课程应有助于个性化教育；③激发学习者学习动机，培养合作学习精神；④帮助学习者掌握有效学习策略；⑤教师保持对网络学习的监控和指导。

（二）合作学习

合作学习是以现代社会心理学、教育社会学、认知心理学、现代教育教学技术等为理论基础和实施手段，以开发和利用课堂中人的关系为基点，以目标设计为先导，以全员互动合作为基本动力，以班级授课为前导结构，以小组活动为基本教学形式，以团体成绩为评价标准，以标准参照评价为基本手段，以全面提高学生的学业成绩和改善班级内的社会心理气氛、形成学生良好的心理品质和社会技能为根本目标，以短时、高效、低耗、愉快为基本品质的一系列教学活动的统一。

合作学习就是以学习小组为基本形式，利用动态因素之间的互动，促进学生的学习，以团体成绩为评价标准，共同达成教学目标的教学活动。合作学习对于英语教学有着十分积极的作用。

降低课堂焦虑，增强自信心和自尊心；

促进互动，激发学习动机；

提供可理解的输入与输出；

增加交流机会，提高语言运用能力；

增强跨文化意识；

有利于发展学习者批判性的思维能力；

有助于引导学生从依赖型走向独立型。

用于英语学习的合作学习优势在于它鼓励并支持有利于英语学习的情感因素：①学习者在小组中进行交流时的焦虑程度远远低于当着全班学生回答问题时的焦虑程度；②合作学习促进小组成员之间的情感交流；③在交流中，学习者获得更多的可理解的语言输入，同时也向其他学习者提供类似的语言输出；④小组成员之间的相互合作和相互依赖有助于增强学习者的自信心和自尊心；⑤合作学习中，学习者得到更多的积极反馈和帮助，从而激发了更高的学习动机。

网络环境下的英语合作学习不但具有以上的所有优点，且拓展了这种学习模式的对象和范围，为它提供了新的环境和途径。互联网络为英语学习者提供了真实自然的语言学习环境，避免了使用同一种母语的学习者过多依赖母语的可能性，使他们突破了课堂英语学习环境的限制，促进了他们随时随地同世界各地的英语学习者、目的语本族语者的交流与沟通，使他们能够直接模仿本族语者使用的地道表达法。互联网络也有助于培养学习者的跨文化意识以及尊重他人和尊重不同意见的社会交往素养，有助于发展学习者的分析思维能力，有助于引导学习者从相互依赖逐步走向自我独立。基于网络的英语合作学习不仅有利于创造良好的情感环境，且有利于学习者在有意义的任务中产出和理解语言，提高英语学习效果，更重要的是它鼓励学生进行高层次的思维技能培养，如分析、解释、归纳和阐述技能。

合作学习过程一般分为参与（engagement）、探索（exploration）、转化（transformation）、展示（presentation）和反思（reflection）5个阶段。具体到网络环境下的英语合作学习，有学者提出了相应的合作学习过程，大致可分为组织准备、信息搜集与共享、成果展示和综合评价阶段。

组织准备阶段。受传统教学（以教师为中心）模式的长期影响，学习者往往还不能迅速适应这种学习模式，因此需要教师在开展网络英语合作学习之前，对学生进行相应的培训，有机会练习网络英语合作学习中所需的各种技能，培养相互合作以及交流技能等。提出学习任务的同时将学生分组，尽量做到小组成员在兴趣、能力和成绩方面各有所长，以保证各取所需，相互受益。小组成员根据任务进行讨论，交换不同意见，最后制订学习计划并进行明确分工。

第二阶段是小组成员各自收集信息，然后进行交流，实现资源共享与交流主要通过面对面或电子交流如E-mail或网上聊天等进行。各小组成员一起对所收集的信息加以整理、分析、修改并归纳，最后形成一致意见，所有小组成员的劳动共同形成学习任务的最后成果。

成果展示阶段。每个小组通过网络向班级其他成员展示自己小组的成果并听取其他小组的反馈和建议，然后每个小组针对反馈信息进一步完善自己的小组成果。

综合评价阶段是对整个网络英语合作学习活动的一个回顾与分析。学习小组成员相互通过面对面或电子邮件交流分析在该项活动中自己的收获、对小组所做的贡献、同其他小组相比自己所处小组的优势与不足以及完善途径等，教师可以从中发现问题并及时解决。

随着信息技术的发展，基于CMC的外语合作学习作为网络英语学习的新兴方向被提出来。CMC（Computer-Mediated Communication）是指在时间或空间相分离的不同个体和群体间，以联网的计算机为媒介所进行的通信交流。主要形式有网上资源浏览（the Online Resource）电子邮件（E-mail）、公告栏（BBS）、计算机联网会议（Computer Conferencing）、聊天室（Chat Room）、论坛（Forum）等。CMC具有以下重要特征和功能：①基于文本；②多对多交流（many-to-many communication）；③同步和异步交流；④强大的资源支持和方便的信息获取；⑤支持超文本的信息组织方式。

（三）协作语言学习

计算机辅助协作语言学习（Computer-Mediated Collaborative Language Learning）是指利用计算机技术（尤其是多媒体和网络技术）来辅助和支持协作语言学习。它代表了两种趋势的汇合，即普遍渗透于社会的计算机技术与新的学习方式即协作学习的汇合。学习者以小组形式进行学习，以计算机为工具，为了完成学习任务、达到共同的学习目标而进行合作互助。计算机的使用使学习者能够跨越时空限制进行协作学习，具有以往面对面的学习无法比拟的优势。

计算辅助协作语言学习的特点。

交互性：计算机辅助协作语言学习不再是学习者的单独行为，而是语言学习者之间的交互行为，且交互人数可变化（一对一、一对多、多对一、多对多），同步、异步交互均可，交互的过程也可被记录保存。

协作性：成员通过合作共同完成学习任务，分享学习成果。

学习者的角色：学习者通过参与小组活动进行主动积极的学习，学习者必须为自己的学习承担责任，学习者被不断鼓励产生自己的想法，并将此过程反映出来；协作成员通过提出建议、相互讨论、争论、做出让步、达成一致的过程完成学习任务。

教师角色的变化：教师转变成指导者、咨询者、设计者、调解者，教师要掌握的不仅是教学内容和目标的合理安排，更多的是学生的协作情况、学习进程的规划设计。

计算机的角色：计算机技术可以作为个人认知能力的增强物，它是学习伙伴，但它只是一个组成部分。要达到学习目标，产生有意义的学习，离不开教学大纲、教学过程、教师参与、学习活动等。

协作学习的优点是小组成员通过交流和合作往往能更深层地学习知识、更长久地保留知识，并学会批判性思考的方式、发展寻找并解决新问题的能力、增进社会交往能力、增进对合作成员的情感以及对知识的主动学习的态度，建立良好的社会关系和学习团体的凝聚力。

学者们还研究了协作语言学习的情感问题，并提出了情感因素中的好奇心和自信心问题、控制问题、协作伙伴之间的关系问题等进行了探讨。根据英语网络学习的主要理论，如建构主义理论、认知学习理论和人本主义理论等，我国学者具体探讨了计算机多媒体网络环境下协作式英语学习环境的学习模块问题，认为该模块可分为：非实时讨论系统（网上讨论区）与 Mailing List，教师导学、协作学习和参考资料。提供英语非实时讨论系统（网上讨论区）与 Mailing List 的目的是为学生提供使用英语的虚拟环境，创造学习英语、用英语交流的条件，实现学生与学生、教师与学生之间的非实时互动与讨论条件，以及教师与学生和学生与学生之间相互解答他们在协作学习过程中所遇到问题的条件。

教师导学的主要任务是结合教学内容和教学进度为学生布置协作式学习任务，为学生提供来自学习方面的帮助，如信息服务、学习方法指导等，负责组织、指导和监控学生的学习过程，网上讲评上传的部分作业，以及防止学生偏离预定的学习目标等。

协作式学习范围和内容应限定在与课堂单元教学课程有关的主题讨论、问题解答、作文评析和句子翻译批改的范围内，不宜过于扩大。利用网络环境进行协作式英语学习的模式，除能有效地延伸和补充课堂教学活动所需的时间外，同时也体现了一种超课堂的效力，可以保证每一位学生都能有机会参与课堂教学活动，甚至让性格内向的学生开口用英语进行交流实践而不影响教学任务的顺利完成，可以为每一位学生批改作文和翻译练习，或讲评所有学生的家庭作业。

参考资料指的是教师为学生提供的为完成各项具体的协作式学习任务所需要的相关语料、资料和为学生提供的学习参考资料来源，如学习网址、查找资料的相关网址等，其目的是避免学生在网上漫游，浪费不必要的查找时间，使其能把有限的学习时间切实用在学习上，与此同时提高教学设备资源的使用效度。

学者们还提出并论述了大学英语协作式学习过程应包含的几个环节：任务布置、作业公示、网上讨论与作文评析、问题探讨、上传问题、咨询答疑和任务提交。这一协作学习的教学实践对于我们进行英语网络学习的研究与应用具有很好的启发意义。

（四）移动学习

随着互联网技术和移动通信技术的不断发展，英语移动学习越来越受到研究者和使用者的关注。在现代英语教育技术和教学应用领域内，移动学习模式逐渐由 E-learning 发展演变为 M-learning，国内有学者甚至认为 M-learning 代表着中国英语学习的未来。有学者认为，英语移动学习属于广义上的计算机辅助英语教学范畴。国内移动学习的实践还大量局限在校园无线局域网和基于短消息的移动学习阶段，主要提供基于短消息的学习服务，有的成功案例是在移动学习平台上实现了学习英语单词的专用移动学习系统。教育部高教司试点移动教育与实践项目，研究方向有基于短信的教育平台、基于连接的教育平台、移动计算、移动数据库以及移动站点。

当然，英语移动学习系统也存在一些先天性缺陷需要人们注意，如移动学习的终端设备随处移动，这为学生学习英语带来了过度的随意性和不确定性，一定程度上破坏了知识学习的系统性和整体性；学生注意力容易分散，不易保持学习的连续性；学习成本即移动终端设备限制了移动学习的扩容和升级等。针对上述问题，也有相应的解决措施，例如：

1.英语移动课程设计

英语移动学习的主课件要做到：①与电子教学提纲一一对应，努力细化教学单元；②教学单元间应呈现松散的知识结构，一个教学单元提供一个相对完整的知识内容，学生可根据自己的忙闲程度适当安排学习；③每一个教学环节与上一个教学环节的依赖关系不能过于紧密，但一定要有些知识关联；④课件设计内容本着移动学习的宗旨，密切贴近学生工作和生活实际，在保证学习动机的前提下提高学生的就业技能。

英语教师要针对关键知识点设计小型学习课件，其作用不仅是传递信息，而是以学生为中心，为学生设计、创造合作的机会，以真实的情景创设合作形式（对话练习、竞答比赛、竞猜谜语、角色扮演、小组讨论等），活跃英语移动学习气氛，丰富学习内容，通过宏观调控使学生成功进行英语移动交际活动。

应当设立分级的电子答疑系统。答疑必须响应及时，经过长期积累的答疑日后可成为该系统的共享模式。

2.英语移动教学的配套措施

及时完善电子教学提纲，扩充电子外汉词典，增加电子课外读物，加强移动教学监控，及时向移动终端设备生产厂家反馈移动英语学习的使用情况等。

有学者认为，英语移动学习最先得到发展的应是函授教育、广播电视教育和网络远程教育，大学本科教育和中小学英语学习不应当得到先用。但从近些年的实践来看，大学生用户和高中生用户已成为移动英语学习的主力军之一。我们认为，今后我国英语移动学习人群将呈现出成人、大中学生并增的趋势，未来学生用户必将成为英语 E-learning 的最主要用户。

目前，移动英语学习最主要的学习模式有两种：一是基于短信的移动学习，一是基于 WAP 链接浏览的移动学习。5G 时代的来临为移动英语学习拓展出极大的发展空间，在该模式下，移动英语学习系统可以实现移动学习者与系统和移动学习者之间的交互、移动学习者与 PC 学习者之间的交互。新型的移动英语学习模式具有更大的优势，可以实现：①智能化的信息推送；②高效的学习和反馈；③实时交互；④对个性化学习的支持。

第八章 跨文化视角下学生和教师的能力培养

第一节 跨文化视域下英语学习能力的培养

一、文化学习

（一）文化学习的内容与模式

对于文化的界定，从人类学家到语言学家，从心理学家到社会学家，各人的角度不同，界定也不同。正是这纷繁复杂、不统一的界定表明了文化内涵的复杂性和多面性。

文化学习包罗万象。英语文化学习指在学习英语的过程中学习文化，或者通过学习文化学习语言。本书认为，对于英语学习者来说，文化学习的内容主要包括三方面：英语文化的价值观念、信仰、思维方式等内容；与本族文化存在差异对比的英语文化内容；与日常交际密切相关的实用的文化内容。前者属于隐性内容，而后两者大多属于显性内容。显性的文化内容更易于被英语学习者注意到，隐性的文化内容是文化结构的最深层次，影响着人们的行为、思维和情感，这部分也是英语文化学习中最难的。

文化学习错综复杂，许多学者对文化学习提出了不同的模式。值得注意的是，许多传统的文化学习模式都强调在无意识的文化活动中学习文化，即在文化学习过程中，一切活动都是无意识地进行的。针对这一点，莫兰提出文化学习过程应是有明确文化学习意识的、显性的、体验性的学习循环，他认为文化学习应是一个基于文化比较，有意识、有目的地将文化隐性成为转化为显性成分的过程。本书认为，体验性学习循环涵盖了文化体验与文化反思两个重要环节。

1. 文化体验

所谓文化体验，即接触英语文化的生活方式，广泛了解英语文化环境中的艺术，甚至衣、食、住、行，让学习者从生理上、智力上、心理上、精神上完全参与体验，文化体验是针对文化的隐性内容进行的学习体验。具体而言，文化体验包括三个方面内容的文化学习：理解文化信息、体会文化实践活动、了解文化观念。文化体验即能理解接受英语文化所提供的文化知识、信息，同时体会英语文化的行为、风俗习惯、传统等方面文化内容，且还能了解英语文化体现的信仰、观念、态度、价值观等隐性内容。在这一过程中，为自己创造一个英语文化学习环境十分重要，学习者应积极地通过各种渠道，如通过与英语国家的本族语教师、学生直接或间接交流，多观看或阅读英语文艺作品，多收听英语广播节目等方式进行有效的文化体验。同时，在体验活动中，要注重体会和了解隐藏在英语文化知识、信息等显性内容背后的与行为、观念有关的隐性内容，而要达到对隐性内容的完全了解，英语学习者必须多参与文化体验，且需经历一个较长的过程。

2. 文化反思

英语学习者在文化体验学习过程中应是一个积极的体验者，同时也是一个理性的分析比较者。在体验中应善于反思自己的所听、所看、所读，并将英语文化与本民族文化相比较，他们还有权利决定自己在多大程度上接受、融入英语文化，在与其他学习者交流时，把自己的所思所想表达出来，形成一种文化的自我意识（cultural self-awareness）

应指出的是，英语学习者在文化学习过程中，对二语文化的理解和接受程度受本民族文化心理结构的制约，尤其受到本族文化中的价值观念、思维方式、情感方式的制约。因此，英语学习者在面对英语文化与本族文化时，应注意进行文化反思，理性地面对两种文化的差异，使自己的文化学习过程成为两种文化双向交流、融合与创新的过程，通过比较、鉴别、选择和创造性地整合，在弘扬本民族文化优秀传统的基础上吸收英语文化的精华，在文化整合过程中得到自我表现和个人发展，形成一种健康的文化自我意识，必须指出的是，文化分析比较的过程并不存在两种文化孰优孰劣的问题，我们不应持有保守的思想，一味地排斥英语文化，也绝不能抛弃本民族文化传统，去迎合接受英语文化。

（二）英语学习者与文化学习活动

文化学习活动在不同阶段可以选择灵活多样的活动内容。学习者要注重循序渐进，要按照自己的学习水平安排适合自己学习阶段的文化学习活动。下面的活动可供参考，是按照由浅至深的顺序排列的。

1. 体验性交际活动

在英语学习者接触英语文化的初级阶段，英语学习可通过一些感官的、间接的活动进行。例如，观看有关介绍英语文化的音像资料，在观看后，学习者可通过对话、角色扮演、模仿表演等形式模拟英语文化日常生活模式，同时了解英语文化民族人们所遵循的交际模式。

2. 非言语交际观察感知活动

人际交流是通过言语和非言语两种方式进行的—非言语行为一样能表达思想感情、社会关系等内容，如体态、姿势、眼神、手势、表情等，因而英语学习者在体验活动中应注意观察、感知英语文化人们的非言语交际方式，了解在言语表达之下暗含的交际内容。

3. 文化差异对比活动

对英语文化有一定了解后，英语学习者应注意区别英语文化与本民族文化的差异，可在日常生活、价值观等方面进行对比。在对比过程中，既可对英语文化及本民族文化进行分析，又能加深对各自文化的了解。在这一阶段，二语学习者主要是对两种文化差异中的显性部分进行比较。

4. 文化感受讨论活动

文化感受讨论活动是英语文化学习的较高阶段，英语学习者可以分成几个学习小组，对英语文化及本民族文化的特征进行反思、讨论、归纳，各自谈谈对不同文化体现的不同信仰、价值观等的感受和理解，话题可以多种多样。英语学习者可以口头讨论，也可以通过书面表达，通过理性的评价、对比和综合性的分析，对两种文化差异的隐性内容进行深入的讨论。

文化学习是英语习得的重要内容。英语学习者在提高自身语言能力的同时，也应注意学习英语文化，培养自己的跨文化交际能力。现在国际交流日益兴盛，

对于英语学习者来说，自己不仅应是"语言通"，还应是"文化通"。只有语言娴熟，文化精通，才可以进行有效的交际。但目前二语学习者的实际交际能力不容乐观中国学习者在英语学习过程中所遇到的困难，在很大程度上与文化学习有关，如何处理好语言与文化学习之间的关系，这还有待更多的研究者们进一步探索。

二、跨文化视域下英语教学对学习者的要求

跨文化教育是要在多元社会中通过教育促进不同文化团体之间的相互理解、尊重和对话，发展和维持能平等共处的生活方式。跨文化教育的核心价值是接受并欣赏文化差异；尊重人的尊严和人的权利；各文化均有其特性，应相互尊重、相互学习；非主流文化也应受到应有的重视，跨文化教育思想超越了以往的移民教育、少数民族教育、多元文化教育、双语教育等思想，逐渐形成了一种新的教育理念，是教育的发展趋势，并成为一种国际教育思潮和运动。

（一）提高跨文化学习能力方法探究

1. 提高跨文化敏感度，从而提高跨文化交际能力

在跨文化敏感度中，交际信心、交际参与度、交际愉悦感与跨文化交际能力的联系比差异认同感、交际关注度与跨文化交际能力的联系更紧密。因此，在提高英语学习者的跨文化敏感过程中，应以这三方面为重，兼顾差异认同感、交际关注度。在今后的跨文化交际教学和培训过程中，要注意提高跨文化敏感的训练，受训者通过一系列活动对自己的文化加以了解，从而举一反三，了解文化的特性，进而了解其他的文化，提高自身的跨文化敏感度。同时，除了提高英语学习者的交际信心、增强交际参与度之外，更要注重对英语学习者交际关注度、差异认同感的培养，注重其对英语文化知识的吸收和学习，全面提高跨文化敏感度，从而提高跨文化交际能力。

事实上，交际信心、交际愉悦感涉及英语学习者的情感问题，又是交际信心、交际愉悦感在交际行为上的反映。长期以来，除了部分院校开设跨文化交际的选修课外，英语课程设置中缺少直接从情感和行为上培养学生的跨文化交际能力的课程，而要提高交际信心、交际愉悦感和交际

专注度，要设置专门的跨文化交际相关课程，对学生进行跨文化交际培训，让学生有机会进行实际的跨文化交际体验，从而真正提高他们的跨文化交际能力。

2.学习和理解含有文化内涵的词汇，扫除跨文化交流障碍

英语学习者对含有文化内涵的词汇的理解能力欠佳，得分较低：纵观英语的发展历史及其文化演变的过程，英语语言中有很多词汇文化含义尤其丰富，甚至一些词汇的文化内涵都没能被词典收录，因为它们的含义有的出自文学作品，有的出自神话传说。因此，掌握词汇所包含的文化含义是文化学习中最重要的一部分。了解不同语言中由于文化而形成的词汇的字面意义和引申意义的异同，是有效地进行跨文化交际交流的关键之一。因此，英语学习者可通过阅读积累知识，不断增进对词的文化内涵的了解，进一步了解英、汉两种文化差异，为日后进行跨文化交际扫除文化交流障碍。

（二）英语学习者的文化学习能力体系

1.英语学习能力体系探究

英语学习能力从以下三个方面进行剖析：知识、技能、能力。为了进一步理解英语学习能力，我们有必要先弄清"知识""技能""能力"这些词的含义。

在英语学习方面，知识就是指语音、语法和词汇等语言体系，当然也包括背景知识等。在学习过程中，基础知识是非常重要的，但接受英语基础知识的方式与接受理工专业知识有很大的不同。学习理工专业知识主要靠理解、实际操作和运用（当然也有一部分公式需要死记硬背）；而学英语需要记忆的东西却是大量的。因此，学生要具有较强的记忆力，尤其是在短期英语教学中，由于短期英语教学采用强化教学，就更需要记忆力的保证了。

在英语学习方面，技能就是指"读、听、说、写"四会的技能。从心理学来说，技能是经过反复训练后在个体固定下来的行为方式。例如，针对某一篇课文，学生能看懂意思，准确地朗读并回答问题，复述，无误地默写出来等，这种技能经过训练，每个学生都可以达到。但接受的速度、记忆的牢固程度、理解的深度以及在新的情境中运用所学知识的能力如何，却与每个学生的观察力、记忆力、反应能力、想象能力、理解能力、创造性的思维能力等心理特征有关。这种心理特征，就是我们所说的能力。能力是为顺利完成活动而在个体自身经常地、稳固地表现出来的心理特征。

知识、技能、能力三者之间的相互联系和相互制约体现在：能力的发展是在掌握和运用知识、技能的过程中完成的，离开学习和训练，人的能力是得不到发展的。同时，能力在一定程度上决定着知识、技能可能达到的水平。如果忽视发展能力，学习知识就难免变成呆读死记；练习技能、技巧就可能成为机械训练，从而导致两败俱伤。在短期英语教学实践中，可以看到，尽管学生之间存在着个人素质的差异，但素质只是能力发展的自然基础，并不是能力本身。

决定能力发展的是实践、教育和训练。只要教师注重培养学生学习英语的能力，就能使每个学生的学习成绩有所提高。尤其是对英语成绩不理想的学生，更应注意发展其学习能力。英语成

绩不理想的学生不仅基础知识和"四会"技能差，一般学习能力也差。只有当他们的学习能力提高了，他们的英语学习才会有明显的进步。必须抛弃那种认为能力是宿命的，由某种不变的自然因素先天注定的唯心主义观念。

可能有人会说，在传授知识的过程中，自然就培养了能力，这种看法有一些道理。人们说，学数学能发展逻辑思维，学英语能锻炼记忆力，就是这个意思，但这毕竟是有限的，是自发的、盲目的。如果我们能有意识地把培养能力作为我们教学大纲、教材编写和教学方法改革的注意点之一，就会收到更显著的效果。

在教学过程中培养个人能力，不能完全套用心理学的分类，很难说这一节课是专门培养记忆力的，那一节课是专门发展想象力的。记忆、想象、观察、分析等能力不是孤立的，它们总是在学生的学习过程中综合地表现出来。要成功地完成任何一种任务，都需要多种能力的综合，进行英语学习也不例外。但是，人们在考虑教学内容和教学方法的时候，可以根据不同学科的特点，从培养个人能力的角度，进行选择。

不同年龄阶段和不同经历的学生，其能力发展有不同的特点。我们应该充分考虑到教学对象的特点，以便扬长避短，利用有利条件，有意识地提高薄弱环节。学习能力的发展总是与情感、意志、注意力、兴趣等因素相联系。因此，学习能力的培养不可能孤立地进行，它要在贯彻德、智、体全面发展的教育方针中实现，从这个意义讲，培养个人学习英语的能力不单纯是教英语本身所能全部完成的。

2. 英语学习能力培养

（1）记忆力

记忆力对学英语实在太重要。常听学生抱怨自己的记忆力不行，说自己不是学英语的材料。确实，有少数学生，记忆力惊人，也有一些学生比较健忘。但总的来说，学生基本都是青年人，正处于记忆的黄金时期，许多人往往把自己学习不得法归罪于"记不住"。因此，教师要使学生对自己的记忆力具有充分的信心，这一点至关重要。如何培养信心，不能停留在口头空喊，应利用教学，使学生感到自己的记忆力并不差。常用的方法有以下几种：

①讲解一些"构词法"

如科技词汇中，使用最广、构成新词最多的派生构词法。让学生对一些具体的词汇产生联想，帮助记忆。学生了解了词的词根、前缀、后缀的意义和语法作用后，就能从一个词派生出一串词，迅速扩大词汇。针对这一方法，教师除要进行专题讲解外，还应贯穿于平时的授课之中，经常从"构词法"方面提醒学生，使其加深印象。

②多做锻炼记忆力的练习，练习形式要有趣味

切忌枯燥乏味的多次机械重复。例如，常做一些通过听力选择正确答案的练习，口头或书面复述有情节的小短文，限时快速阅读，强制性记笔记训练（训练边听边记要点，锻炼强记的能力），立即重复教师的句子并将其变为问题等。这类练习，有助于活跃学生的思想，增强记忆力当学生

第八章 跨文化视角下学生和教师的能力培养

逐渐进步，感到自己的记忆力并不是那么差时，他就有信心了。这种情绪因素，反过来会提升记忆能力。需说明一点，就是选材一定注意难易程度恰当，太难会使学生丧失信心，过易起不到练习的作用。维果茨基提出"最近发展区"概念，主张高于但有不超出学生理解能力的水平要求学生，以促能力提升。一定的难度，能使学生感到新鲜并产生期望，从而引起强烈的求知欲。

③英语学习初期阶段，有大量知识需学生识记

如生词、句型、语法。但是，单调的重复不利于记忆。要尽量想一些办法，帮助学生记忆。比如，启发联想，使学生的听、看、练等活动均有动脑的机会；作业改错要让学生自己改，以便加深印象，不再重犯；记生词，要"搬搬家"让学生记，即换换搭配；采用不同的练习形式巩固；机械的句型练习要少做，尽可能放在语言环境中练习并记忆（就像英语电视教学《跟我学》那样）；语法中的规则变化不用花过多的时间讲解和练习，要把重点放在特殊变化上。总之，要根据不同的教学内容，考虑到学生心理上的特点，选择恰当的方法提高其记忆能力。

（2）培养反应能力

我们在这里讲的反应能力主要指快速反应能力。这个问题与上述记忆力的培养显然有一定的联系，但快速反应能力需专门培养。学英语是为了交际，在交际过程中，必须快速反应。一般都不允许长时间地考虑，更不允许查书翻字典，培养反应能力，除用上述训练记忆力的方法外，主要是要改变学生的"节奏"。

（3）培养应付能力

第一，在"听"和"读"的过程中，学生通过自己的分析、判断理解带有生词和新语法点的材料或讲话。在开始阶段，学生就知道听力很重要，但掌握起来并不容易，很多人听不懂，有着急的情绪，可是，总有少数学生，虽然掌握的词汇量也不多，但能根据上下文理解一半以上。这种理解能力是很可贵的。有了它，在出国学习时就会具备较好的应付能力。我们的学生不是专学语言的，并不要求其在英语运用方面百分之百正确。他们的目的是通过英语学到先进的科技知识。因此，为使学生具有这种应付能力，人们曾采取过一些措施，并收到了一定的效果。比如：①听所学语言的超水平（难度较大）录音，事先什么也别告诉学生，听三遍后让其判断录音的语体，如商业广告、天气预报、新闻广播、诗歌朗读、体育比赛实况讲解、会见谈话等。因学生听不懂，只能凭语调、语速、讲话人数、气氛等来猜，以此培养学生的识别能力。然后听带有方言色彩的录音，使学生听懂的部分增加一些。经过上述训练，再听所学语言的标准音，正常语速，就比较容易。起码在心理上不胆怯，能有信心去应付。②做听力练习。有计划地由易到难地提出要求。先要求学生用汉语和英语说出听力材料有几个人物、有几件主要事情、事情发生的地点等，接着回答问题或选择正确答案，最后复述全部内容。经过这种对听力教材的逐步解剖，能培养学生根据上下文猜懂意思的能力。另外，通过阅读也能培养学生此种能力，例如，不允许查生词的限时阅读，做一些填字游戏等。

第二，在与外国人交谈过程中，学生能"拐弯抹角"地表达自己所要表达的思想。这种能力

对留学生太重要了。学生出国后，在与外国人交谈时，由于英语水平有限，总不可能自如地表达思想。如果善于利用所学知识，"拐弯抹角"地应付，就能使交谈顺利地进行下去。这里举一个简单例子：如不会说"女婿"这个词，那是否能用"女儿的丈夫"代替呢？这种情况是会经常遇到的。因此，在教学中就要特别注意培养学生的这种能力，要经常让学生用自己会说的话解释课文中出现的新单词、新句型，使他们习惯于用多种说法表达同一种意思。对出国留学的科技相关专业的学生来说，在语言的质和量关系上，更应强调后者，而不应过分要求精确。从某种意义上讲，说出几个关键词比语法正确、关键词缺失更能让对方明白。

（4）培养注意力

学生虽都是成年人，学习自觉性很高，但需要多次重复学习英语，也往往使他们注意力分散、精神疲劳。语音课上练习发音，口干舌燥；语法课上要背许多规则；生词要一个个地记，变位要一个个地背。总之，成年人高度发达的抽象思维与英语学习中实际表达的低能力发生了矛盾。因此，教师应使每一堂课都具有特殊的吸引力。要研究学生的心理，要重视趣味性。从心理学上说，"注意"是心灵的窗户，它使学生产生内在的学习动力，主动地思考和记忆。例如，一些理论、规则不宜多讲，可以由学生自己看，要相信其理解力；而对于一些要求记忆的东西，就要用各种有趣的方式使学生不费力气就容易记住。学生应始终是学习的"主体"，而不是被强制的"囚徒"。学生注意力越集中，思想活动越积极，其记忆力就越强。

（5）培养"举一反三"的能力

"举一反三"的能力，也可称"实际解决问题"的能力，即要学得活，能灵活运用课堂知识。切莫使学生的思想仅局限在教师讲课中所提到的例子，否则，就会引起知识和能力之间的关系失调，其后果就是把学生头脑里的知识变成一堆僵死的、不再发展的东西，因为这些知识不能迁移，不能用新的事实丰富，不能表达新的思想。这样的学生在实际场合就会茫然失措，想表达思想，却又找不到句型，与学过的知识对不上号。我们在教学中，应尽量多地选择有利于培养举一反三能力的练习形式。

许多优秀教师积累了不少宝贵的经验，这些有待进一步总结。在这里仅举一个例子：在学完"法国"这课后，让学生课后准备讲座，可以集体，也可以个人，可以介绍加拿大，也可以介绍一些城市，如巴黎、北京、上海等。讲座结束后要答听众问。学生兴趣很高，一个学生做了近一小时关于加拿大的讲座，在黑板上还贴了地图，边指边讲，课文中所学的句子都用得十分巧妙。最后，对听众的问题也答得很自然。当时，这个学生学英语还不到一年。英语这门学科，课外实践的天地极为广阔，教师要善于引导、组织，如参加联欢会、辩论会、演讲比赛，看电影，和专家一起参观访问等，使学生对知识广为涉猎，培养其活用课堂知识的能力，培养其大胆套用、不怕出错的习惯，要鼓励其多用地道的英语句型，克服本族语的干扰。

（6）培养想象力

学习英语是为了交际，教学过程本身就是交际过程。英语教师在课堂上要利用一切机会创造语言情境进行教学，这要求学生有比较丰富的想象力，要具备"无话找话说"的本领。学生中总有一部分人不爱说话，缺乏想象力，尤其是学理工的科技生，往往没有经常开口的习惯，这会造成师生配合的困难。因此，我们应利用各种教学手段调动学生说话的积极性，锻炼其想象力，以求达到较好的教学效果。

（7）培养自学能力

培养自学能力是当前国内教学改革中引人注目的新趋势。古人说：授人以鱼，只供一饭之需；教人以渔，则终身受用无穷。抓自学能力的培养，就是抓住了培养能力的关键，在英语学习上也是如此。据观察，学习较好的学生都具有很强的自学能力。他们能大量阅读，较早地学会查原文字典，善于整理、归纳、总结课堂上所学过的知识；他们善于提出一些有分量的问题，并能主动求得答案；他们善于发现自己学习上的弱点，并注意不断改进学习方法、科学地支配时间。

作为教师，除使学生具有牢固的基础知识和基本技能外，还要抓好学生的自学活动，特别要关心学生的课外学习（包括预习、复习、做作业、课外阅读和其他活动）。在课堂教学中，教师要尽量少讲，多让学生分析、总结。教师可提出关键性的问题让学生回答，教师对重点和难点进行讲解示范，使学生懂得自学时应注意的问题，学生不仅是要从教师那里学到知识，更重要的是要学习他们治学的态度和方法，培养自身的自学的能力。在英语教学期间，知识的掌握是有限的，但方法的掌握、学习能力的提高则是终生受用的，这对他们出国后继续提高英语水平是大有帮助的。

英语教学是有规律可循的，但从具体方法来说，又必须因人、因时、因地、因语种而异，以上几种能力是相互联系的，在各阶段都可穿插进行。因此，教师在备课中考虑培养学生能力时，既要有所侧重，又不要截然分割。

3. 建议及对策

英语学习者要想进行顺畅的跨文化交流，成为一名成功的"交际花"，他们不仅需要一定的语言知识和语言技能，且要遵循特定的跨文化交际原则，学习和了解对方的文化，做到知己知彼，百战不殆，只有这样，才能做到交际成功，达到有效的交际目的。

（1）增加英语教材中的跨文化交际内容，增开跨文化交际课程

我国英语学习者的文化知识来源主要依赖于英语读物，最基本的是英语教材。英语学习者跨文化交际能力培养过程中，英语教材的内容直接影响他们对文化知识的学习，进而影响他们的跨文化交际能力。因此，在英语教材中有关英语文化知识、风俗习惯、思维方式等相关内容的比例要加大，尤其要增加典型的跨文化交际的事例。在语言教学过程中，教师在教授语言的同时还要教授语言的使用规则，在让学生注重语言使用的得体性同时，应有意识地引导学生注意非语言交际手段在日常交际中的运用，以利于学生跨文化交际能力的提高。

学生想要学到地道的英语，能与讲英语国家的人成功地进行交际，必须加强英语文化知识的输入，而英语文化输入的主渠道就是通过设置相应的文化知识和跨文化交际课程。因此，在课程设置方面，学校教学管理部门应给学生开设跨文化交际有关课程。

（2）增加英语词汇学习，加强英语阅读

文化不是先天具有的，而是通过后天习得的，一个人具有什么并不取决于先天的种族，而是取决于他生活的文化环境。词汇学习是文化学习中最重要的一部分。英语词汇在长期演变中蕴含丰富的文化含义，它们有些来自文学著作，有些来自神话传说，词典都未必能囊括这些词汇的所有文化内涵，了解不同语言中由于文化而形成的词汇的字面意义和引申意义的异同，是有效进行跨文化交际交流的重要一环，因此，英语学习者可通过阅读积累知识，不断增进对词汇文化内涵的了解，尤其要重视理性意义相同或者相近，但情感意义、比喻意义、联想意义、搭配意义不同或差异较大的英汉词语。

同时，阅读也是文化学习的主要方法。在阅读的过程中要充分挖掘词汇的文化内涵，要多读一些有丰富文化内涵的报纸、杂志和小说等，以便自身更好地了解世界和东、西方文化的差异，多渠道地汲取文化知识、拓宽视野。

（3）进行文化比较和知识渗透，完善文化意识

英语学习者可通过定期参加由具有丰富的跨文化交际经验的专家学者、留学归来的教师或者外籍教师所做的文化专题讲座，提高自身跨文化交际水平，这样的讲座对于很少有机会直接接触西方文化的英语学习者来说是一个有效增强文化敏感性的途径，因为讲座人能通过自己的亲身经历帮助英语学习者克服跨文化交际中出现的问题。

同时，英语学习者对英、汉两种文化的比较也是进行英语文化学习的重要途径。学习者可从称谓、招呼语、告别语、谈话题材和价值观、人生观、幸福观等方面对英汉文化进行对比，通过比较，英语学习者将进一步了解英、汉两种文化之间的异同，为日后进行跨文化交际扫除文化交流障碍。

三、英语学习者自主学习能力培养

（一）自主学习能力培养研究综述

1. 自主学习

自主学习是一种突出学生主体地位的学习形式。它具有以下几个方面的特征：①自主学习是一个将认知、元认知和行为等多方面的因素综合应用的学习过程，其表现为学习者对认知过程和行为的调节和监控。②自主学习是一种学生积极、主动参与整个学习过程的学习形式，表现为对学习目标的自我计划和制订，学习内容的自我选择和调整，学习过程的自我调节和监控，学习结果的自我预期和评价。③在自主学习过程中，学习者有强烈的内在动机，并会产生积极的情感体验。

2. 自主学习能力构成

自主学习是各种教育形式对学习者的基本要求，这种学习形式并非只有在近程教育环境下才能实现，但由于远程教育环境下的自主学习是在一个比较特殊的环境下进行的，在符合自主学习基本特征的同时，也表现出相当大的特定性和特殊性。因此，在远程学习环境中重新审视自主学习能力的构成时，需要结合远程教育的特点，重新审视远程环境下自主学习能力的特征。

国内外的研究者或从自主学习过程的角度，或从认知和非认知两个维度，或从终身学习的角度对远程环境下自主学习能力的构成进行了分析，综合起来包括以下几个方面：

信息加工与管理能力：在学习过程中，对资源和信息进行收集、整理、选择、分析和利用的能力。

认知能力：拥有充足的认知策略并能够熟练运用的能力。

元认知能力：对自己学习过程的计划、监控和评价的能力。

动机激发能力：综合运用多种自我效能感、学习兴趣等多种动机性因素进行自我激励，保证学习的内在驱动力的能力。

网络协作能力：运用网络工具和技术进行交流协作的能力。

本书认为自主学习贯穿于学习者学习的整个过程，一种学习是不是自主学习，只有通过学习者在学习的不同过程、不同阶段表现出的主动、独立的特征才能得以体现。

一个成功的学习者，能够保持良好的学习动机，能够在兼顾工作的同时对学习时间及进度做出合理的计划与安排，能够灵活地使用远程学习方法及策略，能够合理地选择、使用各种网络或非网络的学习资源，能够有效地进行各种学习交互活动，并能够根据实际情况自己拟订学习方案，还要对以上各个学习环节进行有意识的监控与评价。

3. 自主学习能力培养的教学模式

近几年，国内外关于自主学习能力培养研究的理论基础主要是，基于维果茨基的最近发展区理论和建构主义理论，研究的焦点集中在如何利用脚手架（scaffolding）培养学习者的自主学习能力。这两个理论都强调以学生为中心、以学导教的思想。维果茨基的最近发展区理论首先从教学与发展的角度提出了有利于指导学生自主学习的教学原则，建构主义理论在此基础上提出了更为具体的教学方法，把有利于学生自主学习的教学环节以一种明确的线性关系排列出来：创设问题情境—学生自主学习—小组讨论—结果评价。在这两个理论的基础上，更多学者针对具体学科的具体问题开展了大量的自主学习能力的培养研究，提出了多种教学模式，这些教学模式都以提高中小学生对学习策略和学习过程的自我调节能力为目的，试图通过培养学生的自主学习能力改善他们的学习。通过分析这些模型或模式，本书认为自主学习培养的教学模式应具备以下几个典型特征：教师扮演的是合作者的角色，而非主导者；强调学生对学习过程的自我管理和监控；重视学生之间的合作、交流与分享。

（二）自主学习的含义和意义

1. 自主学习的含义

自主学习就是控制和管理自己学习的能力，也就是对与自己学习各个方面相关的决定负责，它包括目的的确定、内容和进度的确定、方法和手段的选择、学习过程的监控和学习的评价等。

从本质上说，自主学习是一种独立学习、批评反思和自我决策的能力，它要求学习者发展一种与学习过程和内容相关的、特殊的心理，这种独立的能力表现在学习者的学习方式上，或表现在他（她）将所学知识迁移到更加广阔的领域的方式上。

自主学习意味着学习者至少应在三个层面上对自己的学习进行控制：学习管理、认知过程和学习内容。由于自主学习涉及学习者的心理、情感和行为多个层次，具体表现因人而异，因而要给自主学习做出一个完整、全面、具体的定义描述是相当困难的。值得注意的是，对于自主学习，不同的文化会有不同的定义和理解，这主要表现在对自主程度的不同期望。西方文化推崇个人主义和独立自主的精神，自主学习的思想对他们来说很容易接受；相反，东方文化集体主义思想较深厚，对权力和权威更敬畏，独立学习、不以教师为权威的学习方式，不仅在人们的思想上难以接受，且在实际教学中困难重重。

根据以上对自主学习的理解，考虑到中国教育文化的特点和跨文化英语教学的需要，本书认为在英语教学中培养学习者自主学习能力应包括这样五个层面：

第一，学习者参与管理自己的学习，对自己的学习进行规划（planning）、监督（monitoring）和评价（evaluating）。在教师的协助和指导下，确定学习目标，理解学习内容，了解和选择教材，选用多种合适的学习方法，确定评价标准；在学习过程中，自我监督；在学习结束时，对自己的学习做出客观、合理的评价。这是一个行为层面。

第二，学习者对自己的学习具有较强的意识管理，善于反思。这是一个心理层面。

第三，学习者对学习充满好奇和自信，具有较强的学习动力。这是一个情感层面。

第四，学习者掌握多种适合自己的学习方法，并能根据需要灵活应用。同时，他们愿意探索和尝试新的学习方法。这是一个方法层面。

第五，学习者敢于实践，敢于创新，他们有意识、有能力将所学的知识和技能应用到新的学习和社会环境中。这是一个应用层面。

以上五个层面或许不能概括自主学习的全部内容，但是本书认为把它们作为中国跨文化英语教学的教学重点之一，不仅符合跨文化英语教学的需要，且考虑到中国教育文化的特点，也是现实、可行的。我们不希望受中国传统文化影响的教学模式和教师与学生完全接受西方的独立、自由式的学习模式，何况班级大、学生人数多、师资不足等客观条件也限制了对自主学习能力的培养。而且，正是因为中国传统文化和有限制的教学条件不利于开展自主学习能力的培养，所以培养自主学习能力对于中国学生来说更加必要和迫切，这是由自主学习的重要意义决定的。

2.培养自主学习能力的意义

学习者自主学习能力的培养成为英语教学的中心议题，与跨文化交际日益频繁、知识和信息日新月异、经济和教育全球化不断深入的当今世界形势是分不开的，面对这样的形势，培养跨文化交际能力，独立学习能力和终身学习的思想成为教育的首要任务之一。英语教学作为跨文化交际能力培养的重要阵地，理应承担起这一重任。在英语教学中，培养学习者自主学习能力的意义体现在以下四个方面：

第一,任何教学,包括英语教学都不可能,也没有必要涵盖一切学习者今后所需要的知识和能力,跨文化交际能力的培养尤其如此。在学校学习的过程中,学习者接触到的交际情境相当有限,学习者不可能为今后可能会参与的跨文化交际场合一一做好准备。因此,最有效的办法是教师和学习者共同努力,使学习者了解学习的本质,掌握学习的方法,学会控制和管理自己的学习,同时掌握跨文化交际的规律和一定的跨文化交际的技巧,为独立学习和实践打下坚实的基础。

第二,作为学习的主体,学习者有权对自己的学习做出选择。在传统英语教学体系下,学习者几乎完全依赖教师和教材进行学习,教师怎么教,学生就怎么学;教材里有什么,学生就学什么。这种被动学习的局面不符合学习者的主体地位,不能满足英语学习的需要,更不能为他们终身学习做准备。

第三,从教学的角度看,学习者参与学习目标的确定、学习进度的规划和学习进步的评价,会使他们对教学目的、内容、活动和要求有更加明确的认识,从而促使学习效果的提高。另外,对自己学习情况的清楚认识会使学习者感到踏实、安全,学习者不会因为等待他们不确定的考试而惶恐不安。自主学习还有利于增强学习者的学习热情,因为学习成为了自己的事情,而不是在家长和教师威逼利诱下,不得已而为之的事情。

第四,从实际看,学习者不可能在任何时候都可得到教师的帮助,毕竟教师不可能一天24个小时守候其旁。在学习者需要自己学习和练习的时候,如果掌握了独立学习的能力,即使没有教师的帮助也能自己解决问题。

综上所述,无论是从国际形势变化对英语教学乃至整个教育界的要求看,还是从英语教学本身的需要看,培养学习者自主学习的能力都势在必行。作为中国的英语教学工作者,我们有责任克服传统文化束缚和师资不足的困难,培养学习者自主学习的意识和能力,为他们不断更新知识结构、迎接国际竞争的挑战做好准备。

(三)教师和学生的角色

自主学习不是一种新的学习方法,也不是一种新的教学方法,它是对学习和教学本质的修改。学习不再是简单的听讲、记笔记、做作业、复习、预习、考试等;教学也不再是单纯的传道、授业、解惑。学习者的被动地位得以破除,以学生为中心、以学习为中心、以任务为中心的教学思想取代了以教师为中心、以教学为中心、以教材为中心的教学思想。那么这种转变是否意味着教师的教学变得轻松,而学生的学习压力不堪重负呢?对这个问题的最好回答就是分析教师和学生在这种教学模式下的作用和他们之间的关系。

1. 教师的角色

学生除参与确定学习目标、学习内容、学习进度、学习方法、学习评价外,还要对自己作为一个学习者的感受和经历进行反思和理解,关注学习过程,摸索学习方法。对学生提出的这些"额外"的要求,实际上也是对教师的要求。一方面,因为只有具有自主学习意识和能力的教师,才能培养出能进行自主学习的学生教师自制(teacher autonomy)的具体表现是:他们主动参与大纲制订、课程设计、教材选择和测试评价活动，不受大纲的限制，根据教学的具体需要，调整教学内容，不僵化地使用一种方法和教材，愿意尝试多种方法和教材；敢于自己设计教学方法，准备教学材料，教师在教学中如果能表现出以上特点和自信，就会感染学生，将这种独立意识和自信传给学生。另一方面，如果教师在教学过程中不注重学生自主学习能力的培养，学生也不可能自动习得自主学习的能力，因而有意识、有计划地进行自主学习能力培养是教师的主要任务之一。在这种教学思想指导下，教师扮演的角色应是合作者、顾问、协调者和对话者。

（1）教师是学生的合作者

他（她）与学生一起确定教学目标、学习内容、评价标准等。这样的合作可以是以班级、小组或个人为单位的，在此过程中，虽然教师仍然具有一定的权威性，但他（她）主观上应将自己看作学生的朋友和同学，是他们的合作者。

（2）教师是学生学习的顾问和向导

毕竟没有接受过自主学习培训的学生对于如何承担起自己学习的责任往往一无所知，需要教师的鼓励和引导，才能逐渐适应新的角色。这时候教师的作用就是一名顾问，为学生的自主学习提供指导性的帮助。作为顾问，教师的任务是与学生进行交流与沟通，目的是通过向学生提问、采访，督促学生反思自己的学习过程、学习方法和学习态度，了解学生的学习进展情况和学习需要，帮助学生确定新的学习目标。这样的交流使学生真切感受到教师对他（她）的关心，每一位学生的学习特点都得到了尊重，以学生为中心、因材施教的教学思想由此得到很好的贯彻，当然与每一位学生定期进行这样的对话会花费教师大量的时间，但考虑到它对于培养学生自主学习能力的作用，还是非常值得的。

（3）教师是学生学习的协调者

学习者独立学习不等于孤立地学习，也不等于完全自学。实际上，更多的时候是通过与其他同学一起讨论、做项目、演讲，分享学习经验等教学活动进行学习。在这些活动中，学生的参与和表演是中心，教师扮演的就是一个协调者的角色，其主要任务就是保证这些活动不偏离其目的。

（4）教师是知识和信息的来源

虽然与传统的教学方式不同，教师不是学生所学知识的唯一源泉。但相对来说，教师所掌握的知识，特别是专业知识比学生丰富，因而仍然是学生吸取知识、提高能力的一个渠道，所不同的是，依靠教师传授知识已不是学生学习的主要内容，在教师指导下，学习者学习如何学才是学习的真谛所在。

教师的作用可归纳为技术支持和心理/社会支持两大类。技术支持的主要内容包括：通过分析需求、确定目标、规划时间、选择教材和组织活动等来帮助学习者规划和实施自主学习；帮助学习者进行自我评价；帮助学习者掌握完成上述任务的能力和知识。心理/社会支持的主要内容是：具有协调者的素质，要体贴耐心、宽容大度、善解人意、不妄加评判等等；善于调动学习者的学习积极性，鼓励其上进，消除其忧虑，愿意与其交流，不过多干预等；能够提高学习者独立自主的意识。

以上对教师角色和作用的论述表明：以自主学习为特点的教学对教师的要求更高，这不仅体现在教师在时间和精力上付出会更多，还要求教师在具备必要的业务知识同时，具备与学生沟通和协调的能力，这样一来，教师的任务实际上比原来更重，责任更大，因而教师培训就显得更加必要。

2.学生的角色

就学生而言，自主学习使他们从对教师和教材的依赖中解放出来，成为自己学习的主人。这种从被动到主动地位的变化要求学生在教师的引导下，做到：制订学习计划，即确定学习目标和内容，规划学习进程，选择学习方法和策略，确定评价标准；监控学习过程，即记录，并与他人分享自己的学习经历和感受，反思并修正自己的学习态度和方法；评价学习结果，即根据先前确定的标准给自己的学习进行评价，了解自己的进步和不足，确定下一步学习的目标。

总之，自主学习要求学习者具有较强的学习意识，重视学习目标实现的过程和方法，通过这样的意识和对学习过程的关注，学习者能增强对学习、学习者和学习过程的理解，掌握学习的规律和方法，从而提高自己独立学习的能力，为承担起学习的责任做好准备。

认识了自主学习能力培养的意义和师生的责任之后，接下来的问题就是如何培养和提高学习者自主学习的能力。

（四）自主学习能力的培养

培养自主学习能力需要教师和学生双方共同努力、相互配合。由于自主学习能力包含多个层面具有多种表现形式，因而对学习者进行自主学习的培训也需要从多方面入手，Benson总结出开发和培养学习者自主学习能力的6个途径：①以资源为基础的方法强调与学习材料之间的独立互动。②以技术为基础的方法强调与教育技术的独立互动。③以学习者为基础的方法强调学习者在行为和心理上的发展变化。④以课堂教学为基础的方法强调学习者对课堂学习的控制。⑤以课程为基础的方法将学习者对自己学习的控制延伸到整个课程。⑥以教师为基础的方法强调教师的作用和教师进行学习者自主学习能力培养的培训。

以资源和技术为基础的学习（如计算机辅助语言学习、利用学习软件的学习、网络英语学习等）为学习者控制和管理自己的学习提供锻炼机会，学习者独自面对各种不同形式的学习材料，面对多媒体和因特网等现代技术所提供的学习机会时，势必会自发地对自己的学习进行管理和控制。但是，技术只是为自学提供了机会，并非一定能让学习者自制能力的提高。因此，对学习者进行一定的学习策略培训十分必要，这就是第③种方法的主要内容。以课堂为基础进行学习者自主能力培养主要是通过让学习者参与对他们日常课堂学习活动的计划和评价，促进他们对学习过程和学习内容的关注和理解。第⑤种以课程为基础的方法强调学习者的自主学习应贯穿整个课程体系，在这种教学模式中学习者对自己学习的控制是全方位的。从学习目标和内容的确定，到学习过程的把握，再到最后的评价都是由学习者自己完成的，当然，教师适时、适度的帮助仍然是学习者自主能力形成的更重要保证。以教师为基础的方法显然是从教师对培养学习者自主学习能力的作用出发，对教师进行培训，以帮助他们履行自己的责任，完成对学习者自主能力的培养。总之，学习者自主学习能力的培养是一个长期、复杂的任务，应将学生、教师、材料、技术、课堂等各教学要素有机结合，采取多种形式，从不同侧面进行。

此外，培养学习者自主学习能力还应特别注意以下四个方面。

第一，让学生理解自主学习的含义和意义，提高他们自主学习的意识。自主学习是一个近十几年才频频出现的概念，许多教师和学生不知道其中的含义，所以对学生进行培训时，必须首先向他们介绍自主学习的含义和意义。由于自主学习能力的培养是一个长期的过程，贯穿教育的各个阶段，对于年龄较小的学生，空洞的概念解释可能会超出他们的认知理解能力，因而正式介绍自主学习的含义和意义应等到学生年龄稍长一点以后，但在此之前，教师仍然应对学生进行简要介绍。

另外，引导学习者关注和反思自己学习的过程，提高自主学习的意识也是十分关键的。因为自主学习能力的培养在很大程度上取决于学习者自己的努力，一旦他们意识到独立自主能力培养的重要性，就会善于反思自己的学习过程。

第二，帮助学习者认识自己作为一个学习者的特点、学习风格和策略，同时了解成功的学习者通常表现出来的特征，以便取长补短。

自我认识是自主学习的基础。教师应该设计一些教学活动帮助学习者反思自己的学习态度和方法，了解自己的学习特点。英语学习者大致可以分为四类：具体型学习者，喜欢通过游戏、图片、电影、录像、磁带等途径学习英语；分析型学习者，喜欢通过学习语法，阅读英语书籍和报纸，找出自己的错误，攻克难题等方式学习英语；交际型学习者，喜欢通过观察和聆听英语为母语国家的人们的谈话，用英语与朋友交谈，课外大量使用英语等方式学习英语；依赖权威型学习者，喜欢听老师讲解，有自己的教材，将一切都记录在笔记本里，通过阅读进行学习。

第三，对学习者进行学习策略培训。以学习者为中心、以学习为中心、以任务为中心的现代教育思想开始生根发芽之后，对学习者进行学习策略培训的呼声越来越高。学习策略已经成为英语教学研究的一个重要课题。自主学习在很大程度上依赖于学习者对学习策略的掌握。

目前，英语教学研究中普遍接受的学习策略分为认知策略和社会/情感策略，认知策略指的是学习者为了更好、更快地掌握所学知识和能力所采用的技巧，如记忆术、逻辑分析、综合归纳等。元认知策略是对学习过程的规划、管理和评价等。社会/情感策略相对来说更为复杂，因为它涉及学习者的心理和情感层面，是学习者在与他人交往和合作时所采用的策略，同时也包括学习者对自我态度和情感的调整和控制的策略。社会/情感策略归纳为提问、合作、移情三项社会策略和减轻忧虑、自我鼓励、自我认识三项情感策略，这些学习策略应该作为教学内容的一部分列入教学大纲，只有这样才能系统、有序地对学习者进行学习策略培训。

第四，鼓励学生进行自主学习和体验式学习的实践。任何能力的培养都离不开个人的亲身实践。体验式学习以学习者的亲身体验为基础，抽象的概念经过学习者的体验和主观理解得以具体化、形象化，体验与反思、思维和实践共同构成学习的一个循环系统，促进知识的理解吸收、能力的培养和提高。

在正规学校教育中，学习者通常可通过完成一些项目进行体验式学习，获取实践经验。为了培养学习者自主学习能力，教师可布置一些类似于民族文化学家经常进行的参与观察的任务或项目，让学习者以个人或小组为单位完成。为了完成这个学习任务，学习者必然要对自己的学习过程进行规划、管理和评价，同时也会采用各种学习策略，这样的学习实践是培养自主学习能力所不可缺少的。

（五）自主学习与跨文化英语教学

自主学习能力的培养对于任何科目、任何形式的学习都是非常重要的，而在跨文化英语教学中培养学习者的自主学习能力更是有特别的意义。一方面，因为跨文化英语教学的实施对学习者的自主学习能力有很高的要求，由于语言和文化的学习与其他科目（如数学、物理、化学、生物等）不同，它在很大程度上取决于学习者的主观认识和亲身体验，仅凭教师或教材给予的间接经验，不具备一定的自主学习能力，学习者无法完成从一个单一文化背景的人过渡到具备双文化（或多文化）知识和能力的人，更不可能掌握跨文化交际能力。因此，培养学习者的自主学习能力是进行跨文化英语教学的前提。另一方面，跨文化英语教学将提高英语交际能力和跨文化交际能力作为目的，以培养学习者的综合素质（包括立体思维和独立学习的能力等）为目标，这与自主学习能力培养的目标是一致的。从某种程度上说，跨文化交际能力的培养就是自主学习能力的培养，一个具备了跨文化交际能力的人一定具有较强的自主学习能力。前面几章关于跨文化英语教学目标、内容、原则和方法的论述已经充分证明，自主学习能力的培养是跨文化英语教学的有机组成部分。

第二节 英语跨文化教学中教师素质的培养

一、基于大学优质双语课程的教师能力探析

双语课程是指在教学过程中使用两种语言的课程，在中国特指使用中文和一门外语教学的课程，通常是中文和英文。大学双语教学的目的是培养具有专业知识，且能与国际同行顺畅沟通，适应国际化需要的专业人才。双语课程虽然是新型的课程形式，但也在许多大学实施了多年。教学实践者和研究者都开始注意双语教学与一般教学的不同之处，对如何改进双语课程的各要素，从而提高教学效果提出研究建议。双语课程的目标包括专业目标、语言目标和技术目标。专业目标要求掌握课程专业知识；语言目标要求掌握对应的专业名词、专业术语，并能用外语沟通专业领域的问题和知识；技术目标要求能理解英文文献并利用所学知识发现问题、掌握解决问题方法。因此，相对于一般课程而言，双语课程有更高的要求，也具有自身的特点。要想形成优质的双语

课程，教师的能力起关键性作用。

（一）大学英语教师素养教育现状

随着教育信息化程度不断升级，提高大学教师信息素养成为大势所趋。基于对大学英语教师信息素养现状及存在问题的思考，需优化教师信息素养培训体系，提升教师信息意识、信息知识和信息能力、创设信息化的校园环境。

全球化与信息化的发展催生了被数字信息渗透和包围的人工环境。在此背景下推动大学英语教学改革，构建信息化教学模式的呼声越来越高。大学英语教师作为信息化新教学模式的主导，其信息素养现状如何，是否具有信息化的教学能力，成为摆在教育者面前的一项重要课题。

教师素质包含了教师的思想素质、道德素质和能力素质等，可以说教师自身素质的高低是大学实施素质教育成功与否的关键。在大学教学中，教师素质的好坏关系到大学教学质量的高低，影响到培养高素质人才的目标能否实现。因此，我们需要明确大学英语教师所需具备的综合素质与能力，要探究大学英语教师素质的提升途径，不断促进大学英语教师的素质提升。

大学英语教师的教学观念需要更新。目前，部分大学英语教师并没有摒弃传统的教育思想与观念的束缚，新型的教育理论相对薄弱，教育理念落后，缺乏与大学教学相适应的现代英语教学理念，从校园培养出来的只会"哑巴英语"的学生并不能适应经济社会发展的需求。

大学英语教师力量较弱，专业技能素质需要提升。大学英语教师的专业技能指的是英语教师需要掌握一定的词汇与语法等方面的语言技能与理论，具有一定的听、说、读、写、译的语言能力并能熟练地运用语言。当前，大学英语教师力量较弱的突出问题就是有许多英语教师对于英语教学的理念与方式一知半解，实际教学模式单一，教学方式陈旧，导致多数大学英语课程不受学生欢迎；许多英语教师专业技能掌握不精，发音不够标准。另外，一些教师知识面过窄，掌握的跨文化知识有限，对于现代化教学方式的运用也不够自如，这是当前大学英语教师专业技能不能忽视的薄弱环节。

大学英语教师科研能力较弱。由于日常教学工作量较大，因而教师教学负担与压力相对较大，加上科研意识淡薄，对英语教学研究不够，在某种程度上导致大学英语教学质量提升不快。

大学英语教师对自身思想政治素质不够重视。部分大学的英语教师由于工作量较大，加上学生的多种考级的压力，因而在保证课时与教学效果的前提下，并不能静下心来提升自身的思想政治素质，另外，一直以来英语教学与"两课"教学被教师认为是毫无关联的两个学科，他们并没有意识到思想政治教育与英语课程教学、思想政治素质与教师素质是相关联的。只有改变这一现状，在英语教师的思想政治素质提升的前提下，才能够培养出具有较高思想政治觉悟的优秀英语专业人才。

应该特别注意的是，在信息化教学时代下的英语教师的信息素养。考察英语教师是否具备信息素养可从其是否对信息有内在需求、主动想到利用信息，是否了解先进的信息理论和信息技术（如计算机基础知识、网络技术、多媒体知识等），是否擅长利用信息技术获取、处理、创新和生成新信息三方面进行教学等。

（二）大学英语教师科研能力发展现状

尽管大学英语教师的科研在教学及学科建设中非常重要，但大学英语教师的科研现状却并不乐观，这不仅制约了英语教师职称晋升之类的专业发展，还给英语学科建设带来较大限制。

面对新的大学英语教学改革形势和经济社会发展方式转变的实践需求，大学英语教师应如何主动求变，适应大学英语课程体系的新要求和信息化环境下大学英语教学发展的需要，不断提高自己的专业水平和教学能力，从而积极构建未来教学改革与发展的全新视野呢？

大学英语教师教育技术能力的发展阶段变化，体现了"教学情意—教学技能—教学实践—教学智慧"的能力提升过程，教师教学智慧的创造将是能力发展的最高境界。教师教育技术能力发展通过教育技术能力知识技能的传授学习、模仿和教育技术实践的迁移应用、动态体验提升大学英语教师的教育技术能力。

（三）英语教师自主发展的现状

首先，教师的自主发展要求教师个体要有自主发展的意识，这种意识引导教师变被动为主动，明确自身的需要及发展的方向。其次，就个体而言，教师无论从知识水平、教学经验、教龄、个性、特长、价值观等方面都有很大的差异性，因而需要针对自身的实际情况，结合自身需要确定个体发展的目标，在实现目标的过程中求得发展。在确定目标后需要在实际情景中选择适合的方式、策略，积极主动地学习提高，以期达成目标。最后，对于学习的结果，个人还需对发展的过程和结果及时进行评价，发现过程中的问题和行为结果的差距，以便确立下一个发展的目标，实现自身的可持续发展。

教师的自主发展是一种内源性的专业发展，它强调教师在专业发展上的自主性，要求教师既要有较强的自主发展的意识，又要有自主发展的能力，通过多种途径实现专业发展和自我更新的目的，其发展的动力来自教师的内部需求，而不是外在驱动。

目前，教学任务重和科研压力大是教师面临的主要困境，教师虽有较强的学习意识，但学习动力不足，实际投入精力较少。教师反思教学与合作学习的效果并不理想，教师有反思意识，但很难坚持下来。教师合作学习的意识薄弱，合作机会少，这形成了教师的自我封闭，影响了教师的发展。

可见，尽管英语教师们认识到自我学习、自主发展的必要性，但存在缺乏自身专业发展规划、忽视自我学习的价值和教师团体合作的力度，缺乏自我反思、科学研究素养等问题。教师自主发展虽然强调教师主体作用的发挥，但并不是独立于外界的个体发展，大学、英语教师、教育机构可以通过采取适当的策略，引发教师成长的内部因素，以促教师自主发展意识与方式的转变。

二、跨文化视域下英语教师素质的培育焦点

跨文化英语教学思想是在交际英语教学基础上，根据英语教学本身的特点和跨文化交际日益频繁对英语教学提出的新要求，形成和发展起来的。在这一英语教学思想作用下，英语教学的目的、内容和方法等各个方面都不同于传统英语教学和交际法英语教学。英语成为现代人必备的素质之一，在多元化的时代，跨文化交际能力是跨文化人必备的素质，这必然对英语教学提出更高的要求。一般来说，教学活动的开展、教学方法的实施、教学思想的贯彻、教学目标的实现都是通过教师的教和学生的学完成的，教师和学生对教学目的的理解、教学内容的把握、教材的使用、课堂的组织或参与等都直接影响教学的最终结果，因而对教师和学生进行研究和培训是教学活动顺利进行、教学目标成功实现的根本保证。英语教师作为教学活动的实施者、组织者和管理者，必然面临更大的挑战和压力，大学英语系面对各个不同学科专业的学生，教师主要进行语言和文学研究，为适应英语教学的发展，英语教师必须接受更严格和广博的培训。此外，跨文化英语教学是以学生为中心、以任务为中心、以学习为中心的教学方法，它将从前在以教师为中心、以教材为中心、以教学为中心的教学观念影响下，处于被动接受地位的学习者解放出来，使他们成为教学的主体，成为自己学习的主人。如何更好地发挥学习者的主体作用，帮助他们把握自己的学习进程是教育界必须关注的问题。

（一）跨文化英语教学对英语教师的要求

英语教师在教学过程中起着重要的作用。首先，英语教师与其他专业的教师相比，其工作有更为特殊的性质。因为他们教的内容不仅是一门学科，更是一种特殊的社会、文化现象，一种特殊的交际工具和知识技能，所以作为一名英语教师，必须具备深厚的语言功底，同时对语言学、教育学和教学法的最新发展也应有所了解。另外，以培养文化交际能力为目的的教学对英语教师的要求更高，除了上面提到的能力之外，教师还应具备较高的目的语文化和中国文化的修养，具有较强的跨文化意识和能力。或许上面的列举还不够全面，但是它基本反映了跨文化英语教学对英语教师的要求，如果教师培训可以达到这些标准，那么既提高英语交际能力，又培养跨文化意识和跨文化交际能力，最终提高学习者综合素质的英语教学目标的实现也就不会只是一句空话。

（二）对教师进行文化教学培养

1. 文化意识和文化教学意识的培养

文化、文化差异及英语教学的文化教学潜力都客观存在，最重要的是让教师意识到它们的存在和作用，即要提高教师的文化敏感性和文化教学的意识。在这样的敏感性和意识的基础上，教师的文化知识积累和文化能力及文化教学能力就会突飞猛进。教师在参加培训时并不是对文化一无所知；相反，他们有丰富的文化体验，他们的文化参考框架经过长期、不断的建构和修改，已经成为他们个人身份和个性的象征。他们在日常工作和生活中，在与他人，包括来自不同文化的人们进行交流时，都会自动地、无意识地使用其文化参考框架。现在，我们培训的目的是要让他们意识到文化参考框架的存在和作用，知道不同的人们，尤其是来自不同文化环境的人们，通常

使用不同的文化参考框架，为了达到这个目的，最有效的方法是利用文化冲撞、关键事件和反思练习等跨文化培训的方法。

2. 文化知识的培训

就文化概念和知识的学习而言，文化人类学提供了最为全面、科学的阐述，理应成为英语教师培训的一门必修课。文化人类学是一门历史悠久、理论基础雄厚的社会科学，它无论是在文化理论研究上，在具体文化的描述上，还是在文化研究的方法上都已形成了较为完善的体系，是英语教师获取相关文化知识的可靠来源。当然，英语教师学习文化人类学不是为了成为人类学家，因而也就没必要穷尽其所有的内容，他们只需利用文化人类学的部分研究成果，以获取对文化相关概念更清楚的理解，对相关文化群体更全面、深入的了解，同时借鉴其中的文化研究和探索的方法。对文化人类学研究成果的筛选和选用应由来自不同领域的专家，如英语教学研究者、文化学家、跨文化交际研究者、教师培训专家等合作完成，综合各方的意见，选择教师需要掌握的理论和信息作为培训的内容。

除文化人类学可成为教师文化知识培训的主要科目外，社会学和跨文化交际学的研究成果同样是教师培训应关注的内容。语言、文化、社会和交际之间复杂的关系，在这两门学科中有着更清晰的描述。

3. 文化能力的培训

文化能力包括教师的跨文化交际能力和文化学习探索能力。文化能力的培训比文化意识和文化知识的培训更为复杂和困难，因为它不仅涉及教师的认知心理，且还与他们的情感和行为有关。

跨文化交际能力的培训可从文化冲撞（可以是真实的体验，也可以是模拟练习）开始。不同文化相遇经常导致冲突，价值观念的差异是根本原因。人们对这种冲突往往有强烈的生理和心理反应，这种现象就是文化冲撞。文化冲撞是第二文化学习过程中普遍的经历，它对学习者的心理造成很大的冲击。培训的目的是让受训者通过经受心理和情感上的震荡，对跨文化交际中存在的文化冲突有一定强烈的感性认识，培训者趁机向受训教师介绍跨文化交际中的困难，然后自然过渡到如何克服这些困难的探讨中。

与不同文化背景的人相处，宽容和移情是不可或缺的素质，具备这两种素质能避免误解和冲突的发生，文化学习和探索才可能顺利完成。随着文化学习不断深入，跨文化体验不断增多，文化冲撞的感受逐渐减弱，学习者的心理情感必然发生改变，原来的焦躁不安被心平气和代替，他们开始发现目的文化的价值与作用，开始欣赏他们的习俗，开始重新评价自己的价值观念，最终完全被目的文化同化吸收。这一系列的转变就是文化学习过程中学习者心理情感可能产生的变化，但并非所有的学习者都必须经历每一个阶段，尤其是最后被同化的阶段，只适用于少数希望融入目的文化的学习者。

除具备必要的心理和情感素质外，掌握一系列的文化学习方法和技巧经过很多英语教学研究者和跨文化培训者的变通和再语境化，成了一种被普遍认可的文化学习和培训方法。参与观察法就是观察者成为观察对象中的一员，亲身参与到观察对象的活动中，在共同活动中观察研究对象。这一方法最近几年在西方各国越来越流行，原因之一是这些经济水平较高的国家已逐渐将短期出国学习（一年、半年或一个月、两个月、三个月的假期）列入英语教学整体计划，目的是让学习者利用目的语和文化环境强化其语言能力，提高其文化能力，因而这些国家的教育机构决定对学习者提前进行参与观察的文化研究方法的培训，以便他们到了国外能充分利用这一宝贵的语言和文化学习机会。这种方法对于出国机会微乎其微的中国英语学习者和教师有什么价值呢？作为一种文化学习和探索方法，参与观察法可以用来对任何一个文化群体，进行深入的文化调查。理想的条件是离开自己熟悉的文化环境，融入一个陌生的文化环境中，对该文化群体的某些文化侧面进行探索和学习，并通过与该群体的人进行交流，获取跨文化交际的经验，摸索跨文化交际的规律，从而提高跨文化交际能力。对于中国英语教师和学习者而言，这样理想的环境也许不存在，但教师培训者同样可以利用国内现有的外国文化群体或不同的亚文化群体资源，进行参与观察的文化研究方法的训练和实践。虽然环境有所不同，但是基本原理和技巧基本相同。在教师培训中，培训者首先向受训教师介绍参与观察的文化研究方法，通过各种手段（包括听讲座、看录像、展示他人的成果、请专家或同行介绍经验等）帮助教师弄清这种文化探索学习方法的宗旨、特点和注意事项。然后由受训教师自行设计和完成至少一次文化探索任务，并在这一过程中记录自己的学习体会以督促自己反思学习体验，同时也为以后与其他同事分享经验和感受提供资料。一次这样的学习任务以一篇全面、透彻的调查报告为终结，报告内容包括本次调查研究项目的目的、方法、结果及经验总结，其中很大篇幅是对调查对象某些文化现象的详尽描述。

接受过以上文化意识、文化知识和文化能力培训的教师应在个人素质上为文化教学做好了准备。他们还需要接受一定的文化教学培训才能胜任跨文化英语教学工作。文化教学培训同其他教学培训一样主要是从大纲、教材和教学方法几个方面着手。大纲培训帮助教师理解教学目标、教学内容和教学评估标准等，是教师准备教案、设计教学活动的基础。教材培训是针对某一特定教材，就教材使用的方法进行培训。教学方法培训最为普遍，文化教学的方法很多，每一种方法都有其优点和缺点，每一种方法都有其独特的技巧，这些都是教师培训时的必要内容。

三、跨文化视域下基于构建大学优质双语课程的教师教学能力提升路径

（一）教师对自身专业发展规划过程的重构

对自身专业发展进行规划是教师自主发展意识和能力的体现，也是教师实现自主发展的重要一步。本次调查结果显示，教师虽有一定的专业发展规划意识，但因对如何制订规划并不十分了解，所以无法将其付诸行动。在大学英语教学改革和教师专业化进程日益深入之际，教师面临着全新教学观念的冲击和角色的转变，这在一定程度上使教师的自身规划及实施显得更为复杂和艰巨。一方面，教师需要重构专业知识体系，以适应角色变换和观念变革的巨大压力；另一方面，要对自己目前专业发展的现状进行重新省视，根据自身的能力和需要确定将来的发展方向。同时，教师对自身的规划往往只着眼于个人的发展，因而容易受到单位及学校整体环境中诸多因素的影

响，这也给教师实施自身发展规划带来了一定的困难。其实，教师个人的发展与单位的整体发展息息相关。作为学校和教育者，应立足于教学改革的要求和教师自身的需要，及时提供专家支持与引领，在尊重教师个性化发展的基础上，帮助教师对自身发展规划进行自我评价和自我调整。同时，在教师实施规划的过程中，通过成立教师发展中心或类似机构，将教师的发展融入学校整体发展规划之中，为其提供必要的再教育或训练、课题研究等机会，以达到教师自我目标实现的最大化。

（二）加强自主性与社会化并重的教师专业学习

通过分析问卷中开放性问题的相关数据发现，教师投入自主学习的时间和精力有限，主要是由于英语教师教学和科研任务重、压力大所致。我国各大学实施大学英语网络教学改革以来，教师面临新的教材与教学环境，不仅备课量加大了，还需要通过学习调整和架构新的教学理论和知识体系，掌握新的教学模式。这些仅凭几堂培训课程是难以做到的，需要教师通过自我学习完成自身的转变。另外，据分析，很多教师将自主学习等同为独立学习，后者的随意性很大，极易受到教学环境等外部因素的影响，因而许多教师无法坚持经常性的专业学习。成人学习的特点和教师职业的特点决定了教师成长需要采取自主学习的方式。另外，学校也应尽量通过各种手段，如加大投资完善图书、网络等教学资源的配置，为教师提供学习进修机会等，以激发教师自主学习的动机。

同时，教师也是一个社会化的群体，除自我导向性学习外，互助性学习也是教师学习的一种重要方式。教师与同事进行交流与合作并不是经常性的，其主要通过教学研讨的方式进行，项目引领的团队合作这种形式所占比重并不大。因此，为促进教师之间的互助性学习，各学校可成立专业学习或研究团体，将教师之间自发的交流纳入有组织的教学研究活动之中。通过构造一种学习共享的氛围，教师们可以有更多的机会在专业上互相切磋、分享知识与经验，共同反思、共同提高，形成一种良性竞争。同时，团体中的学习交流可以使教师经常得到心理和情感上的支持，减轻自我学习的孤立感，获得自我成长的持续动力。

（三）教师从技术型到反思型的转化

反思型实践模式，已成为被高度广泛认同的英语教师专业化发展的有效途径，我国英语教育研究中心教授吴一安的研究显示，反思能力是衡量优秀英语教师素质的关键因素，本调查表明，很多教师都认识到反思能力在语言教学中的重要作用，但教师对于反思的结果如何能运用到教学实践中存在比较模糊的认识。另外，教学与科研的双重压力使教师无法坚持经常性的反思。只要对教学过程进行思考，记录下一些教学体会，就算完成了反思的过程。事实上，教师的反思如果只是停留在经验体会的层面，不思考教学行为背后所隐藏的教育观念及教学背景因素，并用于指导和改进自己的实践，反思的作用就很难实现。同时、反思不是一个纯粹的认知过程，不能将其归结为简单的技能或操作程序。要成为真正意义上的反思型教师，还需具有高度的自觉性和主动性，而这种主动性来源于开放的态度、对学生的责任感和追求新知识的执着精神。反思型教师以开放的态度接受新观念，追求知识和教学方法的更新，保持探究课堂中产生的问题，不断思考个人教学行为给学生带来的益处，评价自身教学的合理性，技术型教师则倾向于尊重专家和权威的意见，缺少问题意识，机械地按常规行事。教师只有完成技术型教师向反思型教师的转变，才能摆脱外部环境中不利因素的羁绊，不断地批判和反思自己的教学行为，改善自己的教学实践。

（四）科学研究素质的培养与条件创设

从自我决定理论的视角探讨大学英语教师的自我发展，自我决定理论是基于人的自我决定需要的一种认知动机理论，解释人们如何形成自己的行为和动机意识，从而分析个人情绪动机和行为的理论。它强调自我调节在动机过程中的作用。自我决定理论包括四个子理论，即基本需要理论、认知评价理论、有机整合理论和因果定向理论。经过学者们多年的研究，自我决定理论的应用已从心理学领域扩展到教育、管理、运动与健身及心理治疗领域。因果定向理论，作为自我决定理论的子理论，认为个体具有对有利于自我决定的环境进行定向的发展倾向，它包括自主定向、控制定向和非个人定向这三种倾向，笔者以这三种倾向为向导阐释大学英语教师是如何实现内在的、建设性的自我整合和自我成长的。

1. 自主定向性——大学英语教师的自我从定性

自我决定理论认为自我认识就是自主定向，理解自己的需求，是对自己命运和价值的思索。对于大学英语教师来说，如何找准自己的定位，了解自己教学中的缺失是英语教师进行有效教学的必经之路。在大学英语教师自我认识的过程中不可避免会出现模糊和误区，其问题表现为以下两个方面：一是教与学中间有一道无法跨越的鸿沟，语言教学成为理论与实践相脱离的语法课程，而不与学生的兴趣、理解能力相关联。不少英语教师甚至把语言教学看作"枯燥"或"琐碎"，而不把它看作获得既有实用性又有审美性的语言工具的途径，这种消极的思想必然会影响教师教学。二是许多教师视"熟知为真知"，认为经验得来的知识就是被学生认可的，他们所采取的教学方法没有遵循学科教学论的原则，而是以传统经验和个人直觉为教学模式教学。他们缺少在职培训，只是一味模仿督导教师或在记忆中认为教过自己的好老师的讲课模式。在这种单一、陈旧的模式下，大多数英语教师总是年复一年、日复一日地重复同样的工作，不善于细心观察专业实践工作，质疑背后存在的而不知的假设；久而久之，很多英语教师就会产生职业倦怠，提不起教学的兴趣，最终导致英语课堂索然无味这种只知道照抄照搬别人的经验，而不考虑学生的多元化招不同的需求，最终将导致英语教师进取心的泯灭，产生学生厌学、教师厌教的现象。

因此，英语教师要想改变自我，一定要认清自己的发展方向和意愿。英语教师的自主定向是以教师自身兴趣和自我认可为基础激发内在动机的行为。一个具有高水平自主定向的教师会表现出强烈的自我创新意识和勇于挑战的精神，他们通过对惯性教学的尝试性改进，以理性的思考、批评的态度和方法进行自我教学实践的分析。卓越的英语教师总能在没有问题的地方发现问题，大学英语教师的自主能力是必不可少的。自我发现、自我定向、自我创造应源于教师的真实生活，是从教师的生活课堂这个大熔炉中提炼出的。

第八章 跨文化视角下学生和教师的能力培养

教师的自主决策也是促进教师个性发展的有效途径之一。课堂应该是丰富多彩的，每位教师的教学方式和教学风格也应该是各有千秋的。作为一名教师，永远不会满意自己的教学，在这种不满意的状态下，审视自己的教学行为和教学效果。在每一位教师的"我"中，认识对象和认识行为是同一的，即教师自己本身。教师作为理性的认识主体，在认识自身教学行为的过程中，认识的对象是他自己，即一般的人、普通的人。教师只有了解自己的理论知识、信念、感觉和人格，才能赋予教学以深厚的意蕴，建构丰富多彩的课堂。

2. 控制定向性——大学英语教师的他控性

与自主定向的教师相反，控制定向的教师更倾向于受外来环境的影响。教师专业发展除了个体自身的推动力外，还有来自外在系统的推动力，它受学校和社会等因素的影响，因果定向理论的控制定向指出报酬、奖励、荣誉、领导、指令等外在因素影响个人的行为和动机。有不少教师为了荣誉只关注讲课竞赛而忽视日常教学，为了薪水的增加只关注科研项目而不上课，为了奖励只关注大学英语四六级的分数而漠视学生的需求等。研究表明，高控制性倾向的个体更倾向做他人要求的事情而不是自己想要做的事情。有这种倾向的教师最终只能是墨守成规，停滞不前，被学生厌倦甚至遗弃。

在课堂学习中，不要只关注"如何教"，只注重教学方法和手段，忽视"教什么"和"学什么"，忽视教学内容和学生应掌握的学习内容。在对待控制定向的层面上，我们应深思教师的自我价值所在。英语教师应采取有效措施满足学习者的胜任需求、关系需求和自主需求，促进学习者外在学习动机的内化，解决学生的英语僵化现象。

3. 非个人定向性——大学英语教师的从众性

从因果定向理论看来，抱有非定向控制倾向的个人，是没有人生追求的，没有稳定的生活目标和理想，只求与周围的人一致或相似。非个人定向的教师认为，教师所获得的让人满意的教学效果不是自己控制的，而是靠运气或幸运得来的。这样的教师对自我发展是漫无目的的，抱着"做一天和尚，撞一天钟"的保守想法。这种教师的从众心理极易被各种外部环境影响，甚至连他自己都不知道"真正自我"的内涵。由于课堂的独特性与情境性要求教师明晰每一节课中学生不同的需求，而这些课堂模式的变化不可能直接通过书本学到，这正是许多英语教师纠结的地方。在这个瓶颈上，有不少教师依旧原地踏步，随波逐流，教学技能得不到提升，停留在他们第一次进入课堂时所处的水平上。

教学有效性高的教师倾向于富于变化的教学策略，而一般的教师倾向于保持教学策略不变。教师选择改变实际上是教师在自我认识的基础上，通过自我激发，实现自我指导和自我决定能力的提高的体现，在英语课堂教学中，每一位英语教师带到课堂上的应该是个人独有的长处、经验、能力和兴趣，这才能使自己的课堂不同于其他任何课堂，作为一名教师，应该仔细研究自己特殊的课堂，只有这样教师才能为自己的教学选择明智有效的教学策略，学会教学是持续一生的过程，在这期间，教师通过反思和质疑逐渐找到最适合自己的风格。

由此可见，教师的自我决定是源于教师对惯性教学的不满和尝试性改造，是教师作为教学活动的主导者，依赖理性的思考和批评的态度与方法，进行自我教学实践的分析与解剖的过程，只有不断地自我反思、自我决定，才能防止教师自身停滞不前和学生对学习的厌倦，才能让个体体验到自己的行动与个人目标和价值密切相连，从而感到自己能够控制周围的环境，提升自我的内在动机。因此，教师的自我决定是促进教师专业发展的有效途径之一，其主要目的就是以自我监控的方式反思个体的教学活动，并通过反思改进自己的行动以达到提高教育质量的目的。一言以蔽之，教师的自我发展不是一种状态，而是一种不断生长的、有巨大的可塑性、无限的可能性、无限的内在深度的过程。

4.自我决定理论视野下大学英语教学中教师行为转变

自我决定理论指出，自我决定的空间越小，控制欲就越强。大量研究也证明，教师在课堂教学中采取控制性策略而不采用自主性策略的主要原因就是施加在教师身上的过多压力。自我决定理论从两个维度进行了解释。一是教师自主满意程度越低，他们在课堂中的热情和创造力就越少；二是教学环境引起的外部压力促使教师倾向于使用外在动机策略，而将有效的、有趣的教学策略拒之门外。因此，通过自我决定理论，我们意识到教师的专业自主发展的主要性。教师应基于自己的教育经历和教育问题自我解读，不断探索教师的职能改变。教师个体还应当在日常教学中比较自己与他人教学中的教学行为、教学问题和教学现象，以改变自己的教学行为，转变自我教学理念，并成为教学变革的实践者。

（1）进行批判性的教学反思，增强专业自主性

英语教师要有批判性思考的能力，只有这样，才能够发现专业实践中的问题，捕捉专业实践中细微的效果，找出自己的差异与不足，从内心深处进行批判性的思考。这种批判性教学反思不仅是一种能力，而且是一种心态，一种教师自我决定进步与提高的自然状态。以检讨的、开放的态度对待自己教学中的问题和效果，以及他人的观点。因此，对于大学英语教师来说，以批判性思考为契机，才能更好地审视自己的教学问题，洞察自主需要的落脚点所在，最终达到营造良好的专业自主性环境，促进自我专业教师发展的需要。

（2）培养英语教师的问题意识，激活探究式课堂

如何把提问变成和学生真正自然的交流，体现了教师的语言艺术和建构能力。教学的艺术在于如何恰当地提出问题和巧妙地引导学生作答。只有培养教师正确的问题意识，才能做到和学生互动，才能激发和发展学生的思维。教师问题的提出一定要能激发学生学习英语的兴趣，既要注意知识性，互动讨论及概念辩证等方式，培养学生观察、探究思考、解决问题、归纳整合及沟通表达等应用能力。

（3）变革英语教师发展理念，使自身成为主动的变革者

英语教师发展的过程，既是一个社会过程，又是一种心理过程。作为社会过程，教学反思需要教师之间具有开放的交流气氛、批判性对话、风险承担和合作。作为心理过程，主要是教师在

思考和行动过程中建构的。在此过程中，英语教师进行有利于自我发展的因果定位，在这之后其教学理念发生了潜移默化的改变。教师的改变有表层改变和深层改变之分，表层的改变如新的教学技能、教学方式、教学风格和策略的改变；深层改变如价值、信念、情感和伦理道德的改变。因此，大学英语教师要不断充电，不断更新知识，提高自身素质，把学生对教师授课的评价由基本满意提高到满意或非常满意。

在自我决定理论视野下思考教师自主发展问题，有助于教师找出外界环境和内在心理意识的契合点，有助于教学方法的改革，尤其在个体差异、水平差异比较突出的大学英语教学实践活动中，教师帮助学生分析英语学习动机的正确归因有很大的益处。这一过程也为教师反思性思维和专业化发展提供了新的视角，使教师成为价值的守护者、意义的建构者和富有教育哲学思想的教师。

总的来说，学生的努力水平和英语水平，教师的专业水平、英语水平和教学能力，课程体系的设置方式，都会对双语课程的教学效果产生影响。但是，在双语课程研究中，关注最多的是英语对双语课程教学效果的影响以及教师自身的能力，英语对双语课程教学效果确实影响重大，然而双语教学不应忽视所有教学中共有的因素，这些因素对双语课程的教学效果有更大的影响。双语课程如果想要取得好的教学效果，除重视英语要素外，在通用的教学要素上仍然要花大量精力。

第九章 跨文化背景下大学英语教学的趋势探索

第一节 个性化和 ESP 教学方式

一、个性化教学方式

个性化教学以学生为中心，以调动学生内在动力为己任，重视师生之间的互动及学生的反馈，可以使学生摆脱成绩、作业的压力，并充分发挥他们的潜能与天赋。传统教学对学生采取一刀切的做法，忽视学生的个体差异，难以调动学生的积极性，教学效果也大打折扣。在当今社会竞争日益激烈的情况下，个性化教学的开展显得尤为重要。

（一）个性化教学的定义

所谓个性化教学就是以了解和尊重学习者的个体差异为前提，以最大限度地发展每个学习者的能力为目标，以充分调动学习者的自主学习为方式，以灵活多样的教学形式为依托的教学模式。应从以下三个方面来理解个性化教学的内涵。

1. 全纳教学

个性化教学要求教师尊重不同学生的禀赋水平，为全体学生提供同样令人感兴趣的、同样重要的和同样吸引人的学习任务，为全体学生提供在不同困难程度上形成基本理解力和技能的机会，以利于学生理解力和技能的发展。个性化教学期望所有学生的持续性成长，课堂作业没有任何标准，只有对学生个体深深的尊重。因此，个性化教学的本质是教师向学生阐明保持和理解的本质，教学过程是促进每一名学生的个人成长和个体成功的过程。

2. 适应性教学

随着经济的飞速发展及国际竞争的日益激烈，社会对于人素质的要求越来越高，如今更寻求以个性品质为内核的"全人格"内涵，而传统的班级教学在发展过程中越来越暴露出其在适应学生个别差异方面的不足，这就使得教学模式也必须进行相应的调整。教师适应学生是学习过程的核心。适应性教学就是要求教学安排适应个别差异的环境条件，创设相应的情境，建构相应的课程知识以及建立相应的评价制度等。因此，从这个意义上讲，"个性化教学"也被称为"适应性教学"，20世纪80年代以后，这两个概念是可以互换使用的。

3. 分化教学

分化教学（Differentiated Instruction）就是以分化的方式来适应学习者差异性的个性化教学。每个学习者在学习意向、兴趣、天赋方面都有自己的特点。具体来说，学习意向是学习者的学习倾向性，包括性别、文化、学习风格、智力倾向性等。例如，有的学习者倾向于以逻辑和分析的方法学习；有的学习者则倾向于借助大量图片来感知、理解具体的内容。兴趣是学习者对某一特定专题或技能的好奇心、爱好或偏爱，如有的学习者非常喜欢语言而被允许进行文学研究；有的学习者对盖房子感兴趣而选择学习建筑。天赋是学习者在某一方面与生俱来的理解力、学习能力或技能，天赋对学习效率的高低会产生一定的影响。

分化性教学强调的是以异质分组的形式来调整班级内部的个别差异，以实现个性化教学。学生的差异性是一种合理性存在，分班分组就必然要体现这种差异性，这就是随机分班分组。经过一段时间的教学之后，通过测验了解学生的成绩和水平状况，然后分成若干小组，让一部分儿童借助各种视听工具等教学手段进行自学作业。然后，把作业不理想的学生集中起来，把作业理想的学生也集中起来，由教师分别给予特别指导。这种情况下，教学并不否定同质分组，而是把同质分组与异质分组有机地结合起来。

（二）个性化教学与传统教学

传统教学忽视个体的需要和情感的开发，把学习者看成是接受来自教师所输入知识的容器，使教室成为脱离实际生活的场所。在当今信息化社会的时代背景下，这种以掌握知识为中心目标的教学方式很难适应未来社会的发展需要。因此，我们必须从传统教学的思维模式中走出来。

（三）个性化教学与个别教学

就目前的情况来看，与个性化教学极易混淆的一个概念是个别教学。因此，为了正确理解个性化教学，我们有必要搞清楚个别教学的含义。国内许多学者都接受了个别教学这一概念。在同一个教室里聚集着年龄不一、程度不一的学生，教师以一对一的方式进行授课，每个学生的教学内容与教学进度都各不相同，教学时间也没有统一的安排。因此，个别教学就是师生之间以一对一的方式开展教学的教学结构。欧洲中世纪的学校和中国封建时代的私塾教学就属于这种组织形式。此外，在我国一些偏远地区或经济比较落后的地区，这种方式仍然存在。一般来说，个别教学的实际效果都不太好。可见，个别教学与个性化教学完全是两回事，我们绝不能将二者混为一谈。

（四）个性化教学的原则

从新时代对教学的新要求看，个性化教学应成为一项系统工程。我们可从以下几方面把握其原则。

1. 理念的个性化

每个学习者与生俱来就各不相同，教师不能忽视学习者之间的智力差异，也不能假设每个学习者都拥有（或应该拥有）相同的智力潜能，而应努力确保每个学习者所接受的教育能最大限度地发挥其智力潜能。个性化教学以了解每一名学习者智力特点为前提，强调在可能的范围内发展不同的教学方式，使具有不同智力的学习者都能受到同样好的教育。教师不应使用刻板的眼光去看待学习者，而应在了解每个学习者的背景、学习强项、兴趣爱好的基础上，确定采用学习者自身现目前所适应的学习框架去做最有利于学习者学习的教育决定，从而确立最有利于学习者学习的教育方式。

2. 形式的个性化

只有将学生内在的动力激发出来，学生的潜能才能得到充分发挥，并逐渐养成自主学习的行为、习惯、态度和精神，学习才可能达到预期的目标。因此，采取什么样的教学形式就成了至关重要的问题。对学生而言，学习活动是发生性的，这就意味着教学必须是个性化的，要受到学生的经验、意向、兴趣、水平、需要等因素的影响。

教师应对学生情况进行汇总和分析，并在此基础上采取小班化教学、个别辅导、小队教学、同伴辅导、探究性学习、合作学习、自主学习等多种形式来弥补传统教学的不足。此外，教师还应在实践过程中不断总结经验、不断创新。

3. 目的的个性化

目的的个性化就是通过教学，培养出具有个性化的人才，而不是规格化、标准化的人才，不是千人一面，而是人人生动活泼，具有丰富多彩的表达方式，具有冒险和创新精神。如前所述，个性化教学是服务于素质教育的，而素质教育的目的在于培养"全人格"。教师应认真对待每个学生的特质、兴趣和学习目标，并尽最大可能地帮助他们发掘自己的潜能。此外，教师应根据教学内容、教学对象的不同，创造性地设计各种适宜的、能够促进学生充分发展的教学方法与策略，使学生能以向他人（包括自己）展现他们所学的、所理解的内容的方式去了解和掌握教学材料。随着时间的推进，学生会积极主动地寻求与自身智力相匹配的教学机会，逐渐从传统智力的藩篱中脱离出来，最大限度地发挥自身潜能。这样，教学的个性化色彩越来越浓，学生与学生之间的差异也越来越明显，能大大增加学生学习成功的可能性。

4. 手段的个性化

现代科技的发展尤其是现代信息技术的发展为教学提供了更多可供选择的手段，为个性化教学提供了强大的物质基础。具体来说，这些技术上的进步不仅提供了许多硬件设备，如录音机、投影仪、电视、电影、电脑等，还提供了许多储存容量大、功能强大、界面友好的软件与应用系统，如音频视频播放软件、多媒体课件制作软件等，为个性化教学的有效实施创造了更加便利的条件。因此，教师应充分利用校园文化资源、乡土和社区资源、广播电视手段、计算机技术手段、网络技术手段等，更好地向前推进个性化教学。

5. 内容的个性化

内容的个性化可从理论与操作两个层面来分析。从理论层面看，教学内容的个性化包括以下两个方面的内容。

（1）个性的多样性与课程的选择性

从操作层面看，教师应优化教学资源，结合学生情况开展选修课程。此外，还应进行课程的分化与统整，做到在分化中统整，在统整中分化，使课程的设置与安排尽量与学生的个性化差异相符合。

（2）自我的完整性与课程的综合性

个性化教学以培养学生的自由人格为目的。冯契先生认为，自由人格就是有自由德行的人格，在实践和认识的反复过程中，理想化为信念，成为德行，就是精神成了具有自由的人格。这种自由人格是在"基于实践地认识世界和认识自己的交互作用过程"中实现的，因此，课程的综合性就显得十分必要。课程必须具备一定的综合性，这是培养学生自由人格的前提和基础。

（五）个性化教学的实施

在个性化教学的具体实施中，教师决定着教学理念的选择、教学目标的制定，教学活动的安排以及教学效果的质量，是最重要、最核心的环节。在开展个性化教学的过程中，教师应从以下几个方面来努力。

1. 改变教学观念

（1）树立个性化教学观念

要想实行个性化教学，首先要改变传统的教学观念，树立个性化教学观念。教师作为个性化教学的实施者，身上担负着重要的责任，因为教师的教学观念直接影响着教学的开展。所以，为保证大学英语个性化教学的顺利实施，教师必须转变教学观念。具体来讲，教师要实现两个转变：就教学目标而言，要从原来的以阅读、写作为主向以听、说为主转变，全面提高学生的语言综合能力；就教学主体而言，要从以教师为主向以学生为主转变。在具体的教学过程中，教师不仅要向学生传授英语知识，同时还应培养学生自主获取知识的能力；不仅要让学生掌握学习语言的规律与方法，同时还应引导学生积极思考，培养学生的自主学习能力；不仅要确定学生的主体地位，还应兼顾学生的情感、个性、智力的需求，更要明确自己的主导地位。

（2）摒弃应试教育思想

转变教学观念还包括摒弃以往的应试教育思想，树立以培养学生英语实用能力以及全面发展学生个性为目标的教学观念。长期以来，应试教育一直都是我国教育中的严重弊病，且存在于我国教学的各个阶段中。在大学英语教学中，应试教育思想依然十分明显，这严重阻碍着大学英语个性化教学的实施。所以，为了大学英语个性化教学更好地实行，必须改变应试教育思想，树立新的评价机制，确保学生的全面发展。

2. 创造宽松教学氛围

在高度焦虑的状况下，学生处于一种压迫状态，学习效果并不理想，更谈不上培养创造性。人的创造性和学习效果都只有在一种较为自由的状态中才能够发生。在这样的环境中，学生没有任何顾虑和压力，心理安全、自由，不必担心自己没有按照教师的要求去做而受到指责批评。可见，宽松自由的教学氛围，是促进学生个性发展的前提条件。教师应尊重学生的个性、禀赋、选择，建立平等的师生关系，使学生有展示个性和发挥潜能的舞台，这样学生才能找到学习的乐趣和奋斗的动力。

3. 提升个人综合素质

个性化的教师，是指那些对教育教学理念有独特见解并采取与之相适应的教育教学行为方式的教师，这种教师是教师个人的气质、性格等人格特征在教学活动中的反映和体现，主要包括教师的个性化教学观、知识结构、能力结构、教学艺术和管理艺术等。个性化的教师既有自己的独到见解，又能遵循教学的基本原则，是个性化教学有效实施不可或缺的重要条件。因此，每位教师都要努力提升个人素质，加强自己的理论修养，积极探索、努力创新，争做优秀的个性化教师。

（六）采取个性化的教学策略

每个学生在学习能力、学习经验、兴趣爱好和心理特征等方面都有自己的特点，这就使得学生在学习的每个环节上也会表现出个体差异。因此，在教学过程中，教师应有针对性地制订适合不同学生的教学计划，并采取灵活多样的教学策略。下面这些策略可有效帮助教师解决在个性化教学过程中遇到的问题。

1. 自主学习教学策略

自主学习策略的核心是要发挥学生学习的主动性、积极性，充分体现学生的认知主体作用，其着眼点是如何帮助学生"学"。因此，这类教学策略的具体形式虽然多种多样，但始终有一条主线贯穿始终：让学生自主探索、自主发现。自主学习策略的基本过程是让学生通过对具体事例的归纳来获得一般法则，并用它来解决新的问题。其大致步骤如下所列。

（1）问题情境

教师设置问题情境，提供有助于形成概括结论的实例，让学生对现象进行观察分析，逐渐缩小观察范围，将注意力集中在某些要点上。

（2）假设—检验

让学生提出假说并加以验证，得出概括性结论。学生先通过分析、比较，对各种信息进行转换和组合形成假说，而后通过思考讨论，以事实为依据对假说进行检验和修正，直至得到正确的结论，并对自己的发现过程进行反思和概括。

（3）整合与应用

将新发现的知识与原有知识联系起来，纳入认知结构的适当位置。运用新知识解决有关的问题，促进知识的巩固和灵活迁移。

（4）设计学习评价系统

评价系统以标准参照测验（Criterion-Referenced Test，CRT）为基本形式。经过一段时间的学习后，学生可以自行决定是否接受测验。若通过测验可进行下一单元的学习；若未通过测验，教师应及时给予指导以帮助学生最终掌握学习的知识。

（5）建立计算机教学辅导和管理系统

计算机辅导与管理系统可以使教师实时追踪学生的学习状况，从整体上把握学生的学习进展情况。

自主学习策略一方面关注学生对基本概念和原理的提取、应用，另一方面关注学生在发现过程中的思维策略，关注探究能力和内在动机的发展，因此，有利于培养学生的探索能力和学习兴趣，有利于知识的保持和应用；但是，这种学习往往需要用更多的时间，效率较低。

2. 同伴辅导教学策略

同伴辅导是学生配对的个性化教学策略，指在多样化教学情境中，教师安排学生通过一对一的搭配促进学生互相帮助的教学策略。同伴辅导可以通过以下三种方式展开。

第一，不同年级学生之间的辅导，通常是高年级学生辅导低年级学生。这种方式不仅可以提高被辅导者的学业成绩，还可以帮助学生发展其社会性品质。

第二，两个学生之间平等地互相帮助，共同参与学习活动。这种方式的扩充形式是合作学习。

第三，同一班级内学生之间的互相辅导。这种方式最为普遍。

同伴辅导的优点不言而喻。学生往往因为害怕教师的权威而不敢向教师提问，但在同伴辅导过程中，同伴之间没有压抑感，可以大胆地进行提问与讨论，从而获得解决问题的思路。

作为辅导者的学生通过解答问题可加深自己对题目的理解，从而提高学习效率。作为被辅导者的学生由于不用担心同伴的批评也可充分表达自己的看法，有利于养成敏学好问的学习态度和积极主动的行为习惯。

作为辅导者的学生可以通过以下两种方式进行辅导。一种是解释型，即通过层层分析告诉被辅导者错在哪里、如何解决，对被辅导者的帮助较大。另一种是总结型，即直接纠正被辅导者的错误或给出正确答案，这种方式对概念重构帮助不大。

3. 风格本位教学策略

风格本位的教学策略要求调整教学环境，以适应不同学生的差异。教学风格主要指教师教学过程中稳定的行为样式，涉及教师的情感和态度等广泛的个性特征。彼得森认为，教学风格就是指教师如何利用课堂空间组织教学活动、准备教学资源以及选择学生群体等的相对稳定的行为样式。教学风格的核心就是行为和方法策略在一定时间内的相对稳定性，教师教学风格的建立需要一定的时间，新教师谈不上风格本位的教学，只有从事了一定时间的教学，积累了丰富经验的教师，才能谈及风格本位的教学。

风格本位的教学策略要求调整教学环境，以适应不同学生的差异。六种教学风格类型如下。

（1）改进型

改进型教师重视学生的反馈信息，善于利用反馈信息分析学生情况，诊断学习错误，并提出建设性意见。

（2）信息型

信息型教师知识面广，能为学生提供大量与学习有关的信息。

（3）程序型

程序型教师指导学生活动，并促进学生自我教学和自主学习。

（4）鼓动型

鼓动型教师以情感投入来激发学生的学习注意力和兴趣。

（5）互动型

互动型教师以对话和提问的方式促进学生思维的发展。

（6）陈述型

陈述型教师以教材为中心进行知识陈述。

风格本位的教学策略需要教师在课程教材方面进行改革，契约活动包（Contract Activity Package，CAP）是最常用的方法。契约活动包是为那些倾向于结构化学习环境的学生或追求自我选择的学生提供的教材大纲，代替了全班课堂教学的课程教材，向学生提供可供选择的作业，以满足个性化教学的需要。

二、ESP 教学方式

专门用途英语（ESP）是随着国际科学、技术、经济和文化交往的日益扩大而发展起来的一门学科，ESP 教学以需求分析为基础，具有很强的针对性和实用性。

ESP 的英文全名是"English for Specific Purposes"，即专门用途英语。ESP 教学起源于20世纪60年代，是一种将英语知识和专业需求相结合的实用型教学理论。在我国，ESP 教学已经在众多高等院校兴起，因此 ESP 不仅成了英语语言教学的分支学科，同时还是近几年应用语言学研究领域的热门学科。随着我国社会主义经济建设对复合型人才需求的增长，ESP 教育在未来的社会发展中具有很大的发展潜力，值得人们的重视和关注。本节接下来的内容将集中讨论 ESP 的基本知识、ESP 与现代大学英语教学的联系与区别以及 ESP 教学对现代大学英语教学的意义这几个方面，希望对各高等院校的大学英语课程有所帮助。

ESP 作为一门学科来说，其实发展的时间并不是很长，但是各个学派在不同时期对其赋予了不同的含义，甚至还出现了不少的论文、课题或者研讨会等。

（一）ESP 的特征

四个根本特征和两个可变特征，主要表述如下。

1. 根本特征

根本特征英文全称是"Absolute Characteristics"，主要包含以下四个方面。①ESP 设计目的是满足学生的特殊需求；②ESP的教学内容涉及特定的学科、职业以及活动；③ESP教学将词汇（lexis）、语法（grammar）、语义（semantics）、语篇（discourse）以及话语分析（analysis of the discourse）等放在特定的语境中；④ESP教学与现代大学英语教学形成明显对照，甚至可以说是两个截然不同的概念。

2. 可变特征

可变特征英文全称是"Variable Characteristics"，其主要包含以下两个方面：①可以只训练某一专项技能，如阅读技能或者口语技能等；②可以随意选取教法，不一定非要按照既成的教法进行教学，尽管"交际法"被认为是最适合ESP教学的，但是ESP教学并不能只限于"交际法"。

（二）ESP与现代大学英语教学的联系

目前大学英语教学存在许多问题，这些问题存在的根本原因是大学英语教学定位的偏差。我国大学英语教学普遍定位于基础英语，而基础英语教学的目标就是培养学生的综合应用能力，就是打基础，而忽略应用。但是，现如今的社会情况发生了改变，大学毕业生面临经济全球化和高等教育国际化的挑战，面临着国家对"大批具有国际视野、通晓国际规则、能够用英语直接参与国际事务和国际竞争的国际化人才"的需求。在这种新形势下，若还是仅仅把英语作为一门语言课程或素质课程来教，还是只注重学生英语基础的牢固，把培养语言技能当作大学英语教学的主要目标，这不能不说是严重的定位错误，因为这样的教学定位既不符合外语教学规律，也不符合我国大学生专业学习和毕业后工作的需求，更不符合国家与社会对人才培养的战略要求。而ESP教学是现代大学英语教学的延续和发展。社会语言学家认为现代大学英语教学和ESP是语言学科的两个阶段，前者主要是为了培养学生的语言能力，帮助学生掌握基本语言技能，即听、说、读、写、译这些基本功；而后者是为了培养学生的交际能力，使学生能够在不同的语言环境中实际运用。可见，前者是后者的准备，后者是前者的应用，两者是一个连续的统一体。利用ESP的理念对其进行改革不失为一个提高教学质量的有效方法，首先，ESP教学理念中的需求分析（包括社会、学生等各个方面）能够提高学生学习的动力，无形中也就提高了学习的效果；学科特点分析使教师和学生明白本学科的重点、难点，教师能有针对性地选择合适的教学内容和教学方法，学生也能有意识地调整学习的策略，以学生为主体的教学理念将学生的学放在第一位，一切都围绕这一核心进行，教学效果也不言而喻。其次，ESP教学能够优化学生的知识结构，使学生在已有的专业知识和英语知识的基础上，利用英语获得更多的专业知识，通过专业知识的学习促进英语水平的提高，最终提高自己的综合素质，成为"专业+英语"的多元化人才。但是，两者也存在着明显的不同，具体表现在以下几个方面。

1. ESP与某种学科密切相关

ESP是一种多元形式的教学理念，它会涉及学生所研究的专业语言知识。ESP教学是有目的性的，从上文众多学者对ESP的分类中可看出，ESP教学具有学术性和职业性，即与法律、医学、电工、金融等专业有关。

2. ESP属于应用语言学范畴

从语言学角度来说，ESP和现代大学英语教学都是英语语言教学的重要组成部分。作为语言教学的分支，ESP也是在学习英语，包括英语词汇、语法、语篇等，但不同的是ESP主要是学习某种专业的语言结构。可见，现代大学英语教学是一种专业课程，主要是学习英语的理论体系，而ESP是学习某种专业的语言特点，用来传授专业性的语言知识和技能。所以ESP属于应用语言学的范畴。

3. ESP强调应用技能

从上文可以看出，ESP和现代大学英语教学的目的存在明显的差异，既然ESP是现代大学英语教学的应用阶段，强调的是应用技能，那么会必然导致课程设置也存在明显的差异，主要表现在教学方法、教材选择以及教学评估上，下面逐一进行介绍。

教学方法方面：ESP和现代大学英语教学的目的不同导致了教师教学方法运用的根本区别。在现代大学英语教学模式下，我国大多数高等院校采用黑板、粉笔、教师加课堂的教学方法。教师独占讲台，学生主要是听课、记笔记以及做练习，这种教学方法主要是为了应付四六级考试，而不能满足社会对英语人才的需求。同时学生的英语基础水平也存在很大差别，教学内容众口难调，这种统一的教学方法很难照顾到每一个学生。而ESP教学正好弥补了这一不足，在教学方法上以学生为中心，注重学生的应用实践，重视学生的主体地位。一切从学生实际需求和学习目的出发，必然能够调动学生的学习积极性。

教学选材方面：ESP教学的选材是主要根据学生的需求而定，只要符合以下四个标准，就都可被选作教材。①真实性。所谓真实性，就是要求ESP教材的选择应更靠近原文，而不应该是后期节选、改编或翻译过的书籍。另外，还需注意的是ESP教材与学生所学专业或所从事的职业紧密相连。②广泛性。所谓广泛性，指的是教材的内容所包含的项目要广泛。这个广泛既要涉及语音、语言项目，又要涉及学生职业相关的语言项目，文化背景和社会知识。③合适性。所谓合适性，说的是既然ESP教学是为了满足学生的需求，那教材就应据学习水平而定，难度太高和难度太低都会降低学生的学习兴趣。④兼容性。所谓兼容性，是指选材要与ESP教学大纲相兼容。ESP教学大纲是根据需求分析而设计的，因此英语教学中也理应体现教学大纲中规定的教学价值。通过学习教材，教学大纲的目标能得以实现。

教学评估方面：对于现代大学英语教学模式而言，对教学成果的评价主要来自定期的测试，包括第一学期期末考试和第二学期期末考试。而考试卷子的内容都来自课堂所讲，然后学生只要按照教材进行记忆，就可顺利通过。而对于ESP而言，教学评估不仅涉及课堂所讲，还会涉及课外实际应用。这就是内部评估和外部评估。

因此，未来我国大学英语教学的目标和课程设置不妨朝着"以服务为宗旨，以就业为导向"的方向发展，变"为学习语言而学习语言"为"为学习专业而学习语言"，遵守学以致用的原则，使学生在使用中学习和提高语言能力，并利用这种语言能力解决专业领域中的实际问题。从这一方面看，ESP 教学有利于学生英语综合运用能力的提高，可谓我国大学 ESP 教学的一个发展方向。对 ESP 教学的研究具有极高的价值和意义。

第二节 慕课与微课教学模式

一、慕课教学模式

（一）慕课的内涵

MOOC（Massive Open Online Courses）即大规模开放网络课程，是近年来开放教育领域出现的一种新课程模式，其理念是通过信息技术和网络技术将优质教育送到世界各个角落。关于慕课，维基百科的定义一直在修正。维基百科将 MOOC 定义为"一种参与者分布在各地，而课程材料也分布于网络之中的课程。这种课程是开放的，规模越大，它的运行效果越好"，这个定义认为 MOOC 是通过主题或者问题的讨论和交流将分散在世界各地的学习者和教师联系起来的。它是一种新形态的学习模式，可提供公平、开放、自主的学习机会，成就每一位学生，逐步实现全民教育。它是在互联网技术成功运用于教育、开放教育的理念得到社会认可、社会化学习成为一种主要学习形式的背景下出现的。它有利于构建社会化学习网络，有利于知识的创造和分享，对于推动开放教育可能会产生深远的影响。它以学习者、社交网络和移动学习为核心，由一群愿意分享与深化自我知识的学习者组成，通常还需要一到数位专家的带领，在一定的时间内，学习者可通过各种 Web 与移动学习工具进行特定主题的学习。西蒙斯、科米尔等对 MOOC 概念进行了解析："大规模"是指参与学习的学习者数量众多，一门课程的学习者可以成百上千；"在线"是指学习资源和信息通过网络共享，学习活动发生在网络环境下；"开放"是指学习是一种开放的教育形式，没有限制。MOOC 具有大规模、开放性、在线等特征。

（二）慕课的分类

MOOCs 是信息技术与课程教学高度融合的集大成者，是最具代表性的教育技术发展的产物，是数字信息时代最新型的革命性教育范式。作为一种教育平台，MOOCs 承载着多种教育理念，推动新媒介与教育的深度融合，在短时间内不断发展演变，先后出现了 cMOOCs、xMOOCs、tMOOCs、SPOC 及 MPOCs 等慕课形态，反映了现代教育观念的多样性和融合性在教学技术应用领域的体现。

1. cMOOCs

cMOOCs（connectivist Masive Open Online Courses，即基于联通主义理论的 MOOCs）是联通主义的代表性实践应用，提出了适合数字时代基于网络的分布式认知过程的学习理论和教学模式，侧重于知识建构与创造，强调创造、自治和社会网络学习。cMOOCS 是一种能有效利用 Web2.0 支持学习的教学法。

2. xMOOCs

在迅速发展的新型开放课程类型被称为xMOOCs其中"x"指的是提供MOOC课程各机构间的合作联盟，并含习学习相关内容。xMOOCs以行为主义理论为基础，关注知识重复，xMOOCs课程模式更接近传统教学过程和教学理念，如过程性评估和学习者互评，凸显短视频的作用，侧重知识传播和复制，强调视频、作业和测试等学习方式，为"翻转学习"提供了重要参考。其标志是有着明确的目标、教师导向并基于行为、认知心理学和学习理论进行评价。它催生了教学系统设计（Instruction System Design，ISD）的教与学的理论与实践。这种系统在多年的学习和研究中已演进和模式化成为达到可测量的学习结果，对多种方式的时间和效果进行研究。在教学模式上，xMOOCs可以设计自主学习模式和翻转课堂模式；在学习支持上，可以提供课程索引、评价、推荐等功能；在学习分析上，可以支持课程海量数据的学习分析，提高学习系统的适应性。xMOOCs构建了一个由技术环境、社会环境和教学环境组成的学习生态系统。

xMOOCs的课程模式主要包含两个显著的特征：①在xMOOCs课程中，教师提供的资源是知识探究的出发点；教师的地位和作用与传统课堂教学不同，更多的是扮演课程发起人和协调人的角色，而非课程的主导者；课程组织者设定学习主体、安排专家互动、推荐学习资源、促进分享和写作。②学习者在xMOOCs中具有较高的自主性，学习依赖于学习者的自我调控；学习者自发地交流、协作、建立连接、构建学习网络。学习者进行基于多种社交媒体（如讨论组、微博、社会化标签、社交网络等）的互动式学习，通过资源共享与多角度交互拓展知识的范围；通过交流、协作、构建学习网络，通过社区内不同认知的交互构建新的知识。

3. tMOOCs

tMOOCs（Task-based Massive Open Online Courses，即基于任务的MOOCs）以社会建构主义理论为基础，旨在使学习者通过完成多种任务获取技能。tMOOCs的课程组织侧重于自组织，内容可以动态生成，这种课程模式很难用传统方式进行评价。tMOOCs的优缺点都比较突出，优点是符合社会建构主义学习理念，有助于学习者之间的协作与共同成长；其缺点是由于MOOCs学习人群的规模巨大，教学组织有很大的局限性。tMOOCs教育观在贯彻社会建构主义学习理论方面的优势被其在开展社团实践方面的局限性所湮没，这就促使开发者深入反思，且研发新型MOOCs形态。在"慕课热"不断发酵的背景下，教育工作者必须理性地分析MOOCs的发展轨迹，正视MOOCs的缺陷和不足，把基于MOOCs所进行的改革焦点回归到教学和教学法上，将教学作为核心。MOOCs在线学习形式所暴露的"现实孤独感"表明，MOOCs缺乏传统教育中的人际互动。不利于学习者维持良好的学习动机。通过对MOOCs暴露的缺点和问题的探讨，人们不断探寻MOOCs与传统教育对接、融合的方式。在此背景下，SPOCs和MPOCs应运而生，也形成了MOOCs发展的新局面。

4. SPOCs

SPOCs(Small Private Online Courses，小规模限制性在线课程)的概念最早被Fox提出。"small"

第九章 跨文化背景下大学英语教学的趋势探索

和"private"是"massive"和"open"的相对概念。"small"是指学生规模较小。"private"是指对学生设置限制性准入条件，达到要求的申请者才能被纳入该课程。中国式 MOOC 是 SPOCs 的一种实践形式。它是一种基于混合式教学模式（MOOC+翻转课堂）的教学实践。它将线上的虚拟空间与线下实体空间有机结合，能有效地将信息技术与大学教学进行深度融合。SPOCs 是对 MOOCs 的继承、完善与超越，是后 MOOCs 时代的一种典型课程范式，具有小众化、限制性、集约化等特点，能够促进优质 MOOCs 资源与传统课堂面对面教学的深度融合，代表 MOOCs 的未来发展方向，重塑课程教学观和学习观，可实现对教学流程的重构与创新。哈佛大学、加州大学伯克利分校以及我国清华大学等全球顶尖学府通过对 SPOCs 探索，让 MOOCs 在大学校园落地生根，不仅推动了大学的对外品牌效应，提升了校内的教学质量，且通过推广创收，来实现可持续性的 MOOCs 发展模式。而且，SPOCs 重新定义了教师的作用，创新了教学模式，并赋予学生完整、深入的学习体验，提高了课程的完成率。SPOCs 将成为高等院校深化课程教学改革、推动优质 MOOCs 建设的重要形态，是大学开展线上线下相结合混合式学习模式的新趋势，有望推动高等教育在学籍制、学分制、课程设置和教学模式等层面的深入改革。

5. MPOCs

MPOCs（Massive Private Online Courses），即"大规模私有在线课程"，是通过培养合格的网络辅导教师同时开设多个"班"的方式，实现大规模私有在线网络教学。在课程设计上，MPOCs 以学习者分析、教学目标分析等为出发点，注重教学内容的表达。设计有效的教学活动，使课程设计方案落实到教学实施的行为层面。在运营阶段的班额、收费、师资配备等方面，MPOCs 既区别于传统的 MOOCs，也不同于 SPOCs，将大学里的传统学位课程转变为网络课程，既克服了 MOOCs 巨大的学生流失率，也将优质教育资源有力地充实到大学学分体系中来，是 MOOCs 未来发展的一个重要方向。

MOOCs 是 21 世纪以来高等教育领域中令人震撼的突变现象，将 MOOCs 置于社会历史背景下看待它的诞生与风靡，我们不难发现，其实 MOOCs 并非一个突然降临地球的外星理念，其孕育、形成与风靡的过程正是网络时代至今持续酝酿着的信息大变革。这正是世纪科技发展的自组织系统内部所形成的随机扰动，使高等教育系统本身远离平衡态，从而形成一个系统整体的"巨涨落"。这一变化，终将直接导致高等教育系统进入不稳定状态而跃迁生成新的稳定有序的耗散结构。由此，全球网络革命的跃迁，使得人类知识的建构、控制以及获取知识的方式都发生了翻天覆地的改变。联通主义创始人西蒙斯指出：传统知识存储机制的多数知识仅处于"知道关于"（KnowingAbout）和"知道如何做"（Knowing to Do）的基本层次；而网络时代的知识在这样的认知基础上，更包含了"知道成为什么样"（Knowing to Be）、"知道在哪里"（Knowing Where）和"知道怎样改变"（Knowing to Transform）。

MOOCs 的产生与发展，正是对应于当今时代更加动态、多元化知识并存状态的学习需要。也就是说，MOOCs 是我们尝试对当今以及未来不再是高度结构化、控制和线性形态知识学习的适应，我们需要改变甚至颠覆传统教育对知识结构化的单向流动模式。高等教育自诞生后的几个世纪以来，教育系统始终处于超常的组织稳定性之中，一直沿用古老的教学手段，并未将网络时代对人类未来发展和知识革新提出的新要求纳入教育结构。需求饥渴应运而生地提供了一种组织松散、非结构化、快速高效而又赋予学习者主体地位的知识传播方式，导致了全社会近乎饥渴的MOOCs需求。为此，我们需要迅速顺应这一伟大变革，以慕课挑战为契机推进外语学科的教学改革。

二、微课教学模式

（一）微课的概念

微课是微视频课程的简称，翻译自英文"Micro-Lecture"。对于微课，这是公认的解释。目前国内对微课并没有一个统一的概念界定，但基本含义大体一致，它是以阐释某一知识点为目标，以微型教学视频为主要载体，针对某个学科的某个知识点或教学环节而设计开发的一种情境化、支持多种学习方式数字化学习资源。

（二）微课的价值

1.微课挑战了传统课堂的条条框框

45分钟的传统课堂，教师站在讲台上声嘶力竭地讲，学生坐在座位上规规矩矩地听、认认真真地背，偶尔也会有教师提问，学生回答。通过注意力保持专注的调查，我们能够得出结论：一般学生学习兴趣只能维持20分钟左右，这段时间过后就会出现疲劳、走神等现象。心理学研究也证明：学生课堂学习时间的质量，取决于专注于功课的时间，即投入学习时间与学生的学习成绩成正比。学习时间过长，并不意味着学习效率高，只有学生投入有价值的学习活动，才会提高学习质量。然而，传统"灌输式"的课堂教学模式往往忽略了这一点。微课是相对于传统意义上的整堂课而言。从教学主体性上分析（教师角度和学生角度），校本微课的出现对传统课堂框架提出了挑战。

（1）从教师角度来讲

微课形式的出现，颠覆了以往的个别辅导方式，超越了时间和空间，无疑在一定程度上解放了教师。然而，这种形式对今天所有的教师而言，都会是一种全新的挑战，学生的学习可以不再仅仅以教师为主，他还可以在学习网站上找到自己所需要的老师。一些以讲授型为主的课程任课教师，也许更容易成为一个尴尬的角色，也许学生会觉得这种类型的授课教师更加可有可无。

（2）从学生角度来讲

首先，微课的最大价值体现在可以提高学生学习效率。一节课的精华总是围绕某个知识点或者某个教学点展开，精彩的、高潮的环节都是短暂的、瞬间的。学生视觉驻留时间普遍只有20分钟左右，若时间过长，注意力得不到缓解，很难达到较理想的学习效果。根据学校实际需求，把教学重点、难点、考点、疑点等精彩片段，录制为时间在20分钟左右、大小50M左右的简短视频，这种形式可让学生随时随地通过网络下载或点播进行学习，从而提高学生的学习效率。其次，微课的最大价值还体现在有助于学生自主学习和有选择性学习。学生在课前通过观看教学视频进行自主学习，可根据自己的情况自主掌握观看教学视频的节奏与时间。在传统的教学模式下，知识点传授由教师在课堂上完成，学生可能会错过某个知识点讲解或无法通过教师的一次讲解完全理解知识点，而在微课程模式下，学生可以通过重复观看教学视频解决这个问题。同时，对于重难点部分，学生可以选择暂停，给自己充分的思考时间，或者即刻记录下自己的疑惑，以便在课堂上与同伴进行交流。在观看教学视频的同时，学生完成针对教学视频内容相应的练习，加强对学习内容的巩固。

2. 微课为促进教师专业成长提供了新途径

撇开纯功利性不谈，微课可以带给我们一种新鲜的感受和更加生动活泼的教学教研形式，它无疑是现在情境下教学和教研的一种先进手段。微课既可为教师相互学习提供借鉴，又可为教师诊断改进提供依据。同时，微课的出现还能提升教师的信息处理能力和水平。因此，微课的出现为促进教师专业成长提供了新途径。

（1）有利于提高教师的教学素质和专业素养

微课的表现形式主要有两种。一种是具体而微的形式，表现在有教学的全过程，即有完整的教学过程和教学环节。从内容的导入到重难点剖析、方法讲解、教学总结、教学反思，再到练习设计，与传统课堂的每一个环节没有任何差别，但微课没有学生的参与，没有师生的互动，或者说学生参与度不够，师生互动较少。微课的目的是展现教师的教学理念、教学观念或者教学设计、教学方法和教学技巧。这种表现形式有点类似说课，但又比说课更具体、更翔实，更能反映教师的教学思想和教学水平。另一种是微小的片段。为了展现整个教学过程中的某一个环节，通过录制一个教学片段来表现教师对教材的处理特点、对某个教学重点的教学处理或者对某个教学难点的突破技巧等，体现了完全真实的教师教学和学生学习。比如，教师如何引导学生解决问题，教师怎样指导学生掌握操作技能等。无论哪一种形式的微课，与传统课堂的展示相比，最大的不同不仅在于时间少（多则20分钟，少则七八分钟），还在于教学目标集中，目的单纯。因此，微课非常有利于提高教师的教学素质和专业素养。

（2）有利于提升教师的信息处理能力和水平

教师应视野开阔、思维敏锐、眼光独到，对各种有用的信息具有高度的敏感性，并具有对这些信息辨别、简化、归类、贮存、联系发挥的能力，能够适时地把这些信息内化为自己的知识，运用到教学实践中去。微课的制作可分为加工改造式和原创开发式。加工改造式即是对传统课堂多媒体形式的再呈现，换句话说，就是将学校已有的优秀教学课件或录像，经过加工编辑（如视频的转录、切片、合成、字幕处理等），并提供相应的辅助教学资源（如教案、课件、反思、习题等），进行"微课"化处理。原创开发式可以有多种技术手段，包括屏幕录像专家软件录制、ShowMore软件录制、摄像工具录制、录播教室录制、专业演播室制作等。

3. 微课为传统教学资源建设提供了新方向

微课的核心内容是课堂教学视频片段，同时还包含与该教学主题相关的教学设计、素材课件、教学反思、练习测试、学生反馈及教师点评等教学支持资源。它主要是为了解决课堂教学中某个学科知识点（如教学重点、难点、疑点内容）的教学，或是反映课堂某个教学环节、教学主题的教与学的活动。相对于传统课堂所要完成的复杂众多的教学内容、所要达成多个教学目标而言，微课的目标相对单一，教学内容更加精简，教学主题更加突出，教学指向（包括资源设计指向、教学活动指向等）更加明确，其设计与制作都是围绕某个教学主题而展开的。校本微课共同构成一个主题鲜明、类型多样、结构紧凑的"主题单元资源包"，营造一个与具体教学活动紧密结合、真实情境化的"微教学资源环境"。只有这样，传统教学资源建设才能从肤浅走向深刻，传统教学资源的丰富内涵才能够真正体现出来。

综上所述，微课是以视频为主要载体，呈现教师围绕某个知识点或教学环节开展的简短完整教学内容的教学活动。"微视频"是微课的核心，对应"学科知识点"和"教学环节"设计制作，是微课概念的核心。

微视频课程是外语学习者在特定学习情境中，根据自主学习的需求目标，利用微视频所进行的网络学习活动的总和，也是教师利用网络对某个知识点或教学环节内容实施教学活动的总和。以"微视频"为呈现方式的"微课程"具有外语教学所需要的真实的、情境化、案例化特征。

其特点是主题突出、短小精悍、资源丰富、情境真实、易于交互、使用便捷。总之，具有明确的教学目标，通过视频、音频、文字、图片、动画等多种表现形式集中解读一个问题或知识点的教学过程称为微课程。相比较微课而言，微课程更具系统性，与传统课堂教学结合更加紧密，能够将原本沉重的学习任务，分解成若干知识"碎片"，实现轻松愉快的教学与学习。在教学实践中，微课从最初"微型资源构成方式"拓展到"简短的教学活动过程"，最终提升到"一种以微视频为主要表现方式的在线网络学习课程"，这一改变体现了微课的不断深化和完善。"微课程"概念是微课发展的高级表现阶段，"微课程"丰富了微课概念的内涵、功能和作用，使之成为构成当前学习型社会和终身教育背景下，社会公民进行个性化、自主性外语学习普遍有效的学习资源。"微课程"已越来越多地被研究者融合于正规与非正规的外语教育之中，成为"大数据"时代外语教学和学习不可或缺的课程方式。

参考文献

[1] 赵艳. 跨文化交际与英语思维教学研究 [M]. 长春：吉林大学出版社，2018.

[2]（英）史默伍德. 跨文化交际英语口语教程 2 学生用书 [M]. 李宝龙，译. 上海：上海外语教育出版社，2017.

[3] 郭坤. 全球化背景下大学英语跨文化教学研究 [M]. 成都：电子科技大学出版社，2017.

[4] 陈桂琴. 大学英语跨文化教学中的问题与对策 [M]. 哈尔滨：哈尔滨工业大学出版社，2017.

[5] 刘重霄. 提高英语应用能力提升跨文化人文素质——教学改革论文集 [M]. 北京：首都经济贸易大学出版社，2017.

[6] 陈静，高文梅，陈昕. 跨文化交际与翻译 [M]. 成都：电子科技大学出版社，2017.

[7] 王恩铭. 英语国家社会与文化 [M]. 上海：上海外语教育出版社，2017.

[8] 陆建非. 碰撞与融合——跨文化笔谈上 [M]. 上海：上海文化出版社，2017.

[9] 肖婷. 多元文化与英语教学 [M]. 天津：天津科学技术出版社，2017.

[10] 马予华，陈梅影，林桂红. 英语翻译与文化交融 [M]. 长春：吉林人民出版社，2018.

[11] 郑春华. 跨文化交际与英语文化教学 [M]. 北京：国家行政学院出版社，2018.

[12] 于瑶. 现代商务英语的跨文化交际与应用 [M]. 长春：吉林大学出版社，2018.

[13] 王珊，马玉红. 大学英语教学的跨文化教育及教学模式研究 [M]. 武汉：武汉大学出版社，2018.

[14] 王静. 跨文化视角下的英语翻译理论与实践探究 [M]. 长春：吉林人民出版社，2018.

[15] 徐春娥，郑爱燕，杜留成. 跨文化理论对大学英语教学的影响研究 [M]. 长春：吉林人民出版社，2018.

[16] 张晓冬. 跨文化背景下大学英语教学研究 [M]. 长春：吉林大学出版社，2018.

[17] 李春兰. 跨文化交际理论应用于高校英语教学的实践研究 [M]. 徐州：中国矿业大学出版

社，2018.

[18] 隋虹. 跨文化交际：理论与实践 [M]. 武汉：武汉大学出版社，2018.

[19] 刘重霄，刘丽. 跨文化交际实训（双语）[M]. 北京：对外经济贸易大学出版社，2018.

[20]（日）藤涛文子. 翻译行为与跨文化交际 [M]. 蒋方婧，孙若圣，余倩菲，译. 天津：南开大学出版社，2017.

[21] 王岚，王洋. 英语教学与英语思维 [M]. 长春：吉林人民出版社，2019.

[22] 李朝侠. "雅慧"小学英语教学 [M]. 长春：吉林人民出版社，2019.

[23] 何冰，汪涛. 翻转课堂与英语教学 [M]. 长春：吉林人民出版社，2019.

[24] 杨艳. 英语教学创新研究 [M]. 长春：吉林人民出版社，2019.

[25] 曲业德. 高中英语教学实践创新 [M]. 北京：现代出版社，2020.

[26] 余玲. 文学翻译与大学英语教学 [M]. 北京：中国原子能出版社，2019.

[27] 杨公建. 英语教学与第二语言学习 [M]. 长春：吉林人民出版社，2019.

[28] 丁睿. 大学英语教学发展研究 [M]. 长春：吉林人民出版社，2019.

[29] 温建平. 商务英语教学与研究：第6辑 [M]. 上海：上海外语教育出版社，2019.

[30] 蔡吉，钟淑梅. 基于学科素养的英语教学 [M]. 北京：知识产权出版社，2019.

[31] 黄迎. 食品化工英语 [M]. 北京：首都经济贸易大学出版社，2020.

[32] 张卓. 新媒体英语阅读 [M]. 苏州：苏州大学出版社，2020.

[33] 周正履. 现代英语语法教程 [M]. 西安：西安电子科技大学出版社，2020.

[34] 陈思雯. 机械工程英语 [M]. 北京：首都经济贸易大学出版社，2020.

[35] 张丹丹. 高级英语口语 [M]. 北京：知识产权出版社，2020.

[36] 古明. 英语大班教学：问题与对策 [M]. 北京：中国商务出版社，2020.

[37] 雷红. 攻克考研英语长难句 从零到完美 [M]. 西安：陕西科学技术出版社，2020.

[38] 耿小辉. 小学英语单词百分计划 [M]. 北京 / 西安：世界图书出版公司，2020.

[39] 陈应宏. 60天攻克高考英语语法 [M]. 上海：上海教育出版社，2010.

[40] 青葫芦. 英语单词情景认知书 [M]. 广州：广东人民出版社，2018.